D1665865

Christina Seidel

»Und für mich ist es das ganze Leben, das auf dem Spiel steht ...«

Marie Curie – ihr Leben
in Tagebüchern und Briefen

mitteldeutscher verlag

»Oberstes Prinzip:
Sich nicht unterkriegen lassen,
nicht von den Menschen
und nicht von den Ereignissen.«

Maria Skłodowska, November 1888

Inhalt

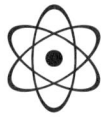

Die Kindheit und Jugend
(1875–1891)

Wer das Leben von Marie Curie, Trägerin zweier Nobelpreise, verstehen will, muss die geschichtlichen Zusammenhänge kennen und sollte wissen, dass das 19. Jahrhundert eine Zeit voll wissenschaftlicher Entdeckungen war, die mit ihren Folgen das Leben der Menschen nachhaltig prägten und auch heute noch prägen.

Polen hatte sich seit dem 16. Jahrhundert zur größten Nation Europas entwickelt. 1867 jedoch, als Maria Skłodowska in Warschau geboren wurde, war es bereits seit zweiundfünfzig Jahren von der Landkarte gelöscht. Nach dem Sturz Napoleons 1815 teilten die Siegermächte Europa beim Wiener Kongress neu auf. Polen in drei Provinzen. Seine Schwäche nach dem Koalitionskrieg machten sich Russland, Österreich und Preußen zunutze.

Das Herzogtum Warschau fiel an Russland und unter der Zarenherrschaft ging es der polnischen Bevölkerung besonders schlecht. Sie wehrte sich. Vergebens. Im 19. Jahrhundert zweimal. Im November 1830 und im Januar 1863. Beide Aufstände wurden blutig niedergeschlagen. Marias Großvater Józef hatte im ersten Aufstand in der Artillerie mitgekämpft, war von Kosaken gefangen genommen und 140 Meilen zu Fuß zurück nach Warschau getrieben worden. 1832 wurde, nur ein paar hundert Meter von Marias Geburtshaus in der Fretastraße entfernt, die Warschauer Zitadelle als Sitz des Kriegsgerichtes und Gefängnisses errichtet. Dort saß der Bruder ihrer Mutter, auch einer der Rebellen, bevor er zu vier Jahren Haft in Sibirien verurteilt wurde. Marias Schulweg führte sie später jeden Tag an diesem Gefängnis vorbei.

Hunderttausende Polen mussten 1864 ins Exil, auch Zdzisław Skłodowski, der Bruder von Marias Vater, Leutnant der Kavallerie, war nach Frankreich geflohen.

Auf Zar Alexander II. wurden mehrere Attentate verübt. Mit Dynamit kannte man sich bereits aus. 1863, im Jahr des zweiten Aufstandes der Polen, hatte sich der schwedische Chemiker Alfred Nobel seine folgenreiche Erfindung des Sprengstoffs patentieren lassen. Folgenreich auch für Maria, deren späteres Leben sonst vermutlich anders verlaufen wäre.

Neunzehn Jahre später gelang durch eine Sprengbombe das Attentat auf den Zaren. Sein Nachfolger wurde Alexander III. Für die polnische Bevölkerung änderte sich fast nichts.

Unter der oppositionellen Jugend verbreitete sich die Auffassung, inspiriert von dem französischen Philosophen Auguste Comte und seinem »Positivismus«, dass man sich nicht durch Verschwörung, Terror oder Bombenattentate von der zaristischen Vorherrschaft befreien kann, sondern nur durch Intelligenz und fleißige Arbeit. Genauso wichtig sei es, die Bildung des einfachen Volkes zu fördern.

Auch Maria schloss sich als junges Mädchen dieser Bewegung an und unterrichtete heimlich Bauernkinder.

1881 brachte Alexander Swietochowski in Warschau die Wochenzeitschrift »Prawda« heraus. In einem ersten Artikel kritisierte er die »Salon-Erziehung« für höhere Töchter und schlug vor, sie stattdessen Mathematik und Naturwissenschaften studieren zu lassen. Bloß wo? Die Warschauer Universität war bereits 1830 geschlossen worden und als sie wieder geöffnet wurde, durften dort nur Männer studieren.

Aber es gab Menschen in Warschau, die gegen diese Diskriminierung vorgingen. Eine von ihnen war Jadwiga Dawidowa, die, verborgen vor russischen Spionen, in der Stadt eine Akademie für Frauen organisierte. Der Unterricht erfolgte in Privatwohnungen von Wissenschaftlern und Philosophen. Unter dem Namen »Fliegende Universität« fanden auch Veranstaltungen im Museum für Industrie und Landwirtschaft statt, das Marias Cousin Józef Boguski leitete und in dem sie später ihre ersten Laborversuche durchführte.

1882 gründete Ludwik Waryński, ein Freund von Marias zukünftigem Schwager, in Warschau die erste polnische Arbeiterpartei. Er wurde von der zaristischen Geheimpolizei verhaftet und nach einem Prozess zu sechzehn Jahren Haft auf der Festung Schlüsselburg, einer Insel nahe St. Petersburg, verurteilt. 1889 starb er während seiner Festungshaft an Tuberkulose.

Marias Vater, Władisłav Skłodowski, ein politischer Realist, der die nationale Souveränität wie die Positivisten mit den »Waffen« Wissenschaft, Handwerk und Handel erreichen wollte, hatte auch seine fünf Kinder in diesem Sinne erzogen. Sie sollten sich nicht ducken vor dem zaristischen Regime, sich aber auch keiner unnötigen Gefahr aussetzen. Beständig versuchte er, das naturwissenschaftliche Interesse bei ihnen zu wecken und ließ sie staunen über die neuesten wissenschaftlichen Entwicklungen. Und es gab genug zu staunen in diesen Zeiten. Die ersten fünfundzwanzig Jahre in Marias Leben – bis zu ihrem Umzug nach Paris – sind auch ein Vierteljahrhundert der für die Menschheit bedeutendsten Entdeckungen.

Es wurde heller auf der Welt. Der Amerikaner Edison, ein Erfinder auf vielen Gebieten, hatte die Glühlampe entwickelt. Auch einen Phonografen, ein Gerät zur Tonaufnahme und Tonwiedergabe. Nun konnte man seine Stimme konservieren lassen. 1871 baute er eine funktionsfähige Schreibmaschine. Dreizehn Jahre später ließ sich der Amerikaner Waterman den Füllfederhalter patentieren. Im gleichen Jahr begannen die

Bilder zu laufen. Der Stripping Film, ein papierner Rollfilm, wurde entwickelt.

Nikolaus August Otto konstruierte 1876 einen Verbrennungsmotor, zehn Jahre später fuhren die ersten Motorräder und Autos mit einem Benzinmotor. In Marias Verwandtschaft konnte sich zu diesem Zeitpunkt niemand ein Auto leisten. Aber das Fahrrad kam in Mode und wurde später als Fortbewegungsmittel für Maria unentbehrlich. 1890 ließ sich der schottische Tierarzt John Boyd Dunlop den pneumatischen Gummireifen patentieren.

Eine Entdecker-Sensation löste die andere ab. Graham Bell entwickelte das Telefon des Deutschen Philipp Reis so weit, dass eine Verständigung möglich wurde, später wurde es von Edison vervollkommnet. Über Tausende Kilometer hinweg konnte man sich unterhalten.

Mendelejew ordnete die Elemente nach steigender Kernladungszahl im Periodensystem und damit ließ sich die Existenz unbekannter Elemente vorhersagen. Ernst Mach gelang es Schallwellen sichtbar zu machen und der damals zwanzigjährige US-Amerikaner Wilson Bentley fotografierte die erste Schneeflocke unter dem Mikroskop. Nur ein Jahr älter war Pierre Curie, Marias späterer Ehemann, als er mit seinem Bruder Jacques eine hochempfindliche Waage konstruierte und die Piezoelektrizität entdeckte.

Und wie freuten sich die Menschen, als Robert Koch 1882 den Tuberkulosebazillus aufspürte. Für Marias Mutter jedoch, kam die Entdeckung zu spät. Sie war, wie so viele, bereits an der »weißen Pest« gestorben. Marias Geschwister Józef und Bronia begannen Medizin zu studieren und Bronia eröffnete später mit ihrem Mann in Zakopane ein Sanatorium für Tuberkulose-Patienten. Unterstützt wurden sie dabei von ihren Freunden, dem weltberühmten polnischen Pianisten Ignazy Paderewski, der Präsident des befreiten Polens wurde, und dem Schriftsteller Henryk Sienkiewicz, der viele historische Romane schrieb,

mit »Quo Vadis« weltberühmt wurde und 1905 sogar den Nobelpreis für Literatur erhielt.

1891, in dem Jahr als Maria ihr Studium an der Sorbonne
begann, schlug der irische Physiker George Johnstone Stoney
die Bezeichnung »Elektron« für die kleinste Ladungseinheit
vor. Er vermutete, dass die Elektrizität aus Elementarteilchen
besteht.

Es gab genug Wissenschaftler, denen Maria nacheifern konnte, genug Geheimnisse, die auf ihre Entdeckung warteten, genug Vermutungen, die bewiesen werden mussten, genug zum
Wundern und Staunen. Das Tor zur wissenschaftlichen Welt
stand ihr offen …

»Die Freude ist nicht ewig, so wie der Kummer nicht unendlich ist!«

Aleksander Nikolajewitsch Afanasjew, aus: »Schneeflöckchen«

.

1875

»Man nennt mich Mania. Aber ich heiße Maria. Maria Skłodowska und bin heute acht Jahre alt geworden.«

So hätte Marie einst ihr Tagebuch beginnen können. Hätte sie? Hätte sie.

Sonntag, 7. November, nach meiner Geburtstagsfeier
»Du bist die Hauptperson«, hat Ma gesagt. Ich will keine Hauptperson sein. Ich bin Maria. Alle haben mich angeguckt. Vater und Ma, Großvater und Großmutter, meine vier Geschwister. Ich sollte mich freuen.

Ich habe mich gefreut. Über das Tagebuch. Der Umschlag aus blauem Samt. Das kleine Schloss. Zwei Schlüssel. Die muss ich verstecken. Denn, was man ins Tagebuch schreibt, ist geheim.

Vater hat gesagt: »Schreib ein, was du nicht vergessen willst oder ein kleines Geheimnis.«

Was ich nicht vergessen will? Ich vergesse nichts. Ich kann besser lesen als meine großen Geschwister.

Kleines Geheimnis? Das gibt es nicht. Nur ein großes. Dass Marek nicht Janek ist. Ich weiß das. Marek sieht aus wie Janek. Aber er ist nicht Janek. Sie lügen. Ich weiß das. Warum lügen sie? Nur damit ich nicht traurig bin?

Ich bin genau einen Meter zehn groß, ein bisschen pummlig, sagen sie alle, habe dickes blondes, lockiges Haar, das ich meist mit einem schwarzen Samtband bändige. Meine Augen sind grau, manchmal auch grünlich oder blaugrau. Das ist vom Licht abhängig.

Wo ich geboren wurde? In einer Schule. In einer Schule werden selten Kinder geboren. Aber ich.»In der privaten Mädchenschule, in der Fretastraße 16«, sagt Vater.»Im hinteren Gebäude.«

Montag, 8. November
Meine Hand tut weh, vom Schönschreiben in mein Tagebuch. Aber das ist unwichtig. Ich will in das Buch über früher schreiben. Weil es mit dem Anfang beginnen soll. Mit meinem Leben. Wie es war, als ich geboren wurde? Das hat mir meine Ma erzählt. Sie war damals Direktorin in der Mädchenschule. Und hatte vier Kinder.»Rechne aus, wie alt sie damals waren«, hat Ma gesagt. Ich kann nicht nur gut schreiben und lesen, ich kann auch gut rechnen. Zofia war fünf Jahre, Józef vier, Bronislawa zwei und Helena war ein Jahr alt.

Dann gab es ein großes Unglück und ein Glück. Meine Ma wurde krank. Eine schlimme Krankheit. Tuberkulose. Aber mein Vater wurde Direktor. Stellvertretender. Im Warschauer Knabengymnasiums. Dort gab es eine schöne große Wohnung für uns. Leider nur für fünf Jahre. Mein Schmusebär Janek kam nicht in der neuen Wohnung an. Er blieb für immer verschwunden. Ma hat mir Marek gegeben, aber Marek ist nicht Janek. Ich will ihn trotzdem lieb haben und mit ihm schmusen.

Dienstag, 9. November
Ich hasse den russischen Zaren. Vater hat beim Abendessen gesagt, dass er niemals vor den Russen buckeln wird.»Buckeln?«, habe ich gefragt.»Was heißt buckeln?«

Die Fretastraße im 19. Jahrhundert

»Alles machen, was die Russen in unserem Land verlangen. Wir sind und bleiben Polen.«

Vater verlor seine Arbeit. Weil er nicht buckeln wollte. Und wir mussten wieder umziehen. Raus aus der schönen Wohnung.

Ich werde trotzdem nie buckeln! Das nehme ich mir ganz fest vor! Nie, nie, nie!

Mittwoch, 10. November

Ma liegt nebenan auf dem Sofa. Sie hustet so furchtbar, dass auch mir die Brust weh tut und ich kaum ruhig schreiben kann.

Ma wurde krank, als ich in ihrem Bauch war. »Wegen mir?«, habe ich Vater gefragt. »Nein!« Er hat wild mit dem Kopf geschüttelt.

Sonntag, 14. November

Es regnet. Ma ist zur Kur in Nizza. Das ist schrecklich weit weg. In einem anderen Land. In Frankreich. Mit meiner großen Schwester. »Zosia ist mir Trost und Hilfe«, sagt Ma. Ich möchte auch Trost und Hilfe sein. Ma fehlt mir sehr. Ich weine, wenn es keiner sieht. Tante Lucia hat es gestern Abend gesehen. Sie wollte mich trösten. Ich sollte mit Marek, meinem Bärchen, schmusen.

Aber Marek ist nicht meine Ma, Tante Lucia ist nicht meine Ma, Bronia nicht und Vater auch nicht.

Montag, 15. November

Ich habe Ma gestern geschrieben. Sie soll keine Angst haben, dass sie uns ansteckt und bald zurückkommen. Ich trinke auch nicht aus ihrer Tasse, esse nicht von ihrem Teller. Auch Küssen ist verboten. Streicheln nicht. Ich will auf Mas Schoß sitzen. Ich will meine Ma zurück.

Mittwoch, 17. November

»Schreib mal über deine Lieblingsbeschäftigungen«, hat Vater gesagt. Was ich am liebsten mache? Lesen natürlich. Seit vier Jahren. Und nichts davon will ich vergessen.

Meine große Schwester Bronia hat mir das Lesen beigebracht. Wir haben Schule gespielt. Karten mit Buchstaben aneinandergelegt. Plötzlich konnte ich besser lesen als Bronia. Sie war beleidigt. »Lesen ist doch so einfach«, habe ich gesagt.

Nicht alles ist einfach. Nicht vor dem Zaren buckeln und ohne Ma am Tisch sitzen, nein, das ist nicht leicht.

Samstag, 20. November, Nebel

Alles hat sich versteckt. Hinter einer grauen Wand. Ich möchte mich auch verstecken. Vorhin, beim Lesen, als ich die Siebenmeilenstiefel des Däumlings anhatte und in die Welt hinaus wollte, aber in der Küche helfen sollte.

W TYM DOMV PRZYSZŁA NA ŚWIAT
DNIA 7ᴳᴼ LISTOPADA 1867 ROKV
MARJA SKŁODOWSKA
CVRIE.
W 1898 R. ODKRYŁA PIERWIASTKI
PROMIENIOTWÓRCZE
POLON i RAD

Gedenktafel: Am 7. November 1867 erblickte Marie Skłodowska-Curie in
diesem Haus das Licht der Welt. Im Jahre 1898 entdeckte sie die radioaktiven
Elemente Polonium und Radium

Mittwoch, 1. Dezember, schon dunkel

Der Regen prasselt an die Fensterscheiben. Der Wind pfeift. Ich
bin froh, im Zimmer zu sein. Wir haben wieder Schule gespielt.
Diesmal war Vater der Lehrer. Geografieunterricht. Wir haben
Bauklötzer bemalt. Bronia als Kontinente, Hela als Länder, Zosia die Städte, Józef Berge und ich Flüsse. Dann haben wir sie
wie eine Landkarte zusammengelegt. Keiner konnte mehr treten im Zimmer, aber es hat Spaß gemacht. Vater ist stolz, weil
wir uns so gut in Geografie auskennen.

Mittwoch, 15. Dezember, nach den Leibesübungen

Vater liebt Leibesübungen. Jeden Abend vor dem Schlafenge-
hen müssen wir alle antreten. Vaters Gedächtnis ist so gut wie
meins. Er vergisst das nie.

Montag, 20. Dezember

Meine Ma ist wieder zu Hause. Ich war so froh, aber gestern
haben sie gestritten. Vater und Ma. Ich lag im Bett und schlief

noch nicht. Sie haben ein Geheimnis. Es ging um den Bau einer Dampfmühle. Onkel Henryk, Mas Bruder, ist schuld. Oder doch Vater und Ma, weil sie ihm geglaubt haben. Es sei gut, mit unserem Geld die Mühle zu bauen, hat der Onkel gesagt. Er ist Künstler und war Partisan. Er hat bei einem Aufstand gegen den Zaren mitgekämpft. Vier Jahre musste er dann nach Sibirien. Künstler und Partisan, Künstler und Müller? Es hat nicht funktioniert mit der Mühle. Nun ist das ganze Geld weg. 30 000 Rubel. Das ist so viel, wie ich mir gar nicht vorstellen kann.

Sonntag, 26. Dezember
Es schneit. Schon den ganzen Tag. Als ob Wattebäusche zur Erde fallen. Ich habe mit Vater aus dem Fenster gesehen. »Jetzt spreche ich wissenschaftlich mit dir«, hat er gesagt. Ich war sehr stolz. Nun weiß ich, dass eine Schneeflocke aus vielen weißen Schneekristallen besteht. Bei Kälte sind sie durch kleine Wassertropfen verklebt. Die Kristalle sind durchsichtig wie Eis. »Transparent«, sagt Vater. Ich habe mir alles gemerkt, was er erzählt hat. An den Grenzflächen zwischen den Eiskristallen und der Luft wird das Licht zurückgeworfen. »Reflektiert und gestreut«, sagt Vater. Der Schnee erscheint daher weiß. Wie beim Salz. Ich will eine Wissenschaftlerin werden!

Dienstag, 28. Dezember, nach der Schule
Mein Lieblingsmärchen ist »Schneeflöckchen« von Afanasjew. Es beginnt im Winter, als es schneite, so stark wie seit Tagen bei uns. Da bauten Bauer Iwan und seine Frau Maria ein Schneemädchen. Sie hatten sich schon lange ein Kind gewünscht. Sie gaben ihm eine Nase, Augen und einen Mund. Plötzlich kam warmer Atem aus dem Mund. Es öffnete die Augen und die Lippen begannen zu lächeln. Schneeflöckchen wackelte mit Armen und Beinen wie ein Baby. »Gott hat uns ein Kind geschenkt«, schrie Maria vor Freude. Aber ihr Mann sagte: »Die Freude ist nicht ewig, so wie der Kummer nicht unendlich ist!«

Als das Schneemädchen so alt war wie ich, ging sie mit ihren Freundinnen in den Wald. Sie sprang dort über ein Feuer. Plötzlich war sie verschwunden. Nur eine kleine Wolke war zu sehen, die langsam in den Himmel flog. Ich möchte auch fliegen können. Aber ich will immer zurückkommen.

Marias Eltern Bronislava und Władisław Skłodowski

1876

Samstag, 15. Januar
Wir sind ein Pensionat. Schon seit drei Jahren. Als Vater entlassen wurde, weil er nicht buckeln wollte. Zehn Gymnasiasten wohnen jetzt bei uns. Sie sind laut. Sie werfen Papierkügelchen nach mir. Sie stellen mir ein Bein. Mein Tagebuch habe ich unter meiner Matratze versteckt. Die Schatzkiste mit den Schlüsseln unterm Bett.

Vater sagt, wir brauchen das Geld der Gäste. Mas Krankheit kostet viel. Ich esse gar nicht so viel und ziehe Bronias oder Zosias alte Sachen an. Schulgeld müssen wir aber auch bezahlen.

Donnerstag, 20. Januar
Ich habe wahnsinnige Angst. Ignaz, einer der Pensionsgäste, hat Typhus. Oft habe ich ihn zum Teufel gewünscht. Aber Typhus!? Das ganz Furchtbare ist: Er hat Bronia und Zosia angesteckt. Ich darf nicht in ihr Zimmer. Aber ich stand in der Tür, als Dr. Lebednikow kam. Zosia hatte die Augen geschlossen. Der Doktor hat ihr mit einem Tuch den Schweiß aus dem Gesicht getupft. Das Bettzeug war zerknittert, das Laken nass.

Lieber Gott, bitte hilf …

Montag, 31. Januar
Zosia ist tot. Ich will das nicht glauben. Sie soll nur schlafen und wieder aufwachen. Vaters Augen sind rot vom Weinen. Ma hat sich eingeschlossen. Ich habe gebetet. Hat Gott es nicht gehört? Bitte lass uns Bronia. Bitte!!!

Die Sonne scheint, kein Wind weht. Die Zeit steht still. Aber die große Standuhr tickt laut.

Sonntag, 20. Februar
Regentropfen zerfließen am Fenster. Ich sehe die Welt draußen nur noch verschwommen. Ma spielt Klavier und singt: Wer rei-

tet so spät durch Nacht und Wind … erreicht den Hof mit Müh und Not, in seinen Armen das Kind … Ich halte mir die Ohren zu. Sie singt nicht, sie schreit, laut und wütend.

Dienstag, 22. Februar
Bronia ist fieberfrei! Ich fühle mich so leicht wie eine Feder. Dr. Lebednikow sagt, dass ich bald wieder mit Bronia spielen kann. Aber warum hat Gott nur Bronia geholfen? Ist das sein Geheimnis? Oder sollte ich fragen: Warum hat der Doktor nur Bronia geholfen?

Montag, 28. Februar
Vater ist spazieren. An der Weichsel. Ich war heimlich in seinem Arbeitszimmer. Ich saß im tiefen braunen Ledersessel. An der Wand gegenüber die große Standuhr mit den zwei Pendeln. Mit meiner Hand habe ich über das Schachbrettmuster auf dem runden Tisch gestrichen. So viele seltene Steine in dem Glasschrank. Auch eine Waage und ein Elektroskop mit einem Goldblatt stehen im Zimmer. Das Beste ist das Barometer mit den goldenen Zeigern auf dem silbernen Zifferblatt. Das sind physikalische Geräte, hat Vater gestern gesagt.

Sonntag, 12. März
Schulfrei. Und trotzdem habe ich mit Bronia Schule gespielt. Heute war ich die Lehrerin.

»Warum sind die Blätter grün?« Bronia wusste es nicht. »Weil sie Chlorophyll enthalten«, habe ich gesagt. Das hatte ich gelesen. Bronia ärgerte sich. Weil ich mehr wusste.

Sie will Medizin studieren, Józef auch, und Ma gesund machen. Hela will Lehrerin oder Sängerin werden. Manchmal nervt sie mich mit ihrer Trällerei.

»Du wirst Träumerin«, hat Bronia zu mir gesagt. »Na und«, habe ich geantwortet, »das ist bestimmt der beste Beruf auf der ganzen Welt.«

Mittwoch, 10. Mai

Wenn ich nichts hören und sehen will, lese ich. Dann bin ich bei Baba Jaga oder dem Falken Finist. Bei Wasilisa, der Weisen, oder der Tochter des mächtigen Zauberers Koschej. Ich fliege auf dem Feuervogel, der im Innern zu glühen scheint. Eine Feder von ihm kann großes Glück oder Unglück bringen. Die Federn strahlen in Gold, Orange und Rot. Ich möchte so eine Feder finden. Ich hebe sie auf, auch wenn man mich davor warnt.

»Maria ist frühreif«, hat Ma neulich zu Vater gesagt und dann zu mir: »Lies nicht immer, geh lieber in den Garten.«

Zu den frühreifen Äpfeln oder wie, hab ich gedacht.

Maria, die Weise, so möchte ich einmal genannt werden ...

Montag, 15. Mai

Ich gehe in die Privatschule von Fräulein Jadwiga Sikorska. Mit meiner Schwester Hela. Ich bin ein Jahr jünger als sie. Trotzdem lernen wir beide in der dritten Klasse. Fräulein Sikorska ist sehr streng. Ich habe viele Fragen, aber ich traue mich nicht immer. Das Fräulein ärgert sich, wenn sie keine Antwort weiß. Lehrerin für Geschichte und Mathematik ist Fräulein Antonina Tupalska. Wir nennen sie Tupcia. Tupcia wohnt bei uns. Jeden Morgen gehen wir mit ihr zur Schule. Ein weiter Weg. Bis zur breiten gasbeleuchteten Lesznostraße, an der Reformkirche vorbei, wo ich getauft wurde, durch die Sächsischen Gärten. Ich denke, Tupcia mag mich. »Du hast ein unglaubliches Gedächtnis«, hat sie mich heute gelobt. Ich bin immer schneller fertig mit meinen Hausaufgaben als Hela und die anderen.

Donnerstag, 25. Mai

In der Schule müssen wir russisch sprechen. Befehl vom Zaren. Bei Fräulein Sikorska lernen wir auch polnisch. Aber das ist ein Geheimnis.

Heute kam Inspektor Hornberg in die Schule. Unerwartet. Die Glocke hat geläutet und uns gewarnt. Fünf Mädchen haben die polnischen Lehrbücher in ihren Schürzen in den Schlafsaal getragen. Unser Fräulein war rot vor Aufregung. »Maria, steh auf und nenne die Ahnentafel der russischen Zaren«, verlangte sie. Ich kann die russische Sprache am besten. Der Inspektor wollte, dass ich ein russisches Gebet aufsage. Mein Herz war ganz hart dabei, aber das konnte keiner sehen.

Montag, 12. Juni, in Marki

Wir haben Ferien. Vater hat mich zu den Großeltern Boguski aufs Land gebracht. Oma und Opa haben dort einen kleinen Gutshof. Am liebsten bin ich bei den Kaninchen. Zwei Kätzchen sind auch da. Morle und Weißchen. Wenn ich Milch bringe, lassen sie sich kraulen.

Freitag, 7. Juli

Hier ist so viel los, dass ich mein Tagebuch fast vergesse. Es ist Ernte und ich helfe mit. Abends bin ich dann so müde, dass ich gar nicht mehr nachdenken kann.

Heute gab es mit süßem Quark gefüllte Piroggen. Mein Lieblingsgericht.

Samstag, 15. Juli

Gestern hat Großmutter gesagt: »Deine Eltern werden aber staunen, wenn du nach Hause kommst. Die Landluft tut dir gut.«

Ma ist wieder zur Kur. In Salzbrunn in Schlesien. Wir hoffen alle, dass sie dort endlich geheilt wird.

Ich bin braun und noch ein bisschen pummliger geworden. »Du isst ja auch wie ein Scheunendrescher«, sagt Großvater. Karol, der Knecht, ist ein Scheunendrescher. In der Scheune drischt er mit einem Flegel auf das Getreide ein. Klar, dass man davon Hunger kriegt.

Mir schmeckt der Nachtisch am besten. Selbstgepflückte Heidelbeeren oder Brombeeren mit Milch und Zucker. »Den ganzen Tag an der frischen Luft«, hat Großmutter gesagt, »da muss man ja Appetit kriegen. Hau nur tüchtig rein, meine Kleine.« Sie drückte mich so fest, dass ich kaum Luft bekam.

Samstag, 26. August
Heute will mich Vater abholen. Ich freue mich auf Bronia, Józef, Hela, Vater und besonders auf meine Ma. Und auf die Schule. Ich will lernen, viel und gut und einfach alles. Aber auch Kätzchen zum Streicheln haben und von Ma geküsst werden.

Ich denke so oft an Zosia. Ein Platz, der leer und doch besetzt ist.

Aber das schreibe ich nur in mein Tagebuch. Ma soll nicht traurig sein.

Mittwoch, 30. August, nach dem Gebet
»Lass unsere Ma wieder gesund werden«, beten wir alle jeden Abend. Ma ist zurück von der Kur. Aber nicht geheilt. Sie sieht so dünn und bleich aus. Ihre Augen blicken traurig. Ich habe Angst um sie.

»Fahr auch mal zu den Großeltern«, habe ich zu ihr gesagt. »Dort wird man gesund.« Wenigstens hat sie mir zugelächelt.

Freitag, 15. September
Ma geht es besser. Sie hat sogar wieder Schuhe gefertigt. Obwohl sie ganz schmale Finger hat, schneidet sie Sohlen zu. Sie führt die Ahle mit dem Pechfaden durch das Leder. Dabei singt sie. Von einer schönen Müllerin. Ich habe Ma ewig nicht so singen gehört. Mein Herz sang mit.

Ein gutes Ende für mein erstes Tagebuch. Mein blausamtenes Tagebuch. Bald werde ich neun Jahre alt. Zum Geburtstag wünsche ich mir ein neues.

1879

Freitag, 7. November

»Du bist aber groß geworden«, sagen alle, wenn sie mich lange nicht gesehen haben. So ein Unsinn, Kinder werden eben immer größer. »Und hübsch dazu«, finden sie. Nein, hübsch finde ich mich nicht. Mira aus meiner Klasse ist hübsch, mit ihrem schwarzen Haar und den großen dunklen Augen. Wollen sie mir schmeicheln, wenn sie sagen, ich sei hübsch? Ich bin 1,45 Meter groß, immer noch zu pummlig und meine Haare lassen sich kaum bändigen. Mehr gibt's zu meinem Äußeren nicht zu sagen. Busen habe ich noch keinen, muss auch nicht sein.

Geburtstag habe ich heute natürlich auch noch. »Damit du nicht immer nur bei deinen Büchern hockst«, hat Bronia gesagt, gelacht und hinter dem Rücken ihr Geschenk, ein neues Tagebuch, hervorgeholt. Der rote Ledereinband ist viel zu auffällig, ich werde es mit Packpapier einschlagen.

Oh, wie lange habe ich nichts aufgeschrieben. Aber nichts vergessen in den drei Jahren.

Zuerst fällt mir meine Ma ein. Wie schrecklich, schrecklich, schrecklich, schrecklich! Im Mai vorigen Jahres ist sie gestorben. Es war wie bei Zosia. Ein Tag, an dem eigentlich nichts Böses geschehen kann. Sonnenschein, Vogelsang – und dann stand die Welt still.

In der Kirche habe ich stumm mit Gott gesprochen. Ich war wütend, traurig, vorwurfsvoll und habe immer wieder gefragt: Warum? Warum Zosia, warum meine Ma? Ich konnte Gott nicht erreichen. Kein Laut von ihm drang an mein Ohr.

Auch das Klavier im Wohnzimmer schwieg. Selbst Marek, mein Bär, war kein Trost für mich.

Bauer Iwan aus meinem Lieblingsmärchen Schneeflöckchen hätte gesagt: Die Freude ist nicht ewig, so wie der Kummer nicht unendlich ist! Manchmal denke ich immer noch, Ma ist nur zur Kur und ich muss ihr schreiben. Aber wohin? Hier, in mein Buch!

Meine liebste Ma, der November in Warschau ist grau und windig. Aber wir haben es bei uns im Zimmer warm und die Kerze flackert hell. Nur in meinem Herzen ist so eine Kälte und Finsternis, die nicht weichen will. Keiner traut sich, von dir zu reden, aus Angst, dass ein großes Weinen beginnt. So sitzen wir mitunter stumm und schauen aus dem Fenster oder in das Licht der Kerze und denken an dich. Mein Blick ist verschleiert und ich kann die Schrift nicht mehr erkennen. Vielleicht aber kannst du unsere Gedanken auffangen und wenn ja, dann bitte schicke uns wenigstens ein Zeichen oder noch besser deine Adresse. Das wäre mein schönstes Geburtstagsgeschenk.

Sonntag, 9. November

Unsinn, Zeichen und Adresse von meiner Ma! Maria, wie konntest du dir nur so etwas wünschen? Manchmal verstehe ich mich selbst nicht und schüttle über mich den Kopf.

Dann wieder denke ich, wünschen und hoffen kann man doch so viel und so oft man will. Das kann mir keiner verbieten. Und wenn ich es keinem sage, kann mich auch keiner verrückt nennen.

Ein Sonnenstrahl fällt auf mein Tagebuch. Vielleicht ist das ein kleines Zeichen von meiner Ma. Sie wird von irgendwoher auf mich schauen. Ich möchte mich an den Sonnenstrahl klammern wie an eine Hoffnung.

Samstag, 22. November

Der November ist ein guter Monat zum Lesen, Lernen, Schreiben. Kein Sonnenstrahl lenkt ab. Ich kann mich einigeln, alles um mich herum vergessen. Mein Lieblingsmonat. Ich bin ein Novemberkind.

Im vergangenen Herbst habe ich die Schule gewechselt und gehe nun aufs kaiserliche Gymnasium Nummer Drei. Hier müssen wir auch in der Pause russisch sprechen und selbst Polnischunterricht wird auf Russisch geführt. Wir werden verdächtigt und bespitzelt. »Aber nur auf einem staatlichen Gymnasium kannst du das Zeugnis erhalten, das du später brauchst, wenn du in Sankt Petersburg oder Paris studieren willst«, hat Vater gesagt. Natürlich will ich. Am liebsten natürlich in Warschau. Józef studiert hier. Ich verstehe einfach nicht, warum Frauen das nicht dürfen.

Meine Schwester Bronia hat die Schule mit einer Goldmedaille abgeschlossen. Nun führt sie den Haushalt und die Pension. Józef ist auch von der Schule mit einer Goldmedaille gegangen. Ich bin stolz auf meine klugen Geschwister und will ihnen nacheifern. Nur kochen, waschen, putzen, nein, das ist für mich verlorene Zeit.

Sonntag, 14. Dezember

Wie immer vor Weihnachten versammelten sich in Vaters Zimmer seine engsten Freunde. Sie debattierten so laut, dass ich es durch die geschlossene Tür hörte. Vater mahnte zur Stille, und sie fingen an zu flüstern. Zwei von ihnen waren wie Mas Bruder Henryk 1863 bei dem Aufstand gegen den Zaren dabei und sind heute noch froh, dass sie mit dem Leben davonkamen. Ich hasse es, mit doppelter Zunge reden zu müssen, nicht frei und offen meine Meinung sagen zu können. Wenn die Polen für ihre Freiheit wieder auf die Straße gehen, ich bin dabei. Doch Vater schärft uns immer wieder ein, vorsichtig zu sein. »Ehe du dich versiehst, landest du in einem Straflager in Russland«, droht er.

1880

Donnerstag, 5. Februar

Wir sind mal wieder umgezogen. Von der Nowolipkistraße in die Lesznostraße. Auch Marek hat den Umzug überstanden.

Die neue Wohnung ist viel schöner. Vom Balkon sehe ich lauter kleine weiße Zipfelmützen. Der Schnee hat den Garten zugedeckt, und der Anblick ist lustig und friedlich zugleich. Im Sommer wird Wein an der Fassade und am Balkon hinaufranken. Ich stelle mir schon jetzt vor, wie ich hier sitze und lerne und immer mal wieder eine Weintraube nasche. Auch die Pensionäre werden mich nicht mehr so stören. Jedenfalls ist ihr Esszimmer nicht mehr mein Schlafzimmer.

Mittwoch, 17. März
Ich habe eine Freundin, der ich alles erzählen kann. Sie heißt Kazia Przyborowska, ihr Vater ist Bibliothekar beim Grafen Zamoyski. Ihre Familie wohnt im »Blauen Palast« des Grafen, der von einer Löwenfigur bewacht wird. Jeden Morgen hole ich Kazia dort ab. Bevor wir auf die breite Krakowskie Przedmiescie kommen, müssen wir den Sächsischen Platz überqueren mit dem hässlichen Obelisk, den der Zar nach dem Novemberaufstand dort errichten ließ. Klobig, mit grässlichen doppelköpfigen Adlern, höher als die Häuser ringsum. Er ist für die Polen errichtet, die während des Aufstandes dem Zaren treu blieben. Wenn wir uns unbeobachtet fühlen, spucken wir beim Vorübergehen auf das Denkmal. Im Palast auf dem Platz residierte einst unser König, jetzt sind Russen dort.

Auf der Krakowskie Przedmiescie geht es immer lebhaft zu. Wir müssen aufpassen, nicht überfahren zu werden von beladenen Fuhrwerken oder von prächtig polierten Kutschen oder von den Pferdewagen, die in der Mitte auf Schienen fahren. Unsere Schule befindet sich im ehemaligen Kloster der Visitantinnen im ersten Stockwerk. Im Erdgeschoss verkauft Herr Wosinski in seinem Geschäft Uhren aus Genf.

Donnerstag, 15. April
Mein Lieblingslehrer ist Professor Slosarski. Er unterrichtet Naturwissenschaften und führt uns, wie er es nennt, an die

»Wunder der Welt« heran. »Du hängst ja an seinen Lippen«, hat Kazia mich heute geneckt. Aber ich sauge wirklich alles auf, was er sagt. Ich habe längst gemerkt, dass nicht alle russischen Lehrer unsere Feinde und Freunde des Zaren sind.

Heute hat er uns von Dmitri Mendelejew erzählt, der den Zusammenhang zwischen Atomgewicht und den Eigenschaften der chemischen Elemente entdeckt hat. Er ordnete alle bekannten Elemente in einer Tabelle an und nannte sie das Periodensystem. Mit diesem System konnte er sogar noch die Entdeckung neuer Elemente vorhersagen. In Paris hatte er sich dazu in seiner Wohnung ein kleines Labor eingerichtet und geforscht.

Mendelejew war wie Ma an Tuberkulose erkrankt, konnte aber auf der Insel Krim geheilt werden. Er war das jüngste von siebzehn Kindern und seine Familie war sehr arm.

Ich habe so große Hochachtung vor diesem Mann. Und einen Traum: Ein Labor in Paris!

Kazia verehrt Professor Gloß, der Mathematik unterrichtet. Sie ist sogar verknallt in ihn. Obwohl er ein Russe ist. Aber er ist klug, sieht auch noch wahnsinnig gut aus und schikaniert uns nicht.

Donnerstag, 20. Mai

Heute bin ich, wie so oft nach der Schule, noch mit zu Kazia gegangen und wir erledigten gemeinsam Hausaufgaben.

Ihr Zimmer ist viel schöner als meins, heller, freundlicher, ruhiger, keine nervigen Pensionäre und unfreundlichen Haushälterinnen. Aber mein Tagebuch nehme ich natürlich nicht mit dorthin. Das öffne ich erst hier zu Hause. Kazia würde mich mit ihrer Neugier nerven. »Was schreibst du da? Zeig doch mal!«

Aber ihre Mutter verwöhnt uns mit Limonade und Schokoladeneis. Auch meine Ma hat mich oft verwöhnt. Sie fehlt mir so sehr. Fast genau auf den Tag vor zwei Jahren ist sie gestorben. Meine Ma …

1881

Dienstag, 15. März

Heute habe ich mich so gefreut, dass ich nicht an Vaters Ermahnungen gedacht habe, vorsichtig zu sein, und mit Kazia einen Freudentanz auf dem Schulhof aufführte. Das wäre beinahe schief gegangen.

Zar Alexander II. ist tot. Eine Dose mit Dynamit hat seine Kutsche getroffen. Er ist ausgestiegen, weitergelaufen, und dann hat ein Student ihm noch eine Sprengbombe vor die Füße geworfen.

Fräulein Mayer, die mich sowieso nicht leiden kann, sah uns tanzen. Warum wir tanzen, hat sie gefragt. »Weil uns nach tanzen zumute ist«, hab ich gesagt. Sie hat geschrien: »Ob wir denn nicht gehört hätten, dass heute der Zar ermordet und Staatstrauer angesagt ist?« Wir haben ihr den Rücken zugedreht und sind gegangen. Vielleicht wird unser Land nun befreit? Oder kommt ein neuer Zar? Ich hoffe sehr, dass unser Leben freier und besser wird!

Dienstag, 29. März

Ein neuer Zar. Alexander III. Alles Wünschen vergebens …

24. Dezember

Wie haben wir uns alle auf das Weihnachtsfest gefreut! Es beginnt bei uns, wenn der erste Stern abends aufgeht. Dann ist auch das Fasten zu Ende und eine große, bunt bedruckte, eckige Oblate wird gebrochen und verteilt. Weil alle in der Familie das Leben miteinander in Liebe teilen wollen. Gerade Weihnachten fehlt Ma am meisten.

Bronia und Tante Lucia haben den Baum geschmückt. Silbern glänzende Kugeln, silbernes Lametta und weiße Kerzen. »Schlicht und schön, so soll er stehen«, hat Vater gesagt. Auf dem festlich gedeckten Tisch wird jedes Jahr auch ein Gedeck aufgelegt für einen unerwarteten Gast. Tante Lucia sagt, die Heilige Familie könnte ja anklopfen. Aber es ist bisher noch nie passiert und außer Tante Lucia glaubt wohl keiner bei uns daran. Unter dem Tisch liegt immer ein kleiner Ballen Stroh, aus dem sich jeder einen Halm zieht. Józef hat den längsten gezogen und man sagt, er wird nun auch am längsten leben. Im vorigen Jahr hatte Vater den längsten gezogen. Er hat mit dem Kopf geschüttelt und gesagt: »Das wäre ja furchtbar, wenn ich euch alle überlebe …«

Unter dem Tisch Stroh, aber auf dem Tisch … Ich habe gedacht, der muss zusammenkrachen von dem Gewicht. Karpfen in Biersauce, unseren polnischen Borschtsch, Piroggen, Hering in Öl, Bratfisch und Fisch in Aspik, Krautgerichte und Gemüsesalate. Mohnkuchen … Ich konnte fast nichts essen, vor lauter Aufregung und warten auf den Sternenmann. Ich habe ein Tabellenbuch bekommen, mit allen 66 bisher bekannten Elementen, periodisch angeordnet nach Mendelejew. Vater war der Sternenmann und ich bin ihm vor Freude um den Hals gefallen.

1. Weihnachtsfeiertag

Fast bis Mitternacht haben wir gestern kolędy, Weihnachtslieder, gesungen und sind dann zur pasterka, der Hirtenwache, in die Kirche gegangen. Es war eiskalt, der Himmel sternenklar, der Schnee knirschte unter unseren Schuhen und die Glocken begannen zu läuten. Eine heilige Nacht, die ich sicher nie vergessen werde.

1883

Freitag, 18. Mai

Zwei Jahre nur gelesen, gelernt, gelesen, gelernt … Wenig gegessen und geschlafen. Keine Zeit fürs Tagebuch.

Maria im Alter von 16 Jahren

Nur die Schule hat mir wirklich Spaß gemacht. Ich bin dankbar, dass ich schnell begreife und will diese Begabung nutzen! Immer noch will ich Wissenschaftlerin werden.

Sonntag, 10. Juni

Geschafft! Viele Reden über mich ergehen lassen, Hände geschüttelt, Professor Slosarski umarmt, Fanfarenklänge … Zwei scheußliche russische Bücher als Preis erhalten und mit Vater am Arm das Schulgebäude mit einer Goldmedaille um den Hals verlassen. Für immer. Wie stolz wäre meine Ma gewesen … In der flimmernden Hitze glaubte ich ihr Gesicht zu sehen, ihre Augen …

Mein Bruder Józef hat mir von Robert Koch geschrieben, einem deutschen Arzt und Biologen. Er hat im vorigen Jahr den Bazillus entdeckt, der die Tuberkulose verursacht. Bald wird die Krankheit heilbar sein. Hätte die Wissenschaft nicht schneller sein können? Nur fünf Jahre …

Freitag, 15. Juni

Vater will, dass ich ein Jahr »abschalte« und mich erhole. Nicht lerne, sondern beobachte, staune, mich wundre, die Schönheit der Natur genieße. Ich weiß nicht, ob das für mich Erholung sein wird, ob das gelingt. Ein ganzes Jahr ohne Formeln und Zahlen …

Sonntag, 17. Juni

Kazia meint, drei Möglichkeiten bleiben einem Mädchen nach dem Gymnasium-Abschluss. Sie hat mit ihrer Mutter darüber gesprochen.

1. In Paris oder Sankt Petersburg studieren,
2. Lehrerin an einer Privatschule werden,
3. heiraten.

Für mich kommt nur 1. in Frage. Und zwar in Paris, an der Sorbonne. Aber dafür braucht man Geld. Kommt Zeit, kommt Rat … Ich hab schließlich eine Goldmedaille. Kazia schwankte zwischen 2. und 3. Wenn der Richtige käme, meinte sie und lachte. Sie lachte, als ob er schon da wäre. Aber das hätte sie mir bestimmt erzählt. Für mich kommt heiraten jedenfalls vorerst nicht infrage! Natürlich warte ich auch auf den Richtigen. Aber ob der mich dann auch will?

Sonntag, 1. Juli

Das Jahr »Abschalten« hat schon begonnen. Vater hat ein Machtwort gesprochen: »Raus mit dir aufs Land!«

Erst im Zug, dann im Pferdewagen durch Masowien gereist, auf holprigen Wegen, zwischen Kornfeldern, an verfallenen Windmühlen und ärmlichen Blockhäusern vorbei habe ich mein Ziel in Zwola erreicht.

Wie ein Palast mutet dort das Landhaus von Onkel Wladislaw, Mutters Bruder, im Vergleich dazu an. Und wie fröhlich das Leben sein kann, ohne Formeln und Zahlen!

An Freundin Kazia im August

Ich kann sagen, daß ich außer einer Französischstunde, die ich einem kleinen Jungen gebe, und der Übersetzung aus dem Englischen nichts tue, buchstäblich nichts, denn sogar die Stickarbeit, mit der ich mich anfangs beschäftigte, habe ich heute fast völlig beiseite gelegt. Ich lese nichts Ernstes, nur Liebesromane … Ich komme mir auch unglaublich dumm vor, trotz des Reifezeugnisses und trotz der Würde einer Person, die die Schule beendet hat. Nicht selten habe ich Lust, über mich selbst zu lachen, und mit wahrer Genugtuung erwäge ich meinen Mangel an Verstand.

Wir gehen oft im Wald spazieren. Dort versammeln sich ein paar
Dutzend Personen, wir spielen Serso und Schlagball, wovon ich
keine Ahnung habe, Katz und Maus, Mensch ärgere Dich nicht
usw. – lauter Kinderspiele …

Sonntag, 2. September
Zurück aus Zwola. Aber in Warschau darf ich nicht bleiben. Ich
will (muss) nach Zawieprzyce zu Onkel Ksawery.

Montag, 10. September, in Zawieprzyce bei Lublin
Zehn Kinder hat Onkel Ksawery und versteht zu wirtschaften.
Er besitzt große Ländereien, und viele Arbeiter, die er menschlich behandelt, sagt mein Vater. Sein Landhaus ist riesengroß
und steht Gästen immer offen. Auch ein schon etwas verfal-
lenes Schlösschen aus dem 16. Jahrhundert und eine Ahnen-
kapelle gehören dazu. Die Gäste müssen reiten können und an
der Jagd teilnehmen.

Zawieprzyce – hier verbrachte Maria ihre Ferien

Heute bin ich das erste Mal allein ausgeritten. Unglaublich schön … Auf Keszhoma, einem 1,60 Meter großen Wallach. Ein Mohrenkopfschimmel. Onkel Ksawery hat ihn mir anvertraut. Zuerst war ich ängstlich. Aber jetzt … Eine Stunde waren wir unterwegs. Keszhoma ist ein ganz ruhiges und friedliches Pferd. Macht, was ich sage, und freut sich über ein Stück Zucker oder wenn ich seine Mähne streichle. Alle Vasen und Gläser im Haus habe ich mit Kamille und Kornblumen gefüllt. Die Wiesen rings um Zawieprzyce sind voll davon.

Samstag, 15. September
Ausflug nach Lublin. Die Stadt ist heller als Warschau, freundlicher, die Menschen sitzen in Parks, an der Weichsel, spielen Schach oder plaudern. Der Sommer ist noch einmal mit ganzer Kraft zurückgekommen. Wunderschön im Sonnenlicht das alte Rathaus und die Kathedrale … Hoch über der Stadt trohnt die Burg …

Montag, 15. Oktober
Eine Woche war ich mit Vater in Zakopane, einem beschaulichen Dörfchen. Wir wohnten in einem der viel gieblichen Holzhäuser der Goralen. Ein Haus mit ungewöhnlich reichem Balkenschnitzwerk. Diese Bergmenschen laufen in seltsam bunten Trachten umher, spielen sehr schön die verschiedensten Musikinstrumente und ihr Schafskäse ist der beste überhaupt.

Zakopane liegt tausend Meter über dem Meeresspiegel. Kein Ort in Polen liegt höher! Beeindruckend sind die schneebedeckten Gipfel ringsherum. Wir sind bis zum Fischsee gelaufen, der am Fuße des Rysy liegt, und in dessen glasklaren, grün schimmernden Wasser man Schwärme von Fischen beobachten kann. Meinen Rucksack habe ich vollgepackt mit Steinen und Mineralien. Wir haben Falken und Mäusebussarde gesehen, sogar einen Steinadler, Gemsen und das Pfeifen der Murmeltiere gehört. Im Sommer sollen hier die Kuhschelle,

Heilglöckchen, Orchideen und Edelweiß wachsen. Ich will unbedingt noch mal im Frühjahr oder Sommer hierher fahren. Ich hatte heimlich ein altes Physikbuch mitgenommen. Für abends, wenn Vater schon schlief …

1884

Donnerstag, 10. Januar
Und wieder einmal habe ich die Koffer gepackt und bin zu Vaters Bruder, Onkel Zdzisław, gefahren. Er wohnt in Skalbmierz, einem kleinen Ort am Fuße der Karpaten. Der Onkel ist ganz anders als mein Vater. Er kann unglaublich lustig sein, aber dann auch plötzlich wieder aufbrausen. Hier werden immer irgendwelche Feste vorbereitet. Seine drei Töchter sollen endlich unter die Haube kommen. Sie sind aber nicht nur hübsch, sondern auch geistreich, und ich finde ihre Gegenwart angenehm und unterhaltsam.

Wie schnell die Zeit verfliegt …

Dienstag, 15. Januar
Tante Maria, die Frau von Onkel Zdzisław, ist vorgestern aus Kielce angereist. Dort besitzt sie eine Klöppelschule und eine Möbelfabrik. Tante Maria ist groß, schön, blond und sehr selbstbewusst. Von Kindererziehung und Kochen hält sie nichts, das überlässt sie einer »Wahltante«. Sie trägt Hosen, raucht Zigaretten und zieht die Gesellschaft von Männern vor. Ich bewundere sie und möchte auch so ein bisschen werden wie sie. Aber nicht unbedingt rauchen und Hosen tragen …

Sonntag, 17. Februar
An Bronia
Ich habe noch einmal am Sonnabend auf dem Kulig (Schlittenfahrt zur Fastnachzeit – Anm. d. Ü.) die Wonne des Karnevals

genossen und denke, daß ich mich nie wieder so amüsieren wer-
de ...

Wir sind ziemlich früh angekommen. Ich fungierte als Frisö-
se, denn ich kämmte die Mädchen für den Abend, und zwar sehr
gut. Die anderen kamen gegen acht, unterwegs ist so einiges pas-
siert, wir haben die Musikanten verloren und wiedergefunden,
eine Kutsche ist umgekippt.

Man teilte mir meine Nominierung zur »Braut« mit und stell-
te mir den »Bräutigam« vor, einen sehr gut aussehenden, schi-
cken Krakauer. Der Kulig gelang einzigartig. Wir tanzten am
hellen Tag um acht Uhr Mazurka, und es war so fröhlich wie
am Anfang. Sechzehn Paare. Wir haben den herrlichen Oberek
mit seinen Figuren getanzt, und du mußt wissen, daß ich aus-
gezeichnet Walzer tanzen gelernt habe, ich hatte einige Touren
im voraus vergeben. Wenn ich herausging, um mich auszuruhen,
warteten sie an der Tür auf mich.

Donnerstag, 3. April

Ein unverhofftes Glück ... Unsere Ferien gehen weiter. Eine
ehemalige Schülerin unserer Ma, die Gräfin de Fleury, hat meiner Schwester Hela und mir einen Sommerurlaub auf ihrem
Landsitz Kępa angeboten. Langsam gewöhne ich mich an das
faule, fröhliche Leben.

Samstag, 12. April, in Kępa

Wir sind wieder erst mit der Bahn, aber diesmal nördlich
von Warschau bis Małkinia gefahren. Am Bahnhof stand eine
prachtvolle Kutsche mit vier Pferden und einem Kutscher in
blauer Livree für uns bereit.

Der Landsitz sieht aus wie ein kleines Schloss und ist von einem wunderschönen Garten umgeben, nah bei einem Eichen-
und Lindenhain. Unsere Zimmer sind groß und hell, und die
freundliche Haushälterin Frau Rogowska verwöhnt uns schon
morgens mit Semmeln, Keksen, Butter, Honig und Marmelade.

Zwei Flüsse stoßen in Kępa zusammen: Narew und Biebrza, aber zum Baden ist das Wasser noch viel zu kalt.

Sonntag, 15. Juni
Brief an Kazia
Jetzt sind wir schon einige Wochen in Kępa, ich müßte dir unser Leben hier beschreiben, aber ich habe keine Kraft dazu, sondern sage dir nur, daß es wunderbar ist!

Wir machen alles, was uns einfällt, mal schlafen wir nachts, mal am Tage, wir tanzen und machen überhaupt solche Dummheiten, daß wir es manchmal verdienten, ins Irrenhaus geschickt zu werden.

Sonntag, 20. Juli
Hela und ich plündern die Kirschbäume, pflücken Himbeeren und suchen Pilze. Wir schwimmen und fahren Boot. Jan Moniuszko, der Bruder der Gräfin, er ist 27 Jahre alt und ein bisschen dick, bringt mir das Rudern bei.

Zu jedem Essen trinkt er einen Viertelliter Milch. Wir haben uns einen Spaß mit ihm erlaubt und jedes Mal seine Milch verdünnt. Es hat ziemlich lange gedauert, bis er misstrauisch wurde und sich beklagte, dass die Milch grau aussehe und nicht mehr schmecke. Die Gräfin hat einen Giftanschlag vermutet, und wir konnten uns nicht mehr halten vor Lachen.

Sie spricht sehr liebevoll und mit Hochachtung von meiner Ma! Das macht sie mir besonders sympathisch.

Freitag, 15. August, immer noch in Kępa
Heute haben wir den 14. Hochzeitstag unserer Gastgeber gefeiert. Ein ungleiches Paar. Der Graf ist schon ziemlich alt, aber ein Ästhet und Feinschmecker, die Gräfin, seine zweite Frau, wohl 30 Jahre jünger, ist unwahrscheinlich lebenslustig und charmant.

Wir haben sie auf zwei hochlehnige Sessel gesetzt aus feinstem Plüschbezug und ihnen einen Kranz aus Karotten, Rosenkohl, Zwiebeln und Steckrüben, verziert mit bunten Bändern geschenkt.

Dienstag, 2. September, wieder in Warschau

Zurück aus einer anderen Welt ... Im Dunkeln, Minuten vor dem Einschlafen bin ich manchmal noch in Kępa ... verrückt, ausgelassen, eine andere Mania als hier, wo lauter ernste Gesichter mich umgeben ...

Vater ist älter geworden, aber wie eh und je an den neuesten wissenschaftlichen Erkenntnissen interessiert. Bronia bügelt ihm die Hemden, bürstet seine Anzüge. Nur das Schuheputzen übernimmt er selbst. Auch für Hela und mich. So sind wir heute am Sonntag bei wolkenlos blauem Himmel, also mit glänzenden Schuhen an dem sandigen Ufer der Weichsel entlangspaziert. Von der Neustadt der Sonne entgegen zur Altstadt im Süden. An der Marienkirche mit ihrem weithin sichtbaren Turm vorbei, den Königstrakt entlang bis zum Potocki-Palais. Wie viele Baumeister sich an seiner Architektur schon versucht haben. Vater kann sie alle aufzählen: Piola, der den Palast im 17. Jahrhundert mit barockem Garten für die Magnatenfamilie Dönhoff errichtete. Schröger, der ihn im Stil des Rokoko umbaute. Samuele Contessa, Redler und Zeisel, die die Bildhauerarbeiten gestalteten. Vor 100 Jahren war es Boguslaw, der ihn Zug um Zug veränderte, auch das klassizistische Säulenportal schuf. Ende des vergangenen Jahrhunderts arbeitete der Maler Antonio Tombari an dem Gebäude. Und 1860 errichteten die Brüder Marconi den Ausstellungspavillon auf dem Schlosshof, der voriges Jahr, wie Vater erzählte, der Zacheta-Galerie zur Verfügung gestellt wurde. Wir liefen durch die gegenwärtige Ausstellung von Michałowski, Matejko und Gierymski. Interessante Bilder, die den Übergang vom Rokoko zur Moderne zeigen.

»Aus dir ist eine junge Frau geworden«, hat Vater am Abend zu mir gesagt.

»Na weißt du nicht, dass ich in zwei Monaten schon siebzehn werde«, habe ich gesagt.

Freitag, 26. September
Gemeinsam mit Hela ein Scheltgedicht an die Söhne von Onkel Zdzisław in Skalbmierz geschrieben, weil die Burschen unsere schönen langen Briefe nicht beantworten. Wir haben ihnen eine Impfung gegen »Schreibphobie« vorgeschlagen, ähnlich der Impfung gegen Tollwut.

Mittwoch, 8. Oktober
Heute hat mich Vater in sein Arbeitszimmer geholt und mir physikalische Vorträge gehalten. Er erklärte mir die elektrischen Einheiten Volt, Ampere und Ohm, mit denen man die Spannung, den Strom und den Widerstand messen kann. Er redete über wichtige Entdeckungen. Zum Beispiel, dass manche Kristalle elektrische Eigenschaften haben. Vorausgesetzt, sie besitzen, wie zum Beispiel Quarz, kein Symmetriezentrum. »Stell dir vor«, sagte Vater, »die Ladungen sind Kugeln auf einer Ebene und der Ladungsmittelpunkt ist der S c h w e r p u n k t. Wenn Plus und Minus nicht aufeinanderliegen, entsteht ein Dipolmoment. Vor vier Jahren hat das der einundzwanzigjährige Franzose Pierre Curie herausgefunden und als Piezoelektrizität bezeichnet.«

Vater behauptet, dass bereits in wenigen Jahren in den meisten Ländern der Welt die Menschen nicht mehr bei Kerzenschein oder mit Hilfe von Gaslampen lesen werden, sondern im hellen elektrischen Licht. Er hat von Edison erzählt, einem amerikanischen Wissenschaftler, dem wir das zu verdanken haben. Im vergangenen Jahr entdeckte der den glühelektrischen Effekt. »Stell dir vor«, hat Vater gesagt, »Elektronen gelingt es aufgrund ihrer thermischen Bewegung aus dem Metall bzw. der Oxidschicht herauszutreten. Sie bilden um die Glühkathode im Vakuum eine Raumladungswolke und laden in der Nähe befindliche Elektroden gegenüber der Kathode negativ auf. Dieser Effekt kann zur direkten thermischen Erzeugung von elektrischer Energie genutzt werden.«

Ich bin froh, dass ich mir das vorstellen und merken kann.

Vater hat gesagt: »Wir leben im Jahrhundert der unglaublichsten Entdeckungen. Nie wieder werden die Menschen der Natur in relativ kurzer Zeit so viele neue Erkenntnisse abringen.«

Freitag, 7. November

Vater hat mir einen großen Geburtstagswunsch erfüllt: Das Buch »Schuld und Sühne«, von Dostojewski. Dieser russische Dichter gehört neben unseren Dichterfürsten Juliusz Słowacki und Adam Mickiewicz gegenwärtig zu meinen Lieblingsautoren.

60 000 Menschen sollen bei Dostojewskis Beerdigung vor vier Jahren in St. Petersburg dabei gewesen sein!

Aus »Pan Tadeusz oder Der letzte Einritt in Litauen«, diesem riesigen Versepos in zwölf Büchern von Mickiewicz, lesen wir uns auch oft gegenseitig vor. Ich liebe diese literarischen Samstagabende am Samowar.

Montag, 29. Dezember

Vater ist in Pension gegangen. Langeweile kennt er nicht. Ganze Bücher übersetzt er aus dem Französischen, Englischen, Deutschen und Russischen ins Polnische. Und er schreibt selbst Gedichte. Aber seine Pension reicht nicht. Nicht für Essen, Kleidung, Miete …

Ich bin die prächtige Marszałkowska-Straße entlanggegangen und habe Zettel verteilt: Junge absolvierte Gymnasiastin unterrichtet Französisch, Arithmetik, Naturwissenschaften …

1885

Montag, 2. Februar

Seit einem Monat verdiene ich durch Unterrichten Geld.

Laufe kreuz und quer durch die Stadt, von einem Schüler zum anderen. Schneegriesel im Gesicht, die Füße kalt, der Frost dringt durch die Handschuhe. Schaue sehnsüchtig der Pferdebahn hinterher ... Sie sind faul und dumm, die Kinder der Reichen. Spielen lieber mit Puppen oder Soldaten, stehen stundenlang vor dem Spiegel, hecken dumme Streiche aus. Vielleicht nicht alle, aber meine Pappenheimer auf jeden Fall ... Kein Interesse für die Wunder der Wissenschaft. Ihre Eltern lassen mich im Vorzimmer ewig warten, behandeln mich wie eine Untergebene, die ich ja auch wirklich bin, wie eine Abhängige, eine, die dankbar sein muss für jeden Rubel, den sie mir geben. Dabei musste ich sie gestern noch erinnern, mir meinen Lohn für den vergangenen Monat zu zahlen.

Wie erniedrigend ...

Freitag, 13. Februar

Abergläubig bin ich nicht. Ich fürchte mich nicht vor Freitag dem 13. oder einer schwarzen Katze von rechts ... Auch mein Glaube an Gott ist leider verloren gegangen.

Habe mich einer Gruppe »Positivisten« angeschlossen, um meinem Vaterland Polen zu helfen. Bronislawa Piasecka ist mir Freundin und Lehrerin zugleich. Sie ist wahrlich nicht hübsch zu nennen, hager, dünnes kurzes Haar, aber mit ihrem warmen Blick und ihrer wohlklingenden Stimme, mit der sie treffend und ohne Pathos neue Gedanken äußert, wirkt sie sehr anziehend auf mich. Die Welt wird nur besser werden, wenn sich die Individuen verbessern, ist einer ihrer Leitsätze. Zusammen mit Bronia sind wir an Vorlesungen der »Fliegenden Universität« zugelassen und bilden uns weiter in Anatomie, Naturgeschichte und Soziologie. Heimlich muss das geschehen. Entdeckt man uns, droht Gefängnis. Ich habe mich von meinem langen Haar getrennt …

Donnerstag, 5. März

Bronislawa hat mich gebeten, fünf Schneiderinnen, die in einem Atelier arbeiten, Unterricht zu erteilen. Unser Ziel, denjenigen zu helfen, denen wir am ehesten nützen können, kann ich hier gut umsetzen. Ich habe eine kleine polnische Bibliothek für sie zusammengestellt, lese ihnen vor, bringe ihnen Adam Mickiewicz und Juliusz Słowacki nahe, mache sie aber auch mit Goethe, Schiller und Shakespeare vertraut. Erzähle von Darwin und Pasteur. Die Frauen sind aufmerksam, aber ich darf sie nicht überfordern. Sie sind unwahrscheinlich dankbar, wollten bei mir schon mal Maß nehmen, um mir ein Kleid zu nähen. Ich konnte sie nur mit Mühe davon abhalten.

Montag, 30. März

Übe mich jetzt auch im Zeichnen, versuche La Fontaines Fabeln zu illustrieren …

Donnerstag, 14. Mai

Keinem offenbare ich meine schwärmerischen Neigungen, meine stille Freude an poetischen Liebesgedichten. Selbst Bronia würde mich verständnislos anschauen. Neulich haben wir uns in vertrauter Umarmung fotografieren lassen, das Bild Bronislawa geschenkt und quer darüber geschrieben: »*Für eine ideale Positivistin von zwei positivistischen Idealistinnen.*«

Dienstag, 2. Juni

Meine Schüler leiden einfach an einer schlechten Vorstellungsgabe. Ich habe ihnen aber erfolgreich das Hebelgesetz an einer Wippe erklärt. Den dicken Gregor so daraufgesetzt, dass ihn auch die kleine Olga hochkriegte.

Gewicht mal Lastarm auf der einen Seite ist gleich Kraft mal Kraftarm auf der anderen Seite. Ein Gewicht kann man leichter hochheben, wenn der Kraftarm auf der anderen Seite viel länger ist. So haben sie es endlich verstanden.

»Gib mir einen Punkt im All, und ich hebe die Erde aus den Angeln.«

Wie klug war Archimedes schon vor 2 000 Jahren!

Freitag, 14. August
»Ja, ich weiß, die Erde dreht sich«, sagte Tamara, eine meiner Schülerinnen, heute, »aber ich muss doch nicht verstehen warum!!! Und noch dazu in den Ferien.« Sie riss mir das Pendel, an dem ich es ihr demonstrieren wollte, aus der Hand, schwang es wie ein Lasso über den Kopf und ließ es davonfliegen. »Gehen wir baden, das macht mehr Spaß«, sagte sie und zog mich zur Weichsel hinunter. Spaß! Als ob wir nur zum Spaßhaben auf der Welt sind!

Freitag, 28. August
Bronia hat meinen Plan akzeptiert. Auch Vater ist der Meinung, dass sie als Ältere zuerst dran ist. Sie schleicht herum wie ein verwundeter Panther. Ihre Mutlosigkeit ist einfach nicht mehr anzusehen. Sie muss endlich an der Sorbonne Medizin studieren, was schon lange ihr sehnlichster Wunsch ist. Ich werde mich um eine Gouvernantenstelle bemühen und so ihr Studium mitfinanzieren. Wenn sie fertig ist und sich als Ärztin niederlässt, wird sie mich nachholen. Es wird nicht leicht werden, aber ich habe wieder ein Ziel!

Donnerstag, 3. September
Gerade vom Stellenvermittlungsbüro zurück. Meine Haare hatte ich wieder wachsen lassen, um Vertrauen zu erwecken. Meine Referenzen und Zeugnisse sind ausgezeichnet, meine

Ansprüche nicht hoch, die Aussichten, schnell eine Anstellung zu kriegen, gut.

Donnerstag, 10. Dezember
An Cousine Henriette
Liebe Henriette, seit wir uns getrennt haben, habe ich das Leben einer Gefangenen geführt. Wie du weißt, habe ich eine Stellung in der Familie des Rechtsanwalts B. angenommen. Ein solches Höllenleben wünsche ich nicht meinem ärgsten Feind!

… Es ist eines jener reichen Häuser, wo man vor Gästen Französisch spricht – ein erbärmliches Französisch –, die Rechnungen ein halbes Jahr lang nicht bezahlt, aber das Geld aus dem Fenster hinauswirft und dabei an dem Petroleum für die Lampen spart. Es gibt fünf Dienstboten, man posiert auf Liberalismus. In Wirklichkeit aber herrscht finstere Dummheit. In süßestem Ton wird bösartiger Klatsch getrieben – ein Klatsch, der an keinem ein gutes Haar lässt.

Meine Kenntnis der Gattung Mensch hat sich hier sehr erweitert; ich habe gelernt, daß es die Personen, die in den Romanen beschrieben sind, wirklich gibt, und daß man mit Leuten, die der Reichtum moralisch heruntergebracht hat, nichts zu tun haben darf …

1886

Freitag, 1. Januar
Heute verlasse ich Warschau. Vielleicht für mehrere Jahre. Ich bin traurig und hoffnungsvoll zugleich. Habe eine Stelle als Hauslehrerin auf dem Gutshof Szczuki bei Przasnysz angenommen. Drei Bahn-, vier Pferdestunden weit entfernt. Meine Hoffnung, nahe bei meiner Familie Geld zu verdienen, hat sich zerschlagen. Auch die Abendkurse, die Vorlesungen bei der

»Fliegenden Universität« muss ich aufgeben. Hier in Warschau ist von meinem ersten Monatsgehalt nicht genügend übriggeblieben, um Bronia in Paris im Quartier Latin zu unterstützen. Sie lebt dort in ganz bescheidenen Verhältnissen, und mein Versprechen muss ich halten.

Ich denke oft an Zawieprzyce. Wie schön kann es auf dem Land, in freier Natur sein. Achtzehn Jahre und Marek ist immer noch bei mir.

Es schneit in dichten Flocken, und mir fällt mal wieder Bauer Iwan aus »Schneeflöckchen« ein. Jede Freude hat ein Ende, aber auch der Kummer …

Mittwoch, 3. Februar

An Cousine Henriette

Jetzt bin ich seit einem Monat hier im Hause Z. Ich habe also Zeit gehabt, mich an die neue Umgebung zu gewöhnen. Bisher geht es mir recht gut. Herr und Frau Z. sind sehr nette Leute. Mit der ältesten Tochter, der achtzehnjährigen Bronka, habe ich eine richtige Freundschaft angeknüpft, die sehr dazu beiträgt, mir das Leben angenehm zu gestalten. Meine Schülerin, die zehnjährige Andzia, ist ein gelehriges Kind, aber sehr verwöhnt und undiszipliniert. Schließlich aber kann man nichts Vollkommenes erwarten.

… Stell' Dir vor, daß ich schon eine Woche nach meiner Ankunft auf gar nicht freundliche Weise ins Gerede kam, weil ich wagte, die Einladung zu einem Ball abzulehnen. Es hat mir aber wenig leid getan, denn Herr und Frau Z. sind von diesem Fest um ein Uhr mittags nach Hause gekommen …

Auch bei uns hat es einen Ball gegeben. Ich habe mit viel Vergnügen manche Gäste beobachtet, die der Feder eines Karikaturisten wert wären. Die jungen Leute sind herzlich wenig interessiert; die Mädchen sind Gänse, die den Mund nicht aufmachen, oder sie sind im höchsten Maß aufreizend. Es soll auch geschei-

tere geben. Bisher aber schien mir meine Bronka eine seltene Perle an gesundem Verstand und Lebensklugheit.

Ich habe sieben Stunden täglich zu arbeiten, vier mit Andzia und drei mit Bronka. Das ist etwas viel, doch was tut's …

Freitag, 23. April

Warschau im Frühling – wie belebend und wärmend. Fürs Herz und die Sinne …

Maria als Hauslehrerin in Szczuki

Ich habe mich so auf Ostern hier zu Hause gefreut. Hätte ich das Fahrgeld sparen sollen, auch um Vaters prüfendem Blick zu entgehen? Er ahnt wohl, dass ich nicht glücklich bin. Ich habe erzählt, von meiner Schülerin Andzia, die lieb, aber nicht fleißig ist und eine Langschläferin noch dazu. Von meiner Anstrengung, sie am Morgen aus dem Bett zu holen. Ich habe von der besseren Gesellschaft erzählt, die nur auf Klatsch und Tratsch aus ist. Die von Tolstoi noch nichts gehört hat und von Karl Marx erst recht nicht. Nichts von Positivismus und Kapital, und wenn ja, zucken sie zusammen, schauen sich ängstlich um, als ob ein Gespenst im Raum wäre. Aber über die neueste Mode sind sie genaustens informiert.

Ich kleide mich sauber und »adrett«, gehe sonntags in die Kirche, was Vater sehr überraschte.

Ich habe erzählt, dass Herr und Frau Z. freundlich zu mir sind und mich nicht von oben herab behandeln. Aber sie ahnen natürlich auch nicht, dass ich Frauen bewundere, die studieren und selbst ein Studium anstrebe. Wenn sie das wüssten, würden sie mich wahrscheinlich für den falschen Umgang für ihre große Tochter Bronka halten.

Wie habe ich mich geirrt, als ich von einer ländlichen Idylle träumte. Der Schornstein der Zuckerfabrik in Szczuki speit dunkle Wolken in den Himmel, verschmutzt die Luft, genau wie die Abwasserbrühe das Wasser des kleinen Flusses vergiftet und ihm Schaumkronen aufsetzt.

Ich habe Vater erzählt von den arbeitenden Menschen, die von Rüben und ihrem Zucker leben. Es reicht gerade für ärmliche Kleidung und karge Speisen. Ostern ist für sie kein üppiges Fest.

Morgen werde ich meine Koffer packen, Samstag fährt der Zug zurück. Heimweh habe ich schon jetzt.

Sonntag, 2. Mai

Ein Gutes hat die Fabrik auch für mich: Es gibt eine Werksbibliothek, in der ich mir Zeitschriften und Bücher ausleihen kann. Mein Wissen ist so lückenhaft! Nun versuche ich es hier mit meinen Möglichkeiten zu erweitern und lerne selbstständig zu arbeiten. Vieles interessiert mich, aber Mathematik, Physik und Chemie begeistern mich am meisten. Heute kam wieder ein Brief von Vater. Er weiß fast auf alle meine wissenschaftlichen Fragen eine Antwort.

Mittwoch, 2. Juni

Habe meine »große Schülerin« Bronka für meinen Plan, die Dorfkinder zu unterrichten, begeistern können. Die meisten sind Analphabeten, nur wenige lernen in der Schule die russische Sprache. Wir wollen sie heimlich in unserer schönen polnischen Sprache unterrichten. Ich habe Bronka gewarnt: Wenn man uns verrät, sehen wir uns in Sibirien wieder ...

Das hat sie nicht abschrecken können. Nun werben wir versteckt und vorsichtig in den Hütten der Dorfbewohner. Ich habe bereits Hefte und Federhalter gekauft.

Donnerstag, 15. Juli

Kasimir, der älteste Sohn der Familie Z., ist in den Ferien nach Hause gekommen. Er ist so alt wie ich und studiert an der Naturwissenschaftlichen Universität in Warschau. Er macht mir ein wenig Angst. Wenn er mit seiner kleinen Schwester Andzia lacht und scherzt, schaut er immer zu mir. Selbst Bronka zieht mich auf. »Er ist verliebt in dich, merkst du das nicht?« Ich weiß nicht, wie ich mich verhalten soll.

Samstag, 17. Juli

Er hat einen Wiesenstrauß gepflückt und ist mit ihm in der Hand vor mir auf die Knie gefallen. Welch albernes Getue … Aber ich konnte nicht verhindern, dass ich rot wurde …

Dienstag, 20. Juli

Selbst in der Kirche richtet er es so ein, neben mir zu sitzen. Ich spüre seine Wärme, seinen vorsichtigen leichten Druck, und die Predigt rauscht ungehört an mir vorbei.

Donnerstag, 22. Juli

Gestern spielten wir Schach, und er ärgerte sich furchtbar, weil ich immer gewann. Dann nannte er mich Prinzessin. »Meine kleine Prinzessin.« Das »meine« ist eine ziemliche Anmaßung. Das habe ich ihm gesagt, aber er hat nur gelacht, die Schachfiguren umgeworfen und mein Gesicht in seine Hände genommen. Ich war wie versteinert. Gesehen hat es zum Glück wohl niemand.

Mittwoch, 28. Juli

Ich habe noch nie so lange in so dunkle Augen gesehen. Maria – wo bleibt deine Reserviertheit? Wie schafft er es nur, dass du nachts vor Sehnsucht nach ihm nicht schlafen kannst, dass du vor deinen Büchern sitzt und alles dreimal lesen musst, um zu verstehen, dass du unkonzentriert auch deine Aufgaben mit

Andzia erledigst, dass du eine andere geworden bist und dass alles Wehren dagegen sinnlos ist? Wie soll das enden? Eine nicht lösbare Gleichung mit vielen Unbekannten …

Die Tage, selbst die Nächte sind drückend heiß …

Montag, 2. August

Ich bin so unendlich glücklich. Vorgestern Nacht, die Kulisse wie in einem Kitschroman: Mondlicht, ein kleiner See, kein Lufthauch zu spüren, und er: Komm Maria, lass uns

Kasimir Zorawski, Sohn des Gutsverwalters in Szczuki

baden … Nicht weit vom Rand entfernt, eine tiefe Stelle, ich fühlte plötzlich keinen Grund mehr unter meinen Füßen, erinnerte mich erst wieder, als ich am Ufer lag, er mein Gesicht streichelte, mein Haar, und dann geschah es, was ich nicht in Worte fassen kann, worüber ich auch nie sprechen, auch nicht schreiben werde …

Wie viel später, weiß ich nicht mehr, mein Zeitgefühl war mir abhanden gekommen, aber es geschah, als sich gerade eine Wolke vor den Mond schob und ich sein Gesicht nicht erkennen konnte. Mit einer einfachen Frage löste er die Gleichung mit den vielen Unbekannten. Und ich antwortete überglücklich: »Ja, ja, ja, Kasimir, mein Liebster, ich will dich heiraten!«

Samstag, 14. August

»Die Freude ist nicht ewig und mein Kummer unendlich!« Alles nur ein Märchen, aber mit einem bitteren Ende. Nie wieder werde ich einem Mann trauen, wenn er von seinen Gefühlen zu mir spricht.

Er ist zurück nach Warschau, ohne sich von mir zu verabschieden. Frau Z., seine Mutter, hat mich zu sich bestellt. Ich mag ihre Vorhaltungen nicht aufschreiben, es ist zu erniedrigend. Nur ein Satz: »Eine Gouvernante heiratet man nicht!«

Ich ging wortlos. Meine Tränen sollte sie nicht sehen.

Sonntag, 15. August

Vergessen, wie leicht sagt sich das, und wie schwer ist es … Natürlich möchte ich meinen Rucksack packen und Szczuki auf Nimmerwiedersehen den Rücken kehren. Oder wenigstens Urlaub nehmen. Aber ich kann die Stelle nicht aufgeben. Bronia braucht die 20 Rubel jeden Monat, und auch die Bauernkinder verlasse ich nicht. Jetzt haben wir schon zehn Schüler und sie machen langsam Fortschritte.

Mein Herz ist verkrustet, aber schlägt noch. Bronka, Kasimirs Schwester, meine Schülerin, ahnt und schaut mich mitleidig an. Kein Wort über mein Leid wird aus meinem Mund kommen. Geklagt oder gejammert wurde in unserer Familie nie.

Freitag, 3. Dezember

Achtzehn Schüler unterrichten wir jetzt jeden Mittwoch und Samstag, manchmal bis zu fünf Stunden. Mein Zimmer im ersten Stock hat einen separaten Eingang von der Treppe zum Hof. Die Kinder kommen unbemerkt, ohne jemanden zu belästigen. Ihr Lernwille ist beachtlich, nicht zu vergleichen mit dem von der kleinen Andzia. Ich warte auf diese Tage und die Kinder mit großer Freude.

Sonntag, 5. Dezember

An Cousine Henriette

… Ich habe mich daran gewöhnt, um sechs Uhr aufzustehen, damit ich mehr arbeiten kann – aber ich bin nicht immer fähig dazu. Jetzt ist ein sehr netter alter Herr hier, Andzias Taufpate;

auf Aufforderung von Frau Z. mußte ich ihn bitten, mich zu seiner Zerstreuung im Schach zu unterrichten. Auch muß ich den Vierten beim Kartenspiel abgeben, und das läßt mich nicht zu meinen Büchern kommen.

Augenblicklich lese ich:

1. *Die Physik von Daniel; mit dem ersten Band bin ich fertig.*
2. *Die Soziologie von Spencer, auf französisch.*
3. *Das Lehrbuch der Anatomie und Physiologie von Paul Bers, auf russisch.*

Ich lese immer mehreres auf einmal: die fortlaufende Beschäftigung mit ein und demselben Gegenstand könnte mein schon stark überanstrengtes Gehirn ermüden. Wenn ich mich absolut unfähig fühle, mit Nutzen zu lesen, löse ich algebraische und trigonometrische Aufgaben; die vertragen kein Nachlassen der Aufmerksamkeit und bringen mich wieder ins rechte Fahrwasser.

Die arme Bronia schrieb aus Paris, daß man ihr mit den Prüfungen Schwierigkeiten macht, daß sie viel arbeitet und sich gesundheitlich nicht sehr fest fühlt.

... Meine Zukunftspläne? Ich habe keine, oder vielmehr sind sie so gewöhnlich, daß es nicht der Mühe wert ist, von ihnen zu reden. Mich durchschlagen, so gut es geht, und wenn es nicht mehr geht, dieser schnöden Welt Adieu sagen. Der Schaden wird gering sein, und beweinen wird man mich auch nicht länger als so viele andere. – So sehen jetzt meine Projekte aus. Manche Leute reden mir ein, daß ich noch die gewisse Krankheit durchmachen muß, die man Liebe nennt. Dafür habe ich aber gar keinen Platz in meinen Plänen. Wenn ich andere hatte, so sind sie nur in Rauch aufgegangen, ich habe sie begraben, eingesargt, versteckt und vergessen – denn Du weißt ja auch, daß die Mauern immer stärker sind als die Köpfe, die gegen sie anrennen ...

1887

Mittwoch, 9. März

An Józef

… Es gibt nur eine Meinung darüber, daß das Praktizieren in einer Kleinstadt eine Fortsetzung der wissenschaftlichen Arbeiten und überhaupt der geistigen Fortbildung abschneidet. Du wirst Dich in irgendein Loch begraben und keine Karriere machen. Ohne Apotheke, ohne Spital, ohne Bibliothek bleibt man stecken, trotz der besten Vorsätze. Und wenn Dir das geschähe, mein Lieber, würde ich darunter ungeheuer leiden, denn da ich nun für mich jede Hoffnung verloren habe, etwas zu werden, konzentriert sich mein ganzes Streben auf Bronia und Dich. Ihr beide wenigstens müßt Euer Leben nach Eurer Begabung einrichten. Die Begabung, die ohne Zweifel in unserer Familie vorhanden ist, darf nicht verloren gehen und muß in einem von uns zum Durchbruch kommen. Je hoffnungsloser ich für mich bin, desto mehr erhoffe ich für Euch …

Montag, 7. November

Mein zwanzigster Geburtstag. Bronka stellte eine Torte mit zwanzig Kerzen auf den Tisch. Meine kleinen Schüler haben mir Bilder gemalt, mit Herzen, Vögeln und Sonnenstrahlen. Glückwünsche aus Paris, von Schwesterherz Bronia, kamen schon vorgestern an. Heute von Schwesterchen Hela, die ihre Trauer, weil kurz vor der Hochzeit zurückgewiesen, noch nicht überwunden hat. Aus demselben Grund, den auch ich erfahren musste. Was sind das für Menschen? In Vaters Brief überschatteten Sehnsucht und Verzweiflung die Freude, dass seine Mania bei guter Gesundheit zwanzig Jahre alt geworden ist.

Ich habe gelacht und gesungen mit meinen Schülern und mich tausendmal bedankt und niemand wird gemerkt haben, dass ich mich dabei so elend und einsam wie noch nie gefühlt habe.

Sonntag, 20. November

Ich sitze am Tisch, es ist bald Mitternacht. Nicht jeder Tag im November ist grau und regnerisch. Obwohl ich diese Grauen liebe, stimmte mich der Sonnenschein heute optimistisch. Ich werde Vater schreiben, dass er keinen Grund zum Kummer haben muss. Seine Kinder werden ihren Weg gehen. Wir haben eine so gute Erziehung genossen. Wie er uns ohne Ma großgezogen hat, verdient Hochachtung und ewige Dankbarkeit. Ja, wir werden ihm alle zeigen, dass er sich nicht umsonst um uns so uneigennützig bemüht hat.

Samstag, 26. November

Meine Stimmungen sind sehr schwankend. Heute fühle ich mich wieder einsam und verlassen, und meine Zukunft erscheint mir grau und trostlos.

Einzig der Gedanke an meine fleißigen Bauernkinder, die morgen wieder zum Unterricht erscheinen, lässt mich ein bisschen leichter atmen.

Samstag, 10. Dezember

An Henriette

Meine Zukunftspläne sind überaus bescheiden: mein ganzer Traum ist, einen Winkel zu finden, wo ich mit meinem Vater wohnen kann. Der Arme entbehrt mich sehr, er vermißt meine Gegenwart im Hause und sehnt sich nach mir. Und ich würde mein halbes Leben dafür geben, wieder meine Unabhängigkeit und einen Unterschlupf zu haben.

Sobald es also möglich ist – es wird ohnedies noch einige Zeit bis dahin vergehen –, werde ich Szczuki verlassen, nach Warschau kommen, mich um eine Stelle als Lehrerin in einem Pensionat bewerben und mit Privatstunden noch etwas dazu verdienen. Das sind alle meine Wünsche. Das Leben ist es nicht wert, daß man sich seinetwegen so sehr den Kopf zerbricht ...

1888

Sonntag, 1. April

April, April, der weiß nicht, was er will. Mitunter komme
ich mir vor wie der April: wetterwendisch, mal himmelhoch
jauchzend, dann zu Tode betrübt. Mal, *das Leben ist es nicht*
wert, daß man sich seinetwegen so sehr den Kopf zerbricht …,
dann wieder hört mein ungehorsamer Kopf nicht auf zu denken. Und ich wünsche mir einen Schalter, um das mit einem
einfachen Klick abzustellen. »Eine Gouvernante heiratet man
nicht.« Dieser Satz will nicht aus meinem Kopf. Nie hat man
mich mehr gedemütigt!

Donnerstag, 25. Oktober

An Kazia (die ihr ihre Verlobung mitgeteilt hat)
Nichts von allem, was Du mir anvertraust, kann mir jemals über-
trieben oder lächerlich erscheinen. Muß Deiner Wahlschwester
nicht alles, was Dich bewegt, zu Herzen gehen, als handelte es
sich um sie selbst?

Was mich betrifft, so bin ich sehr heiter – und oft genug ver-
berge ich hinter einem Lachen meinen völligen Mangel an Hei-
terkeit. Das habe ich nämlich gelernt: Menschen, die alles so stark
empfinden wie ich und nicht imstande sind, diese Veranlagung
zu ändern, müssen sie wenigstens so gut als möglich verheimli-
chen. Glaubst Du aber, daß es damit schon getan ist, daß es etwas
nützt?

Nicht im mindesten! Meistens lasse ich mich von der Lebhaf-
tigkeit meines Temperaments fortreißen, und dann – nun, dann
sagt man Dinge, die einem leid tun, und auch das wieder mehr,
als es nötig wäre.

Ich schreibe ein wenig verbittert, Kazia. Was soll man tun?
Du sagst, daß Du die glücklichste Woche Deines Daseins erlebt
hast, und ich, ich habe hier Wochen durchstehen müssen, wie

Du sie nie kennen lernen wirst. Es waren sehr bittere Tage, und das einzige, was mir die Erinnerung an sie erträglich macht, ist, daß ich trotz allem aus ihnen anständig und mit erhobenen Kopf hervorgegangen bin …

Sonntag, 28. Oktober

Vater hat wieder eine Arbeit. Er leitet jetzt eine landwirtschaftliche Erziehungsanstalt in Studzieniec ganz nah bei Warschau. Er scheint nicht glücklich zu sein, aber sein Einkommen ist hoch und sein erstes Monatsgehalt hat er sofort Bronia in Paris zukommen lassen. Vierzig Rubel will er ihr künftig monatlich schicken. Aber meine liebste Schwester hat ihn gebeten, acht Rubel davon für mich zur Seite zu legen und sie will von mir kein Geld mehr haben. Von nun an kann ich für mich selbst sparen. Ich fange wieder an zu hoffen, an zu träumen. Von mir als Wissenschaftlerin. Nein, Ärztin will ich nicht werden. Mein Verstand liebt die Naturwissenschaften: Physik und Chemie. Gestern Nacht habe ich »richtig« geträumt. Ich war eine Chemikerin und arbeitete in einem Labor in Paris.

Wie war ich enttäuscht, als ich aufwachte.

Sonntag, 25. November

An Henriette

Glaube nicht, daß Deine Erzählungen mich langweilen: im Gegenteil, es ist für mich eine wirkliche Befriedigung, zu hören, daß es noch Gegenden gibt, wo die Leute sich regen und sogar: denken! Du lebst im Zentrum der Bewegung, mein Leben aber gleicht auf merkwürdige Weise dem der Weichtiere in dem trüben Wasser unseres Flusses. Glücklicherweise kann diese Lethargie nicht mehr lange dauern.

Wirst Du, wenn Du mich wieder siehst, finden, daß die Jahre unter den Menschen mir gut oder schlecht getan haben? Das fra-

ge ich mich selbst. Alle Leute sagen, daß ich mich während der Zeit in Szczuki sehr verändert habe, körperlich und geistig. Das wundert mich nicht. Ich war kaum achtzehn Jahre alt, als ich hierher kam und was habe ich nicht durchgemacht! ... Oberstes Prinzip: sich nicht unterkriegen lassen, nicht von den Menschen und nicht von den Ereignissen ...

1889

Sonntag, 3. März

Zu Ende! Dreieinhalb lange Jahre in Szczuki sind vorbei. Meine Zeit hier ist um und das Wichtigste: Die Kinder haben die Prüfungen bestanden. Ich muss mich nicht schämen oder verstecken, ich habe meine Arbeit gut gemacht. Do widzenia Stoppelfelder und Rübenacker ... Do widzenia meine fleißigen Bauernkinder!

Do widzenia Bronka und Andzia. Sie sind auf der glücklichen Seite des Lebens. Sollen sie was draus machen!

Eine wohlhabende Familie Fuchs sucht eine Gouvernante. Also pack die Sachen Maria, für die baltische Küste ...

Sonntag, 5. Mai

Zum einen lohnt es nicht, viele Worte über meine neue Arbeitsstelle zu verlieren, zum anderen fehlen mir auch die Lust und Kraft dazu. Ich bin von früh bis abends eingebunden. Wenn ich mich nicht um die Erziehung der zwei Kinder (acht und dreizehn Jahre alt) kümmern muss, wartet Frau Fuchs senior bereits, dass ich mit ihr Tee trinke, ihr vorlese, sie ausfahre. Sie ist stark gehbehindert und ich bin sozusagen ihre Zofe. Ich kann das nur ertragen mit der Hoffnung, dass dieses Leben hier endlich ist und auch ich irgendwann meinem Intellekt entsprechend studieren und arbeiten kann.

1890

Samstag, 8. März

Eine wunderbare Überraschung! Schwester Bronia hat sich verlobt. Mit einem zehn Jahre älteren Arzt. Kazimierz Dłuski heißt er. Seine Eltern haben auch im Januaraufstand mitgekämpft und er selbst musste Polen verlassen, weil er eine Schmähschrift verfasst hatte. Im August soll in Krakau die Hochzeit gefeiert werden. Käme er nach Warschau, müsste er damit rechnen, verhaftet zu werden. Bronia muss noch wenige Prüfungen ablegen, dann ist sie in Paris mit dem Medizinstudium fertig. Sie drängt, ich soll nachkommen. Doch mein Erspartes reicht noch nicht zum Einschreiben an der Sorbonne. Auch bin ich unentschlossen wegen meiner Verpflichtungen für Vater …

Liebe wird für mich ewig ein Fremdwort bleiben … Eine Gouvernante heiratet man nicht!

Mittwoch, 12. März

Liebe Bronia,

ich war dumm, ich bin dumm, ich werde dumm sein, solange ich lebe, oder, um es mit anderen Worten zu sagen: Glück hatte ich nie, habe ich nicht und werde ich auch nie haben. Ich habe von Paris wie von der Erlösung geträumt, aber seit langem schon habe ich die Hoffnung aufgegeben, je hinzukommen. Und jetzt, wo sich mir die Möglichkeit bietet, weiß ich nichts mit ihr anzufangen … Ich fürchte mich, mit Vater davon zu sprechen; ich glaube, daß unser Plan, zusammen zu wohnen, ein Herzenswunsch ist, von dem er nicht lassen möchte; und ich will ihm ein wenig Glück in seinem Alter geben. Andrerseits bricht mir das Herz, wenn ich an meine verpfuschten Begabungen denke, die doch zu etwas gut sein sollten …

Du aber, Bronia, nimm mit deiner ganzen Kraft die Interessen Józefs in die Hand – ich bitte dich darum … er muß unbedingt in

Maria Skłodowska 1890

Warschau bleiben, hier studieren und praktizieren … Wenn er in die Provinz geht, ist er verloren!

… Mein Herz ist so verfinstert, so traurig, daß es, das fühle ich, unrecht von mir ist, mit dir von allem dem zu reden und dein Glück zu trüben. Du bist die einzige von uns allen, die hat,

was man Glück nennt. Verzeihe mir, aber sieh, ich habe unter
so vielem zu leiden, daß es mir schwer fällt, diesen Brief heiter
abzuschließen ...

Dienstag, 20. Mai
Bronia drängt und drängt und schreibt in jedem Brief, dass ich
kommen soll. Aber auch sie hat nicht das nötige Geld, für eine
Fahrkarte von Warschau nach Paris.

Montag, 2. Juni
Nun ist es beschlossen. Ende September werde ich meine Gouvernantenstelle bei Frau Fuchs beenden und dann noch ein
Jahr bei Vater in Warschau bleiben. Er hat die Stelle in der Erziehungsanstalt aufgegeben, verdient aber durch Privatstunden
dazu. Ich werde die Hochzeit meines Bruders mit vorbereiten
und für Hela eine Anstellung suchen. Bronislawa Piasecka wird
mich an die »Fliegende Universität« mitnehmen und endlich
werden wieder Menschen um mich sein, die ähnliche Interessen und Ziele haben.

Montag, 10. November
Wieder in Warschau! Sie haben mich alle so liebevoll und
herzlich empfangen und mein Herz krustet langsam auf. Zum
Geburtstag hat mir mein Cousin Józef, ehemaliger Assistent
von Dmitri Mendelejew, ein unglaubliches Überraschungsge-
schenk gemacht. Er ist Leiter des Museums für Industrie und
Landwirtschaft. Zwar kann man hier alte landwirtschaftliche
Geräte, industrielle Technologien »studieren«, aber die russi-
schen Behörden wissen nicht, dass ihr Museum Teil der »Flie-
genden Universität« ist und sogar ein Laboratorium besitzt.
Abends oder am Wochenende darf ich dort experimentieren!
Traurig, dass alles geheim bleiben muss. Trotzdem schleiche
ich nicht wie eine Verbrecherin nachts durch den Nebel der
Stadt.

1891

Montag, 5. Januar

Ich bin ich noch eine Anfängerin im Labor. Wie messe ich den Schmelzpunkt, worin ist eine Verbindung lösbar, wie kann ich sie wieder auskristallisieren und von Verunreinigungen trennen? Es gibt so viel zu lernen. Wie geht man mit dem Bunsenbrenner um, wie funktioniert die Lötrohrprobe? Vieles muss ich mir selbst aneignen. Ein notwendiges Übel ist auch das Säubern von Kolben, Destillen und Reagenzgläsern. Putzen, reinigen, wie belastend fand ich diese Hausarbeit! Nun gehört sie zur Laborarbeit dazu. Manchmal bin ich verzweifelt, weil einfache Versuche nicht gelingen wollen. Selbst eine Kapillare am Bunsenbrenner ziehen, mal bricht sie ab, dann ist sie wieder viel zu dick. Aber aufgegeben habe ich noch nie!

Sonntag, 15. März

Gestern habe ich meine alte Lehrerin Fräulein Jadwiga Sikorska getroffen. Auf dem Sächsischen Platz in der Nähe des Obelisken, auf den Kazia und ich, wenn wir uns auf dem Weg zur Schule unbeobachtet fühlten, spuckten. Wie leichtsinnig und sorglos! Wenn Vater das gewusst hätte. Aber wie lang ist das her …

Fräulein Sikorska hat sich kaum verändert. Bleibt wohl ewig ein altes Fräulein. Ich befürchte, dass ich auch so werde, einsam und verbittert. Ein altes Fräulein!

Aber Sikorska kann gut zuhören und ich musste ihr erzählen, vom Gymnasium, von meinen faulen Schülern in Warschau, von den fleißigen Bauernkindern in Szczuki …

Als sie nach meinen Plänen für die Zukunft fragte, wollte ich ihr nicht die Wahrheit sagen und konnte meine Unsicherheit vor ihr schlecht verbergen. Aber die ganz große Angst vor der Zukunft habe ich nicht gezeigt. Das haben wir zeitig genug in unserer Familie mitbekommen: Nur keine Angst zeigen und wenn sie noch so groß ist!

Dienstag, 15. September, Urlaub in Zakopane

Kasimir. Ich habe immer befürchtet, ihm in Warschau wiederzubegegnen. Und nun ist es in Zakopane passiert. Gestern, am vorletzten Urlaubstag, kommt er mir auf einem Waldweg plötzlich entgegen. Ich stand wie erstarrt.

Er faselte von Freude, Liebe, Sehnsucht, Schmerz … wäre vielleicht sogar wieder auf die Knie gesunken, aber ich erwachte aus meiner Lethargie und meine Verachtung muss ihm aus meinen Augen entgegengesprungen sein, denn er wich erschrocken zurück. Ich konnte mein Zittern bekämpfen und ging an ihm vorbei, den steinigen Pfad hinauf.

Noch so eine Begegnung halte ich nicht aus. Paris könnte Lösung und Erlösung werden. Ein anderer Ausweg bleibt nicht. Paris …

Mittwoch, 23. September

An Bronia

… Jetzt, Bronia, verlange ich von Dir eine letzte Antwort. Entschließe Dich, ob Du mich wirklich bei Dir aufnehmen kannst, denn ich, ich kann jetzt kommen. Was ich für meine Ausgaben brauche, habe ich zusammengebracht. Wenn Du also, ohne Dir Entbehrungen aufzuerlegen, mich verköstigen kannst, schreib es mir. Es wäre ein großes Glück für mich … aber andrerseits will ich mich Dir nicht aufdrängen.

Da Du ein Kind erwartest, könnte ich Dir vielleicht nützlich sein. Schreibe mir auf jeden Fall. Wenn mein Kommen irgendwie möglich ist, sage es mir und sage mir auch, welche Aufnahmeprüfungen ich ablegen und bis wann ich spätestens inskribiert haben muss.

Ich bin so außer Rand und Band bei der Aussicht auf meine Abreise, daß ich Dir nichts anderes erzählen kann, ehe ich nicht

Deine Antwort habe. Ich flehe Dich an, schreibe mir augenblick-
lich.

Ihr könnt mich unterbringen, wo Ihr wollt, ich werde Euch
nicht zur Last fallen, ich verspreche, daß ich Euch weder Sorgen
noch Unordnung machen werde. Ich beschwöre Dich, antworte
mir, aber ganz aufrichtig!

Mittwoch, 28. Oktober

Ich schreibe im Zug nach Paris. Es rattert und rumpelt so sehr,
dass ich kaum den Federhalter ruhig halten kann. Paris, Sorbonne, ich komme! Auf einem Klappstuhl, im Wagen vierter
Klasse. Ich würde selbst laufen oder kriechen, nur um endlich
ans Ziel meiner Wünsche zu gelangen. Mein Abschiedsschmerz
ist nur ein winziges Teilchen meiner Freude.

Vater, Józef, Kazia, Bronislawa, Henriette – ihr seid nicht
aus der Welt, ich kann schreiben und berichten.

So oft war ich schon allein auf mich gestellt, so oft musste
ich mit meiner Sehnsucht fertig werden.

Bronia ist extra nach Warschau gekommen, um mir bei
den Vorbereitungen für die Abreise zu helfen, Dinge einzupa-
cken, die hier billiger sind als in Paris. »Sind deine Dokumente
in Ordnung«, hat sie gesagt, »sonst kriegst du Ärger mit der
Grenzpolizei in Alexandrowa, nimm genug Proviant mit«, hat
sie geraten, »die teuren Bahnhofsrestaurants wirst du dir nicht
leisten können. Fast vierzig Stunden wirst du unterwegs sein.
Drei Tage, drei Nächte. Nimm Wolldecken mit, es wird nachts
eiskalt sein Ende Oktober …«

Sie dachte an alles, meine liebe Bronia, hat lange genug die
Ma ersetzt.

Viel wichtiger als diese praktischen Ratschläge war für mich
das Vorlesungsverzeichnis 1891–92, wo ich die Lehrpläne studieren konnte. Welche Kurse welche Professoren anbieten und
was ich am Ende eines Semesters können muss für eine licence
de sciences.

Der Zug fährt an farbenprächtigen Laubwäldern in Deutschland vorbei, gelb, rot, purpur, orange. Wie die Federn im Feuervogel, aus meinem alten Märchenbuch, der seinem Besitzer großes Unglück, aber auch großes Glück bringen konnte.

Ich werde eine finden, und sie wird mir Glück bringen. Ich spüre die Kraft und das Können dazu in mir. Auch aus bunten Blättern lassen sich Federn zaubern. Man muss nur Fantasie haben und das Unmögliche wollen.

Sorbonne – wie wirst du mich empfangen? In einem Monat bin ich 24, jung und aufnahmefähig für alles.

Aber viel zu alt für Marek. Doch er reist mit nach Paris und schaut neugierig aus meinem Rucksack in die dunkle Nacht.

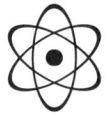

In Paris
(1891–1906)

Als Maria Skłodowska im November 1891 in Paris ankam, lernten 9 000 Studenten an der Universität, davon 215 Frauen, die meisten von ihnen studierten Medizin. Die Sorbonne war seit den Achtzigerjahren dabei, sich strukturell zu verändern. Theologie wurde nicht mehr gelehrt, die schöngeistigen Richtungen wurden reduziert. Nun erhielten die Naturwissenschaften Priorität.

Gute Bedingungen für Marie, wie sie sich jetzt nannte.

Doch Paris hatte weit mehr zu bieten. Bereits 1889 war die Stadt um zwei Attraktionen reicher geworden: Anlässlich des hundertjährigen Jubiläums der Französischen Revolution war der Eiffelturm für das Publikum freigegeben und mit dem Moulin Rouge ein Varieté eröffnet worden, in dem die berühmtesten Pariser Stars der Zeit auftraten. Den Eiffelturm hat Marie vermutlich bestiegen, aber ob sie im Moulin Rouge eine Operette, eine Revue oder einen Film gesehen hat? Jedenfalls fand man keine Eintrittskarte in ihrem Nachlass.

Marie hat studiert und studiert.

Sicher hat sie durch die Zeitung erfahren, dass am 9. Dezember 1893 der Anarchist Auguste Vaillant in Paris einen selbst gefertigten Sprengkörper von der Zuschauergalerie in die Deputiertenkammer schleuderte. Doch von solchen Terroraktionen hielt sie nichts.

Sie saß in Vorlesungen und studierte in ihrer »Zelle«, bis weit in die Nacht. Im Juli des Jahres legte sie die licence de sciences in Physik als Beste ab.

Im Jahr 1894, als der französische Offizier Alfred Dreyfus wegen angeblicher Spionage verhaftet und zu lebenslanger Verbannung auf die Teufelsinsel verurteilt wurde, lernte Marie Pierre Curie kennen. Wie viele Intellektuelle ergriff auch er Partei für Dreyfus.

Dafür und für die Liebe blieb Marie vorerst keine Zeit. »Die kleine brave Studentin«, wie Pierre sie nannte, erhielt bereits im gleichen Jahr ihre licence de mathématiques als Zweitbeste.

Regelmäßig informierte sie sich in der Bibliothek der Sorbonne über die neuesten wissenschaftlichen Erkenntnisse. Bis zur Jahrhundertwende häuften sich die sensationellen Berichte in den Wissenschaften Chemie und Physik. Das Atom und das Elektron standen im Zentrum der Aufmerksamkeit, der Begriff Atomenergie wurde geprägt und das Thomsonsche Atommodell entwickelt. Geheimnisvolle Strahlen wurden beobachtet: X-Strahlen von Röntgen, Uranstrahlen von Becquerel, Rutherford sprach von Alpha- und Beta-Strahlen und entwickelte die Theorie des Atomzerfalls. Lennard zeigte Elektronenstrahlen, die dünnes Metallblech durchschlagen können und behauptete, dass der größte Teil des Atoms leer sein müsse. Karl Ferdinand Braun entwickelte die Elektronenstrahlröhre.

Marie heiratete, gebar fast wie nebenbei ihre erste Tochter Irène und begann mit ihrer Doktorarbeit, an deren Ende sie den radioaktiven Strahlen auf die Spur gekommen war.

1900 wurde in Frankreichs Hauptstadt die Weltausstellung eröffnet mit vielen neuen technischen Errungenschaften, die das 20. Jahrhundert prägen sollten, darunter der Dieselmotor, der Tonfilm und die Rolltreppe. Und man konnte unterirdisch in der Pariser Metro fahren. Rund 47 Millionen Besucher wurden zur Ausstellung gezählt. Auch die zweiten Olympischen Spiele der Neuzeit fanden in diesem Jahr in Paris statt.

Doch Marie besuchte nicht die Weltausstellung und auch nicht die Olympischen Spiele. Sie hatte keine Zeit dafür. Sie arbeitete wie besessen bis in die späten Abendstunden in ihrem Hangar.

Als 1901 in Stockholm und Oslo zum ersten Mal die Nobelpreise vergeben wurden, gehörten Wilhelm Conrad Röntgen für die Entdeckung der Röntgenstrahlung und Emil von Behring für die Erforschung der Diphtherie zu den Preisträgern. Ob Marie da schon gehofft hatte, als erste Frau unter den nächsten Anwärtern zu sein?

Im Jahr darauf stiftete Andrew Carnegie zehn Millionen US-Dollar für wissenschaftliche Zwecke. Die Carnegie Institution of Washington entstand. Fünf Jahre später zählte auch Marie zu den Nutznießern.

Am 1. Juli 1903 begann die erste Tour de France in Paris, die damals über 2 482 Kilometer durch ganz Frankreich führte. Vielleicht hat Marie mit Pierre und der fünfjährigen Irène am Straßenrand gestanden und den Rennfahrern zugejubelt. Nach langer Zeit endlich entspannt und erleichtert, denn fünf Tage zuvor konnte sie erfolgreich ihre Dissertation verteidigen.

Aber wie groß war ihre Enttäuschung dann am Ende des Monats, als sie erfuhr, dass man nur ihren Mann Pierre Curie und Henri Becquerel für den Nobelpreis vorgeschlagen hatte und nicht auch sie. Pierre intervenierte und verlangte, »mich und Madame Curie als gleichwertige Partner bei der Untersuchung radioaktiver Stoffe zu betrachten«. Seinem Wunsch wurde stattgegeben. Mit Marie Curie wurde der Nobelpreis zu d e m   Ereignis, als das es sich bis heute zeigt. Zweiunddreißig Jahre lang blieb sie die einzige Frau, die auf naturwissenschaftlichem Gebiet diese bedeutende Auszeichnung erhalten hatte – bis zur Verleihung des Nobelpreises für Chemie an ihre Tochter Irène Joliot-Curie.

Als 1905 die Russische Revolution begann, wurden Maries Träume von einem unabhängigen Polen wieder belebt. Zar Nikolaus II. stimmte zwar der Einrichtung einer Duma zu, aber Polen blieb weiter unterjocht. Die einstige junge polnische Nationalistin hatte jedoch bereits 1904, nachdem ihre zweite Tochter geboren wurde, die französische Staatsbürgerschaft angenommen.

»Man muß daran glauben,
für eine bestimmte Sache begabt zu sein,
und diese Sache muß man erreichen,
koste es, was es wolle.«

Marie im März 1894 an ihren Bruder Józef

1891

Freitag, 30. Oktober, 7 Uhr
Endlich Paris … Nach 1500 Kilometern quer durch Russisch-
Polen, Deutschland und Ostfrankreich. Und ein unglaublicher
Sonnenaufgang …

20 Uhr
Schwager Kazimierz hat mich vom Bahnhof Gare du Nord abgeholt. Ich werde vorerst bei ihm wohnen. Bronia ist in Warschau geblieben, um Vater den Abschied von mir zu erleich-
tern. Die Koffer auf eine Pferdekutsche geladen und bis zur Rue
d'Allemagne gefahren. Die Straße ist breit, die Bäume am Rand
klein, die Mietshäuser hoch. Sieben Stockwerke mit Mansar-
dendächern und schmiedeeisernen Balkonen. Es war nicht
weit vom Nordbahnhof und zum Glück mussten wir die ganze
Bagage nur in das zweite Stockwerk bringen.
     Von eins bis drei Uhr praktiziert Kazimierz in seiner Woh-
nung. An zwei Abenden in der Woche behandelt er Patienten,
vorwiegend Arbeiter, sogar kostenlos. Er hat mich nach Bronia
ausgefragt und versteht wohl nicht, warum sie nicht mit zurückgekommen ist. Zumal sie ein Kind erwartet.

Paris, ich kann dich noch nicht fassen und komme mir verloren vor in der großen Stadt.

Mittwoch, 4. November

Mein erster Weg führte natürlich zur Sorbonne. Kazimierz wollte mich begleiten, aber ich will mich allein zurechtfinden. Nur zur Pferdebahn hat er mich gebracht. Ein zweistöckiger, zweispänniger Omnibus, zum Oberdeck gelangt man über eine halsbrecherische eiserne Wendeltreppe, gefährlich für Frauen in langen Röcken.

Auf den Straßen wimmelt es von Lastenträgern, Straßenhändlern, Marktfrauen, Karren und Pferdewagen.

Während ich noch einer Frau hinterherschaute, die einen Korb auf dem Kopf balancierte, fuhr die Pferdebahn an der Kathedrale Notre-Dame vorüber!

Dann über eine kleine Brücke ans linke Seineufer. Am Boulevard St. Germain Latin musste ich aussteigen und von dort waren es nur einige Meter die Rue St. Jacques hinauf zum neuen Gebäude der Sorbonne. Die Universität wird umgebaut, die Hörsäle sind fertig, aber noch nicht die naturwissenschaftlichen Seminarräume und Laboratorien. Meine Kurse finden in provisorischen Unterkünften statt.

Donnerstag, 5. November

Ich sitze in der hellen, großen Bibliothek. Diese Bücher, diese Schätze, ich kann sie alle ausleihen, ohne zu bezahlen! Auch Studiengebühren gibt es nicht! Eben habe ich mich an der naturwissenschaftlichen Fakultät eingeschrieben. Nicht als Maria, nein als Marie!!! Skłodowska. Ich will meine Nationalität nicht verleugnen, auf keinen Fall, aber ich will auch angenommen und Frankreich soll mein zweites Heimatland werden. In zwei Wochen werde ich die erste Vorlesung hören.

Noch nie habe ich mich so frei gefühlt wie in der letzten Woche. Ich bin mein eigener Herr, keine Gouvernante, kein

Dienstmädchen, ich kann tun und lassen, was ich will. Und ich weiß, was ich will. Studieren, forschen, lernen, in die Geheimnisse der Natur eindringen.

Dienstag, 17. November

Wir können unsere Vorlesungen frei wählen. Pflichtübungen und schulische Disziplin werden hier nicht verlangt. Mitunter ängstigt mich meine Orientierungslosigkeit. Das Selbstentscheiden, keine strenge Reglementierung mehr wie an den polnischen Gymnasien …

Physikvorlesungen will ich bei Gabriel Lippmann aus Deutschland hören, der mehr praxisorientiert sein soll, und bei Joseph Boussinesq, einem Vertreter der klassischen Physik. Pierre Puiseux lehrt analytische Geometrie, Émile Duclaux bietet Kurse über Biologische Chemie an, Paul Appell, ein Elsässer, liest mécanique rationelle, der wohl namhafteste Mathematiker ist Henri Poincaré, Autor vieler Bücher, nur sechs Jahre älter als ich und schon weltweit bekannt. Ich bin aufgeregt und stolz, bei ihnen lernen zu dürfen.

Montag, 30. November

Gerade die erste Physikvorlesung bei Professor Lippmann gehört. Er ist im Frack erschienen und hat, wie auch gestern Appell, viel zu schnell gesprochen. Mein Französisch weist grässliche Lücken auf. Auch in Mathematik und Physik sind meine Grundkenntnisse spärlich im Vergleich zu den Anforderungen.

Was kann ich, was weiß ich? Alles zusammen passt in einen Fingerhut.

Marie, vor einer Woche bist du vierundzwanzig geworden. Neben dir studieren achtzehnjährige Franzosen, die viel mehr wissen als du. Am liebsten würde ich noch weitere Vorlesungen besuchen, aber dann müsste ich gleichzeitig an mehreren Stellen sein.

Donnerstag, 17. Dezember

Nur dreiundzwanzig Frauen haben sich an der faculté des sciences eingeschrieben, davon sind die wenigsten Französinnen. Der Grund: Nur die männlichen Gymnasiasten erhalten in Frankreich Griechisch und Lateinunterricht, der nötig ist, um zur Universität zugelassen zu werden. Den Mädchen bietet man Hauswirtschaftslehre in Schulen an!

In unserer Familie haben sich Frauen zum Glück nicht mit Hauswirtschaftslehre begnügt. Ma, Direktorin eines Mädchenpensionats, Tante Maria, Leiterin einer Klöppelschule und einer Möbelfabrik, Bronia Frauenärztin, und auch Zosia wäre bestimmt nicht am heimischen Herd versauert …

Sonntag, 20. Dezember, 2 Uhr

Ich kann nicht schlafen, weil nebenan laut diskutiert wird. Jeden Abend geht das so. Schwager Kazimierz hat sich als sehr gesellig entpuppt. Bis in die Nacht klappen Türen, Gäste kommen und gehen. Wissenschaftler, Künstler, polnische Aktivisten. Heute war der Urologe Boleslaw Motz zu Gast, Herausgeber der auf Polnisch erscheinenden Sozialistischen Zeitschrift, und Stanislaw Wojciechowski, der sich am Aufbau einer polnischen Arbeitergewerkschaft beteiligt. Die Gespräche sind interessant, aber ich kann nicht Bronia als Gastgeberin vertreten. Außerdem will ich studieren und nicht politisch aktiv werden.

Theaterspielen einmal wöchentlich ist wahrlich genug. Wir treffen uns im Quartier Latin in der Kolonie, trinken Tee, essen polnischen Borschtsch und proben. Es macht mir Spaß in eine Rolle zu schlüpfen, nicht mehr die unnahbare Marie zu sein, mich in eine andere hineinzudenken. Aber dafür zu lernen? Nein! Keine Zeit! Doch Bronia drängte und bat. So werde ich nun wenigstens als lebendes Bild, mit einer Toga bekleidet, spielen. In »Polen befreit sich von seinen Fesseln«. Leider nur eine Vision.

1892

Freitag, 15. Januar

Vater hat geschrieben! Wie freue ich mich immer über einen Brief aus der Heimat. Aber er sorgt sich um mich. Nicht, dass ich meine Studien nicht schaffe, nein, ich könnte Ärger kriegen als »Polonia«, Berichte über mich und meine Freunde könnten an die Warschauer Behörden gesendet werden … Das wäre nicht gut für meine berufliche Zukunft …

Ach Väterchen, ein bisschen mehr Courage hätte ich dir zugetraut. Das Theater ist für mich erholsame Ablenkung, obwohl ich vielleicht lieber Französisch lernen sollte. Ich will dir den Kopf nicht unnötig schwer machen. Nun ist dein Töchterchen schon über tausend Kilometer entfernt und es will tun, was du für richtig hältst.

Samstag, 13. Februar

Ich werde umziehen, und heute hat der Familienrat, Schwester Bronia und Schwager Kazimierz, meinen Entschluss »gebilligt«.

Beide sind wahnsinnig lieb und hilfsbereit, aber mir fehlt bei ihnen die nötige Ruhe für meine Studien. Oft wird Bronia nachts zu einer Entbindung gerufen. Wenn Kazimierz aus seiner Praxis kommt, verwickelt er mich in endlose Gespräche oder er spielt Klavier. So schön sich das anhört, es hilft mir nicht beim Lösen einer inhomogenen partiellen Differentialgleichung.

Außerdem geht zu viel Zeit verloren bei der einstündigen Fahrt bis zur Sorbonne. Auch Fahrgeld kann ich sparen, wenn ich näher am Institut wohne. Drei Francs bleiben mir täglich für Miete, Heizung, Essen, Kleidung, Bücher, Hefte. Eigentlich kaum zu schaffen, aber irgendwie wird es gehen.

Meine ganze Habe wird auf einen Handkarren passen.

Donnerstag, 17. März

Brief an Józef

… ich schreibe Dir eben aus meiner neuen Wohnung. Ich habe ein kleines, sehr anständiges und dabei sehr billiges Zimmer gefunden. In einer Viertelstunde kann ich im Chemischen Laboratorium, in zwanzig Minuten in der Sorbonne sein. Natürlich hätte ich mich ohne die Hilfe der Dłuskis niemals so einrichten können.

Ich arbeite tausendmal mehr als am Anfang meines Aufenthalts …

Donnerstag, 17. März

Was versteht man unter einem anständigen Zimmer?! Ich hoffe nur, Bronia und Kazimierz schreiben meinem Bruder Józef nichts Genaueres darüber.

Sechs Treppen hoch, unterm Dach, eine winzige Luke gibt ein Stück Himmel frei. Kein Wasser, kein Licht.

Feuer mache ich in einem kleinen Eisenofen, mein großer, brauner Koffer dient als Schrank, Kommode und Sitz. Die Petroleumlampe zünde ich nur an, wenn ich abends gegen 22 Uhr aus der Bibliothek komme, um dann meist noch bis nachts zwei Uhr zu arbeiten.

Mittwoch, 5. Oktober

Seit einer Woche bin ich wieder, angeblich krank, bei Bronia und Kazimierz. Die Dłuskis machen mir Vorwürfe, immer nur Vorwürfe. Dabei spricht die Angst um mich aus ihren Augen. Vielleicht habe ich zu wenig gegessen, aber ich kenne keinen Hunger, wenn ich studiere. Wurst und Fleischwaren kann ich mir erstens nicht leisten, zweitens steht mir nicht der Sinn danach. Ein mit Butter oder Käse dünn bestrichenes Brot tut es auch, ein wenig Obst, ab und zu ein Stück Schokolade und Tee, viel Tee. Bis zum Umfallen Tee. Nun päppeln sie mich hier auf, schimpfen mit mir, »wirst verhungern …«, und ich stell mich brav und gelobe Besserung. Damit sie mich endlich in Ruhe und wieder gehen lassen.

1893

Montag, 2. Januar

Hier regnet es seit gestern ununterbrochen und mein Heimatland Polen erstickt im Schnee. Ich wohne wieder in meiner eigenen »Zelle«. Den Jahreswechsel haben wir unter la tour Eiffel gefeiert. Mit Bronia, Kazimierz, Frau Gośka und Ignacy Paderewski.

»Tragische Straßenlaterne« wird der Turm von seinen Gegnern genannt. Ich kam mir so winzig vor, unterm höchsten Turm der Welt. 300 Meter in den Himmel … Das vier Jahre alte Wahrzeichen von Paris. Fast acht Millionen Francs hat das Wunderbauwerk gekostet, und 1909 soll es wieder abgetragen werden. C'est la vie …

Samstag, 25. Februar

Ich sitze in der Bibliothek, der Tisch voller Bücher. Draußen sind minus 30 Grad.

Ich habe kein einziges Kohlestückchen mehr gefunden und kann in meinem eiskalten Zimmer nicht mehr schreiben und lernen. Meine Finger werden steif vor Kälte. Wenigstens kann ich bis 22 Uhr hier im Warmen bleiben. Zu Hause ziehe ich alles an, was möglich ist, die anderen Kleidungsstücke staple ich auf meiner Bettdecke, darauf den Stuhl und dann muss ich bewegungslos warten bis der Schlaf kommt. Eis am Morgen nicht nur am Fenster, auch auf meinem Wasserkrug.

Mittwoch, 5. April

Neben meinem Hauptfach Physik – von Professor Lippmann habe ich bereits kleine Forschungsaufgaben erhalten – höre ich

Mathematik und Chemie. Ich sitze in der ersten Reihe, war anfangs immer sehr zeitig da, um dort einen Platz zu ergattern, aber die meisten Studenten ziehen die hinteren Reihen vor. Nur noch eine Frau strebt so wie ich einen akademischen Grad an.

Freitag, 7. Juli
Heute bin ich zufällig am Bal des Quatre Arts am Montmartre in eine gewalttätige Demonstration geraten. Jetzt, hier oben in meiner »Zelle«, beruhige ich mich allmählich. Dabei weiß ich gar nicht, worum es ging, sah nur Hunderte Polizisten und Demonstranten, die Steine warfen und mit Knüppeln bewaffnet waren …

Samstag, 8. Juli
Die Polizei ist gegen »Nacktheit« am Bal des Quatre Arts eingeschritten. Dreißigtausend Soldaten waren eingesetzt, so schreiben die Zeitungen.

Dienstag, 18. Juli
Es ist geschafft. Ich habe mich heimlich aus dem Amphitheater geschlichen und nun sitze ich hier, nicht weit entfernt, auf einer Bank im Sonnenlicht und trockne meine Tränen. So erleichtert bin ich.

Erste im physikalischen licence de sciences! Beste von dreißig Prüfungskandidaten! Soll ich das wirklich glauben?!

Noch vor einem Jahr hatte ich Mühe, der Vorlesung überhaupt zu folgen und bestimmt nicht das Ziel, Erste zu werden. Die Zusammenhänge verstehen, auf jede Frage eine Antwort zu wissen, mich selbst nach dem »Warum« zu fragen, das war mir wichtig. Eigentlich war ich während der Prüfung ganz ruhig, viel schlimmer war das Warten bis zur feierlichen Verkündigung der Ergebnisse. »Heute Abend feiern wir«, haben Bronia und Kazimierz am Morgen, bevor sie aus dem Haus gingen, gesagt. Ich habe nur abgewinkt …

Freitag, 28. Juli

Ein letztes Geschenk gekauft für die Lieben daheim und mein Zimmer gekündigt. Für zwei Monate kann ich mir die Miete sparen, auch das Essensgeld. Oh Gott, sie werden mich mästen … Morgen steige ich in den Zug. Ach Vater, Hela, Józef … ich freu mich so auf euch. Auch wenn ich hier freier atme, Polen bleibt mein Zuhause.

Freitag, 1. September

Ich bekomme das Alexandrowitsch-Stipendium!!! 600 Rubel!!! Ein kleines Vermögen. Meine liebste, beste Jadwiga Dydyńska hat es in Polen für mich beantragt. Sie, die mir in Paris die Verehrer mit Regenschirmhieben vom Leibe halten will, damit ich meine Studien nicht vernachlässige. Eine völlig unbegründete Sorge!

Vater war der erste, der sich mit mir freute. Das nächste Studienjahr ist sicher. Am Montag fahre ich nach Paris zurück. Mit Marek im Gepäck …

Paris, 15. September

An Józef

… Ich habe bereits in einer sauberen, anständigen Straße … ein Zimmer im sechsten Stock gemietet. Sag dem Vater, daß ich sehr zufrieden bin: das Fenster schließt gut, und wenn alles in Ordnung ist, wird es auch nicht kalt sein, um so mehr, als das Zimmer keinen Steinboden hat, sondern Parkett. Im Vergleich zu meinem vorjährigen ist es ein richtiger Palast. Es kostet 180 Francs jährlich …

Ist es nötig zu erwähnen, daß ich außer mir vor Freude bin, wieder in Paris zu sein? Es ist mir sehr schwer gefallen, mich wieder von Vater zu trennen, aber ich habe gesehen, daß er sehr wohl und frisch ist, daß er mich entbehren kann – um so mehr, als Du in Warschau bist. Und für mich ist es das ganze Leben, das auf dem Spiel steht … Ich habe also den Eindruck, daß ich ohne

Gewissensbisse noch hier bleiben kann. Ich arbeite Mathematik wie verrückt, um vorbereitet zu sein, wenn die Vorlesungen beginnen. An drei Vormittagen wöchentlich gebe ich einer französischen Kollegin Stunden, sie bereitet sich für die Prüfungen vor, die ich eben bestanden habe. Sag dem Vater, daß ich mich an diese Arbeit gewöhne, daß sie mich nicht mehr anstrengt und daß ich nicht die Absicht habe, sie aufzugeben.

Heute beginne ich mit der Einrichtung meines diesjährigen kleinen Winkels – recht armselig, aber da ist nichts zu machen. Ich muß alles selbst machen, sonst wäre es nicht zu bezahlen. Ich werde meine Möbel instandsetzen, oder vielmehr das, was ich pompös so nenne, denn das Ganze ist ungefähr zwanzig Francs wert.

1894

Sonntag, 25. Februar

Es schneit schon seit Tagen, keine Droschke fährt, kein Omnibus …

Meine Forschungen über die magnetischen Eigenschaften verschiedener Stahlsorten stagnieren. Ich komme einfach nicht voran. Ich müsste praktische Versuche machen, in einem Laboratorium arbeiten. Aber die sind alle besetzt.

Sonntag, 18. März

Brief an Józef

… Mein Leben ist so einförmig und im Grunde so uninteressant, daß es mir schwer fällt, es Dir im Einzelnen zu schildern.

Ich leide aber nicht unter seiner Eintönigkeit und bedaure nur, daß die Tage so kurz sind und so schnell vergehen. Man bemerkt nie, was schon getan ist: Man sieht bloß, was noch zu tun ist, und wenn man seine Arbeit nicht liebte, könnte man den Mut verlieren …

Ich möchte, daß Du Dein Doktorat machst … Es scheint, daß das Leben für keinen von uns leicht ist. Doch was nützt das, man muß Ausdauer und insbesondere Selbstvertrauen haben. Man muß daran glauben, für eine bestimmte Sache begabt zu sein, und diese Sache muß man erreichen, koste es, was es wolle. Vielleicht wird alles in dem Augenblick, wo wir es am wenigsten erwarten, gut ausgehen.

Mittwoch, 21. März

Zufall oder Vorhersehung? Ich weiß es nicht. Am Sonntag schrieb ich an Józef, dass vielleicht alles in dem Augenblick gut wird, wo wir es am wenigsten erwarten.

Und am Montag gab mir mein Landsmann Józef Kowalski, Professor für Physik an der Freiburger Universität, einen guten Hinweis. Er ist hier in Paris mit seiner Frau auf Hochzeitsreise. Nebenbei hält er Vorträge. Seine Frau habe ich auf dem Gut Szczuki kennengelernt, als ich dort Gouvernante war. Kowalski riet mir, mich an einen gewissen Pierre Curie zu wenden, der eine Reihe empfindlicher Messinstrumente entwickelt hat. Gestern hat der Professor mich und ihn eingeladen. Herr Curie ist 35, sieht jünger aus, spricht langsam und überlegt und machte bald auf mich einen sehr Vertrauen erweckenden Eindruck. Wir haben diskutiert, nicht über Gott und die Welt, nur über wissenschaftliche Fragen, aber ich glaube, mit ihm kann man sich über alle Probleme unterhalten.

Sonntag, 1. April

Heute Nachmittag war ich mit Monsieur Curie an der École de physique et chimie, Fachschule für Physik und Chemie, in der Rue Lhomond. Er hat mir sein kleines Labor gezeigt und mich mit Professor Schützenberger, dem Direktor, bekannt gemacht. Schützenberger hat nichts dagegen, dass ich das Labor nutze. Er hat Pierre sehr gelobt und ihn mir als einen seiner begabtesten ehemaligen Schüler geschildert. Er meinte, Monsieur

Pierre könnte Professor werden, aber er hätte den Fehler, zu bescheiden zu sein.

Vormittags kann ich hier alleine arbeiten, Herr Curie hat Unterricht. »Nachmittags müssen Sie mit meiner Gegenwart leben«, hat er gesagt. Ich freue mich jeden Tag darauf.

Donnerstag, 10. Mai

Pierre will mir *Lourdes* von Zola geben, wenn seine Eltern es fertig gelesen haben. Émile Zola behauptet darin, es sei Abbé Ader gewesen, der mit seinem dogmatischen Katechismusunterricht Bernadette die »Maria-Visionen« suggeriert habe und die Wunder von Lourdes wären eine Gotteslästerung gegen den Geist der Wissenschaften.

Wir haben beide Vorbehalte gegenüber dem Katholizismus.

Dienstag, 29. Mai

Es ist unglaublich, wie leicht Pierre verlegen wird. Besonders, wenn man ihm große Aufmerksamkeit widmet. Aber gerade das mag ich an ihm. Er glaubt, dass seine Leistungen für sich sprechen müssen, ohne dass er sie selbst herausstreichen muss. Und er braucht Ruhe zum Denken. Dabei kann er nur ein Problem bearbeiten, mit großer Intensität, bis er ein sicheres Ergebnis hat. Es ist ein Wunder, dass er scheinbar auch mich in seine Gedankenwelt mit einbezieht. Kleine brave Studentin, spöttelt er über mich …

Samstag, 9. Juni

Pierre hat mich nach Sceaux eingeladen, wo er mit seinen Eltern in einem kleinen alten Haus wohnt. Dahinter ein wunderschöner Garten. Pierres Bruder Jacques ist Physiker in Montpellier. Ihr Vater, ein Arzt, hat während der Revolution 1848 schon als Student Verwundete behandelt. Von der republikanischen Regierung erhielt er damals die Ehrenmedaille, die er mir stolz zeigte. Sonst macht er aber einen ganz bescheidenen Eindruck.

Pierre Curie

Die Mutter, etwas leidend, wirkt trotzdem heiter und hat uns liebevoll bewirtet.

Pierre ist als Kind erst von seiner Mutter, später vom Vater und dem älteren Bruder unterrichtet worden. Eine Schule hat er nie besucht, aber bereits mit sechzehn die Reifeprüfung abgelegt. Zwei Jahre später hatte er sein Lizentiat, für das ich so kämpfen musste. Wir haben viele Gemeinsamkeiten festgestellt, die Liebe zur Kultur und Wissenschaft, die ehrenhafte Atmosphäre in der Familie, die Achtung vor der Natur …

Er hat mich gefragt, ob auch er mich besuchen darf, und ich habe zugestimmt.

Jetzt liegt der Sonderdruck seiner letzten Arbeit vor mir, der eben mit der Post kam. Warum hat er ihn mir nicht vorgestern persönlich gegeben? Vergessen, oder war ihm das zu selbstgefällig?

Sonntag, 17. Juni

Ich bin völlig verstört. Bin zur Seine hinuntergelaufen und sitze schreibend am Ufer. Obwohl ich Pierre so verehre, musste ich ihn enttäuschen. Ein Heiratsantrag, von ihm … für mich … Für die kleine brave Studentin … Ich hielt ihn für bedächtig, nur der Wissenschaft verschrieben … Ich habe nichts gemerkt von seiner Liebe. Er scheint seine Gefühle sehr gut verbergen zu können.

Aber Pierre heiraten hieße: Ade, mein geliebtes Heimatland. Ich bin Polin und eine kleine Patriotin … Soll ich meine Heimat, mein Elternhaus für einen Mann aufgeben, den ich zwar sehr verehre, aber nicht liebe?!

Auch M. Lamotte scheint sich Hoffnungen gemacht zu haben. Ich erwähne ihn hier das erste Mal. Wenn er das wüsste, wäre er sehr gekränkt. Dabei hatte ich ihm unmissverständlich zu verstehen gegeben, dass mehr als eine Freundschaft für mich nicht in Frage kommt. Nun hat er mir einen Abschiedsbrief geschrieben. Wie es ihn schmerzt, mich nicht mehr zu sehen und dass er mich nie vergessen wird, auch wenn ich seinen Blicken entschwunden bin, obwohl ich ihm das unterstellte …

Und dabei bleibe ich auch. Er wird mich schnell vergessen, wie auch Pierre mich vergessen wird, denn kein Kummer ist unendlich …

Sonntag, 15. Juli
Licence de mathématiques erhalten! Prüfung in Mathematik als Zweitbeste bestanden! Bin keine kleine brave Studentin mehr …

Montag, 30. Juli
Zimmer gekündigt, Koffer gepackt, übermorgen beginnt der Urlaub in der Schweiz für Vater und mich. Er nimmt so lebhaften Anteil an meiner Arbeit, meiner wissenschaftlichen Laufbahn. Hoffentlich gelingt es mir, anschließend in Polen Arbeit zu finden. Ich muss nicht, aber ich möchte mein Stipendium zurückzahlen. Auch Vater ein wenig verwöhnen …

Montag, 20. August
Zurück aus der schönen Schweiz wieder in meinem Warschau. Das Tagebuch hatte ich hier vergessen. Ich hätte ein neues kaufen können, habe aber nur gelesen und Briefe geschrieben. Auch an Pierre … Das Zusammensein mit Vater war wunderschön, aber irgendwann hatte sich auch unser Gesprächsvorrat erschöpft. Ich spürte, wie er sich wunderte, wenn ich geistig abwesend war. Aber er fragte und insistierte nicht. Danke, Väterchen. Von Pierre wollte ich nichts erzäh-

len. Vater wünscht, dass ich in Warschau bleibe, vorausgesetzt, ich finde Arbeit.

Mittwoch, 5. September

Mein Vetter Józef hat mich gestern durchs Museum für Industrie und Landwirtschaft geführt. »Erfolge wachsen auch im Geheimen«, hat er gesagt. Bronislawa Piasecka leitet noch immer die geheimen Versammlungen der »Fliegenden Universität«.

Kazia, meine liebe Kazia, konnte nicht genug hören von Paris. »Nun bleibst du für immer in Warschau, nicht wahr«, hat sie gesagt.

Blumen auf Mas und Zofias Grab gebracht und an der Weichsel spaziert.

Mittwoch, 12. September

Es ist zum Verzweifeln, ich finde keine passende Arbeit! Weder in Warschau noch in Krakow an der Jagiellonen-Universität. Krakow wird ja nicht wie Warschau von den Russen, sondern von den Österreichern besetzt und die Universität dort ist viel moderner, offener … Ich hatte meine ganzen Hoffnungen auf sie gesetzt.

Pierre überhäuft mich mit Briefen, drängt auf meine Rückkehr. Unterstellt mir Überheblichkeit, wenn ich behaupte, vollkommen frei zu sein und das auch bleiben zu wollen. Er schreibt, dass wir alle Sklaven sind, weil wir unseren Unterhalt verdienen müssen. Wir müssen alle Zugeständnisse machen, schreibt er, macht man zu viel, findet man sich selbst verächtlich, macht man zu wenig, wird man zermalmt. Wie recht er hat. Ich muss Geld verdienen und nach Frankreich zurück.

Samstag, 20. Oktober, 22 Uhr

Wieder in Paris und in Bronias Praxis. Sie hat mir hier einen Raum eingerichtet, wo mich abends niemand stört.

Pierre ist hartnäckiger, als ich geglaubt habe. Er ist sogar mit einer rein platonischen Freundschaft einverstanden, will in einer Gartenwohnung in der Rue Mouffetard mit mir zusammenarbeiten, wobei jeder seinen eigenen Wohnbereich hätte. Er würde sogar mit mir nach Polen ziehen … Seine Heimat aufgeben – für mich! Ich kann nicht glauben, dass er mich so liebt.

1895

Samstag, 2. Februar

Pierre hat auch Bronia und Kazimierz nach Sceaux eingeladen. Meine Schwester soll mich umstimmen. Pierres Mutter hat sie darum gebeten. »Marie wird mit niemandem so glücklich sein wie mit meinem Sohn«, hat sie behauptet.

Woher nimmt sie diese Sicherheit?

Ich bin einmal zu sehr enttäuscht worden. Eine Gouvernante heiratet man nicht … Ich habe einfach zu große Angst, noch einmal in dieses dunkle Loch zu fallen, und weiß nicht, ob ich ein zweites Mal wieder herausfinden würde …

Freitag, 15. März

Ich genieße die Stille im Labor, neben Brenner, Destille, Kolben und Gläsern. Welches Wunder der Natur steckt in den Kristallen und Flüssigkeiten! Welche Spannung für mich am Ende einer Reaktion!

Mit Pierre über unsere Träume geredet: über meinen Traum von der Humanität und unseren gemeinsamen von der Wissenschaft. Nur der letzte wäre legitim, meinte er. Es stünde nicht in unserer Macht, die soziale Ordnung zu ändern, denn wäre es anders, wüssten wir nicht, was wir tun sollen, in welche Richtung wir handeln müssten, und wir wären uns nie sicher, ob wir Böses oder Gutes tun und eine unvermeidliche Richtung verzögern.

Ich maße mir nicht an, die soziale Ordnung zu ändern, aber meine Neugierde, Geheimnisse in der Wissenschaft zu entdecken, lasse ich mir nicht nehmen. Und am Ende waren wir wieder einer Meinung. Der kluge Pierre und ich …

Montag, 25. März
Pierre hat seine Doktorarbeit verteidigt. »Magnetische Eigenschaften von Körpern bei unterschiedlichen Temperaturen«. Sein Vortrag war einfach, klar und doch sehr anspruchsvoll und geistreich.

Freitag, 10. Mai
An der École de physique et chimie wurde für Pierre eine Professur eingerichtet. Nachträglich erhielt er mit seinem Bruder Jacques den Prix Plante für ihre gemeinsame Arbeit über die Piezoelektrizität. Ich bin sehr stolz auf ihn.

Sonntag, 12. Mai, 1 Uhr in Bronias Praxis
Der »Herr Professor« hatte mich zu sich eingeladen, um seinen Erfolg zu feiern. Es gab Zwiebelsuppe, hmmm, schmackhaft, wie ich es nicht besser gekonnt hätte. Unsere Gesprächsthemen sind so vielfältig, dass nie Langeweile droht. Wie oft sagt er: »Wir sehen wirklich alles gleich!«

Aber es ist doch nicht diese Leidenschaft, dieses Feuer, das ich für Kasimir empfunden hatte. Ich bewundere und achte ihn und ich habe das Gefühl, einen sehr wertvollen einzigartigen Menschen kennengelernt zu haben, der mich tief und dauerhaft lieben kann. Da bin ich mir ziemlich sicher. Dabei zeigt er mir seine Liebe nur mit seinen Augen, für mehr ist er zu schüchtern, sicher auch aus Angst, erneut zurückgewiesen zu werden.

Freitag, 14. Juni
Fast kein Tag mehr ohne Pierre. Ich ersehne seine Gegenwart, ich fiebre seinem Kommen entgegen, ich bin erregt, wenn er

nur meine Hand nimmt. Marie, woher kommen diese Stimmungen, diese Gefühle? Wie ist es ihm gelungen, dich so zu verzaubern, dich rationale Marie, wo du nur für die Wissenschaft leben wolltest. Gemeinsam mit ihm für die Wissenschaft? Ist es »nur« das? Nein, bei der Entscheidung, ob mit oder ohne ihn, steht das ganze Leben auf dem Spiel …

Montag, 1. Juli
Nun habe ich Ja gesagt. Ja, ja ja! Das Entscheidende: Ich habe keine Angst vor der Zukunft mit Pierre. Mehr noch, ich freue mich auf sie und ich glaube tief im Innersten, dass seine Mutter Recht hat! Er ist klug, liebevoll, aufmerksam, zärtlich, fleißig, und verständnisvoll. Vergeblich suche ich in Gedanken nach negativen Eigenschaften. Bei Bronia nehme ich Kochunterricht. Wenn schon Ehefrau, dann auch am Herd …

Freitag, 5. Juli
Brief an Schulfreundin Kazia
Wenn Du diesen Brief erhältst, wird Deine Mania einen anderen Namen tragen. Ich werde den Mann heiraten, von dem ich Dir im vorigen Jahr in Warschau erzählt habe. Es ist mir sehr schmerzlich, für immer in Paris zu bleiben, aber was soll ich tun? Das Schicksal hat es so gewollt, daß wir uns tief verbunden fühlen und den Gedanken, uns zu trennen, nicht ertragen können.

Ich hatte Dir nichts davon geschrieben, denn das alles hat sich sehr rasch und plötzlich entschieden. Ein ganzes Jahr habe ich gezögert und wußte nicht, wozu ich mich entschließen soll. Endlich habe ich mich mit dem Gedanken abgefunden, mich hier niederzulassen. Wenn Du diesen Brief erhältst, schreibe mir: Madame Curie, Schule für Physik und Chemie, 42 Rue Lhomond. So werde ich von nun an heißen. Mein Mann ist Lehrer an dieser Schule. Im nächsten Jahr kommt er mit mir nach Polen, denn er soll meine Heimat kennen lernen, und ich werde nicht verfehlen,

ihn dann meiner lieben kleinen Wahlschwester vorzustellen und
sie zu bitten, ihn in ihr Herz zu schließen.

Donnerstag, 25. Juli
Morgen heiraten wir. Anders als die meisten: kein weißes
Brautkleid, sondern ein dunkles, praktisches, dass ich auch
später tragen kann, keine goldenen Eheringe, keine kirchliche
Trauung. Pierre ist Freidenker, und ich war schon lange nicht
in einer Kirche. Kein Notar, da kein Besitz, und mit uns feiern
werden nur seine Eltern und sein Bruder, mein lieber Vater,
der mit Hela aus Polen angereist ist, und natürlich Bronia und
Kazimierz, auch ein paar Freunde von der Universität. Für den
Nachmittag wird Pierres Mutter in Sceaux im Garten für die
Feier alles vorbereiten.

Dienstag, 30. Juli
Ich habe der kleinen Lou, Bronias Tochter, meinen Glücks-
bären Marek geschenkt. Nicht weil es albern wäre, ihn immer
noch als Talisman zu besitzen, nein, weil ich von tiefer Gewiss-
heit erfüllt bin, dass ich mit Pierre mein Glück finden werde.
Auch ohne Marek.

Freitag, 16. August,
auf einem Gutshof in der Nähe von Chantilly
Wir haben hier unsere Vagabundenhochzeitsreise auf Fahrrä-
dern unterbrochen, um uns mit Vater und Schwester Hela zu
treffen. Pierre hat Vaters Herz im Nu erobert. Sie diskutieren
und diskutieren, so dass ich mitunter eifersüchtig werde. Pierre
lernt sogar polnisch!

Wir können stundenlang schweigsam spazieren gehen, jeder in sich versunken, um dann, nur durch einen plötzlichen
Händedruck, ein sanftes Streicheln über die Wange, zu spüren,
dass der andere noch anwesend ist.

Donnerstag, 24. Oktober

Wir haben drei winzige Zimmer, vier Stockwerke hoch, in der Rue de la Glacière gemietet. Der Blick aus den Fenstern fällt auf hoch gewachsene Bäume. Aber es lohnt nicht, die Wohnung gemütlich herzurichten. Die meiste Zeit werden wir im Laboratorium sein, Pierre außerdem an seiner Fachschule. Er bekommt fünfhundert Francs monatlich. Ich habe mir ein Haushaltsbuch zugelegt, in dem ich alle Ausgaben sorgfältig notiere. Sparsamkeit habe ich gelernt.

Samstag, 2. November

Unsere Fahrradleidenschaft ist Luxus. Gekauft haben wir die Räder von dem Geld, das uns mein Vetter Józef zu unserer Hochzeit geschenkt hat. Aber dazu kommt: Fahrradsteuer, eine Radfahrkleidung, die ein Schneider extra für mich entworfen hat, Schuhe, Galoschen für Regen, Ersatzteile, Ventile, Speichen, eine Petroleumlampe für nächtliche Fahrten. Ein teures Hobby, das unser Budget erst einmal verkraften muss.

Donnerstag, 7. November

Mein achtundzwanzigster Geburtstag. Pierre hat Theaterkarten besorgt. »Nora« von Ibsen im théâtre de L'Cuvre. Strindberg und Hauptmann spielen sie hier auch. Wir gehen viel zu selten ins Theater! Aber alles eine Frage der Zeit und des Geldes.

Samstag, 23. November

Brief an Józef

… Bei uns ist alles in Ordnung. Wir sind gesund, und das Leben meint es gut mit uns. … ich habe sehr wenig Bedienung: eine Frau kommt täglich für eine Stunde, um Geschirr zu waschen und die groben Arbeiten zu verrichten. Ich koche und räume selbst auf.

Alle paar Tage fahren wir nach Sceaux, um die Eltern meines Mannes zu besuchen. Unsere Arbeit ist davon nicht gestört: wir haben im ersten Stock zwei Zimmer, die alles, was wir brauchen, enthalten, wir sind also wie zu Hause und können dort ohne weiteres den Teil unserer Arbeit erledigen, den wir im Laboratorium nicht machen können.

Wenn es schön ist, fahren wir mit den Rädern nach Sceaux; den Zug nehmen wir nur, wenn es in Strömen gießt …

Montag, 30. Dezember

Eine Sensation! Wilhelm Conrad Röntgen, ein deutscher Physiker, hat eine bisher unbekannte unsichtbare Strahlung entdeckt. Sie durchdringt Papier, Holz, Metall, auch den menschlichen Körper. Mit Hilfe dieser Strahlen hat er die Hand seiner Frau »durchsichtig« gemacht.

Was sind das für geheimnisvolle Strahlen? Keine Kathodenstrahlen, denn sie lassen sich nicht von einem Magneten ablenken, keine Lichtstrahlen, weil sie sich nicht brechen lassen …

Röntgen nennt sie X-Strahlen, weil auch für ihn diese Strahlen noch unfassbar und unverständlich sind.

1896

Dienstag, 7. Januar

Was wird das neue Jahr bringen? Ich sitze in der Bibliothek, um mich herum wieder ein Berg voller Bücher. Im Sommer wird die Prüfung für meine Zulassung als Lehrerin an einer Mädchenschule sein. »Kleine brave Studentin«, spöttelt Pierre wieder, weil ich mich schon jetzt darauf vorbereite. Er unterrichtet, nicht unbedingt gern, eher notgedrungen, und in der wenigen freien Zeit beschäftigt er sich mit dem Wachstum von Kristallen. Gestern Abend haben wir wieder lange diskutiert. Auch in Kunst und Philosophie prallen ja die Theorien unversöhnlich aufeinander.

Zola behauptet in seiner »Ode an die Wissenschaft«, dass die Erkenntnisse auf dem Gebiet der Physik und Chemie auch für die Erforschung der menschlichen Gefühle angewandt werden sollten. Nicht die Religion bestimme die Moral, nein, die Wissenschaft vertreibe den Aberglauben aus der Kirche. Ich glaube, da geht er zu weit. Max Nordau hingegen kündigt in seiner »Entartung« sogar den Untergang der Menschheit durch Überlastung, Alkohol, Pornografie an. Selbst Ibsens Werke nennt er in diesem Zusammenhang. Und Ferdinand Brunetière, ein bekannter französischer Literaturkritiker, meint, dass es der Wissenschaft bis heute nicht gelungen sei, die Entstehung des Menschen zu erklären, ihre Glaubwürdigkeit habe sehr gelitten. Angeblich sei die Wissenschaft »bankrott« und ohne Geheimnisse.

Was sind das für Narren, was für arrogante Schlaumeier? Pierre ist da voll und ganz meiner Meinung.

So, mein liebes Tagebuch, jetzt wird gelernt …

Ostersonntag, 5. April

Rast neben einem Stoppelacker. Ich sitze auf einem Feldstein und schreibe. Pierre will in einem Bauernhof nach dem Weg fragen. Wir verbringen die Osterfeiertage radelnd. Pierre hat darauf gedrungen, er hat Angst um mich und meine Gesundheit. Und ich mag nicht mit ihm streiten. Die Luft ist so mild und tut meinem Gemüt gut. Ich genieße die Zeit im Freien, tief durchzuatmen, mich über das zarte Grün und die ersten Krokusse und Osterglocken in den Gärten zu freuen. Ein Marienkäfer! Auf meiner linken Hand, mit fünf schwarzen Punkten …

Freitag, 17. Juli

An Józef und dessen Frau
Meine Lieben, ich wäre dieses Jahr so gern nach Hause gekommen, um Euch in meine Arme zu schließen! Es ist leider nicht daran zu denken, ebenso aus Geld- wie aus Zeitmangel.

Dienstag, 25. August

Zulassungsprüfung für die Mädchenschule wieder als Beste abgelegt. Nun kann ich unterrichten und endlich dazuverdienen. Es gab Diskussionen mit Pierre, letztlich konnte ich ihn überzeugen. Auch er vertrat die allgemein verbreitete Auffassung, dass ein Mann für den Lebensunterhalt der Familie sorgen muss, und ist bedrückt, dass sein Gehalt nicht ausreicht. Diesmal bin ich es, die darauf drängt, Urlaub zu machen. Wir müssen beide auf andere Gedanken kommen. Mein Tagebuch ist voll. Das dritte!

Sonntag, 20. September

Unser letzter Urlaubstag. Schade, morgen wollen wir wieder in Paris sein. Drei Wochen! Wie der Wind sind sie verflogen. Heute habe ich mir ein neues Tagebuch gekauft. Nun sitze ich auf einer Decke im Schatten einer alten Eiche, die Räder haben wir an den Stamm gestellt, Pierre liegt neben mir und schläft.

Es war wunderschön, selten Regen, kein Sturm, nicht zu heiß, ideales Radfahrwetter. »Was ist deine schönste Erinnerung?«, hat mich Pierre gestern Abend während des Essens gefragt. Ich habe gelacht und wusste es sofort. Aber er auch. »Lena«, sagte er und »dein Ausritt mit ihr.« Ein wunderbares Pferd. Und ich hatte sofort gemerkt, dass es mich mag und akzeptiert. Ich wäre so gern länger geblieben auf diesem Bauernhof, doch Pierre wollte weiter. Beim Weiterradeln habe ich ihm erzählt von Onkel Ksawery in Zawieprzyce bei Lublin, wo ich als junges Mädchen einen traumhaften Urlaub verbracht habe. Und von Keszhoma, dem Mohrenkopfschimmel. »Du kannst ja direkt schwärmen, so kenne ich dich gar nicht, meine kleine Zauberin«, hat er verwundert gesagt. Ach, Pierre, wenn wir alles von uns wüssten, ob wir uns dann noch interessant fänden? Keine kleine, brave Studentin mehr?

Lavendelduft weht herüber und Kinder schauen lachend und tuschelnd zu mir. Pierre atmet tief und gleichmäßig. Ich möchte ein Kind von dir, denke ich. Vielleicht einen Jungen oder auch ein Mädchen, so klug wie du und … Ich kitzelte ihn und für einen Moment schlug er die Augen auf. Ja, mit solchen Augen wie du.

Ach Marie, was bist du sentimental … »Meine kleine Zauberin«, hörte ich ihn flüstern, »leg den Zauberstift beiseite!«

1897

Dienstag, 2. März
An Freundin Kazia
Liebe Kazia, ich komme mit meinem Geburtstagsbrief viel zu spät, aber ich war in der letzten Zeit sehr leidend, und das hat mir die Energie und den freien Kopf genommen, die man zum Schreiben braucht.

Ich bekomme ein Kind, und diese Hoffnung macht sich empfindlich bemerkbar. Seit mehr als zwei Monaten habe ich Schwindelanfälle, und zwar andauernd, den ganzen Tag, von morgens bis abends. Ich bin sehr schwach und müde und obwohl ich nicht schlecht aussehe, bin ich arbeitsunfähig und psychisch in schlechtem Zustand.

Mein Zustand ist um so störender, als meine Schwiegermutter schwer krank ist …

Mittwoch, 3. März
Ich mag es gar nicht schreiben: Pierres Mutter hat Brustkrebs. Eine Krankheit, die keine Hoffnung auf Genesung zulässt und wir sind voller Sorge. Pierre redet wenig darüber, aber der Kummer ist in seinem Gesicht zu lesen. Dabei sollten wir uns auf die Geburt unseres ersten Kindes freuen. Ich hoffe sehr, dass Mutters Tod nicht mit meiner Entbindung Anfang Sep-

tember zusammenfällt. Ich leide unter Brechreiz und mir wird oft schwindlig.

Donnerstag, 15. Juli

Seit zwei Jahren das erste Mal längere Zeit von Pierre getrennt. Vater besuchte uns in Paris, und nun verbringe ich meinen Urlaub mit ihm in Port Blanc, einem kleinen Fischerdorf. Hier kam die Lust zum Malen, das brausende Meer, die gewaltigen Felsen, schmale Buchten, Sonnenuntergänge von unwirklicher Schönheit. Wir wohnen im einzigen Hotel des Dorfes »Zu den Grauen Felsen«. Wie kann man sich nur so einen langweiligen unpassenden Namen aussuchen? Die Felsen sehen im Licht ständig anders aus, nur selten grau. Im Dorf laufen die Frauen noch in ihren Trachten herum, mit weißen Flügelhauben und dunklen Kleidern.

Ich bin im siebenten Monat schwanger. Mein Bauch nicht mehr zu übersehen, und Vater ist sehr besorgt. Zum Glück haben die Schwindelanfälle nachgelassen.

Sonntag, 18. Juli

An Pierre

Mein Lieber, es ist schön, die Sonne scheint, es ist warm. Ich bin sehr traurig ohne Dich, komm bald. Ich warte vom Morgen bis zum Abend auf Dich und sehe Dich nicht kommen.

Montag, 26. Juli

Unser zweiter Hochzeitstag und Pierre ist nicht da. Ich bin zum Meer hinuntergelaufen und habe seinen Namen in den Sand geschrieben, wie eine Jungverliebte kleine Herzchen dazu gemalt. Als ich zurückkam, standen Sonnenblumen in einer Vase auf dem Tisch. Meine Lieblingsblumen. Vielleicht ist er gekommen, dachte ich und mein Herz klopfte vor Freude und Aufregung. Aber es war nur Vater, der die Blumen in Pierres Auftrag besorgt hatte. Doch am Nachmittag kam sein Brief.

»Meine kleine Zauberin …« Ach Pierre, ich habe deine Zeilen immer und immer wieder gelesen. Wann sehe ich dich? Das hast du nicht geschrieben.

Für Schwiegermama gibt es wohl kaum noch Hoffnung und an Wunder glauben wir alle nicht …

Donnerstag, 5. August
Mein Liebster ist gekommen! Endlich!!!

Ich soll mein Buch wegstecken und nur Zeit für ihn haben. Ist er eifersüchtig? Auf mein Tagebuch? Das ist so unsinnig! Aber ich mag nicht streiten und gebe nach. Kein Eintrag so lang wir hier zusammen sind. Am Montag fährt Vater nach Polen zurück. Wenn ich mich weiter so gut fühle, wollen Pierre und ich den Rest des Urlaubs wieder mit den Rädern unterwegs sein.

Montag, 30. August
Wir mussten unsere Radtour abbrechen. In Brest, am dritten Tag, nach 120 Kilometern. Der Wind weht zu kräftig, es ist kühl, nur 15 Grad. Ich wollte stark sein, und Pierre sollte keine Rücksicht auf mich nehmen, aber ich blieb immer weiter zurück. Als er sagte: »Schluss, aus, so geht das nicht, wir müssen auch an unser Kind denken«, nickte ich nur und »fiel« in seine Arme.

Mittwoch, 15. September
Unsere Irène, »die Friedliche«, ist am 12. September geboren. 3 600 Gramm schwer. Ein großes Wunder, so ein kleines Kind. Ich habe nicht geschrien während der Geburt, nur meine Lippe blutig gebissen. Auch Pierre war tapfer, obwohl er mehr Angst als ich hatte, wie er heute gestand. In mein Haushaltsbuch muss ich als »Außerordentliche Ausgaben« verzeichnen: *3 Francs für Champagner, 1 Fr. 10 für Telegramm, 71 Fr. 50 für Apotheke und Pflegerin …*

Montag, 27. September

Wie dicht beieinander liegen oft Freud und Leid. Pierres Mutter ist gestorben. Nur einmal hat sie ihre kleine Enkeltochter noch streicheln können. Irène wird niemals mit einer Großmutter spielen können. Diese heimtückische Krankheit Krebs. Sie muss doch zu bekämpfen sein!

Sonntag, 7. November

Mein dreißigster Geburtstag. Irène hat mich das erste Mal angelacht. Was könnte ich mir Schöneres wünschen! Glitzernde Gegenstände scheint sie zu lieben und verfolgt sie ganz aufmerksam mit den Augen.

Mittwoch, 10. November

An Vater

Ich stille meine kleine Irène noch, wir haben aber neuerdings gefürchtet, daß ich es nicht fortsetzen könnte. Das Gewicht des Kindes war plötzlich zurückgegangen. Es sah schlecht aus, war matt und leblos. Seit einigen Tagen geht es besser. Wenn das Kind normal zunimmt, werde ich es weiter stillen. Wenn nicht, werde ich eine Amme nehmen, obwohl ich darüber sehr traurig wäre, und trotz der Ausgabe: um nichts in der Welt würde ich die Entwicklung meines Kindes schädigen wollen.

Das Wetter ist noch sehr schön, warm und sonnig. Irène geht täglich mit mir oder dem Mädchen spazieren. Ich bade sie in einer kleinen Waschwanne.

Samstag, 20. November

Leider kann ich nicht mehr stillen und wir haben eine Amme genommen. Ich fühlte mich wie eine Versagerin, aber Bronia tröstete mich und meinte, das würde vielen jungen Müttern so gehen. Ich habe mir ein Schnittmuster gekauft, um Windeln selbst zu schneidern. Wegen der Amme und Pflegerin für Irène sind unsere Ausgaben sehr gestiegen.

Sonntag, 12. Dezember

Meine Arbeit über den Magnetismus von Stahl ist im »Bulletin de la socété pour l'Encouragement de l'Industrie Nationale« erschienen. Meine erste wichtige Veröffentlichung! Ein schönes Gefühl!

Endlich habe ich nun auch ein Forschungsthema für meine Doktorarbeit gefunden.

Unsichtbare geheimnisvolle Strahlen! Meine Neugier ist grenzenlos! Vor zwei Jahren die X-Strahlen von Röntgen und nun Strahlen aus uranhaltigen Salzen, die Henri Becquerel entdeckte. Ihm kam, wie auch Röntgen, der Zufall zu Hilfe.

Er beschichtete eine Fotoplatte mit diesen Salzen als fluoreszierende Substanzen, und umwickelte sie mit dickem schwarzen Papier. Dann wollte er die Platte der Sonne aussetzen. Die zeigte sich aber an diesem und dem folgendem Tag nur ganz selten und so ließ er die Probe im dunklen Schubfach einer Kommode liegen. Am nächsten Tag die große Überraschung! Die Konturen zeichneten sich scharf ab. Ohne Anregung durch Sonnenlicht!

Diese Strahlen, die weder zu fühlen noch zu sehen sind, können auch ein aufgeladenes Elektroskop entladen. Sie besitzen demnach ionisierende Wirkung und müssen über »Zauberkräfte« verfügen. »Interessant und lohnend für eine Doktorarbeit«, meinte auch Pierre und lachend hat er behauptet: »Das ideale Thema für meine kleine Zauberin.« Auch ich besäße Zauberkräfte. Nun denn, nehme ich die Spur auf. Neugierig genug bin ich … Vielleicht hilft auch mir ein kleiner Zufall. Nicht, dass alle Entdeckungen zufällig gemacht werden, aber ein bisschen Glück könnte nicht schaden.

»Dein linker Lungenflügel ist angegriffen«, behauptete der kluge Kazimierz, und wollte mich ins Sanatorium schicken. Meiner Ma haben die vielen Kuren auch nicht geholfen. »Nicht mit mir«, habe ich wohl etwas schroff gesagt und bin ins Laboratorium gegangen.

Zum Glück hat sich sein Verdacht nicht bestätigt. Ich bin nur durch eine Blutarmut etwas geschwächt.

Freitag, 17. Dezember
Eine Idee spukt in meinem Kopf herum. Becquerel hat die Strahlen der uranhaltigen Salze qualitativ nachgewiesen, ich will sie quantitativ erfassen. Hat doch Mendelejew gesagt, dass Maß, Zahl und Gewicht die Hauptwaffen der Wissenschaft sind!

1898

Freitag, 7. Januar
Das Jahr beginnt gut! Pierre hat von Charles Gariel, dem neuen Direktor der Fachschule, die Erlaubnis erhalten, dass ich für meine Forschungen den verglasten Maschinensaal im Erdgeschoss der Hochschule nutzen kann, der im Moment als Lager dient. Keine ideale Arbeitsstätte, feucht, ständigen Temperaturschwankungen unterworfen, aber dort kann ich ungestört meine Apparaturen aufbauen und Messungen durchführen.

Mit dem Elektrometer, das Pierre und sein Bruder Jacques entwickelt haben, will ich die Ionisationsfähigkeit der Uranstrahlen messen, also ihre Fähigkeit, Luft zum Elektrizitätsleiter zu machen. Ich will die Strahlen sozusagen »wiegen«, sie quantitativ erfassen.

Laborgerät, mit dem Marie ihre Versuche durchführte

Sonntag, 23. Januar

Irène versucht sich schon vom Rücken auf den Bauch zu drehen. Sie nuckelt viel an ihrem linken Zeigefinger und schreit, wenn sie ihn nicht findet. Süßer Grießbrei schmeckt ihr besonders gut.

Sonntag, 6. Februar

Wozu Gemüsekisten noch brauchbar sind! Ich habe sie in eine Ionisationskammer verwandelt, mit zwei Metallplatten darin, im Abstand von drei Zentimetern. Die untere Platte bestrich ich mit der Verbindung, die ich untersuchen wollte, und legte mit einer Hochleistungsbatterie an der Platte eine Spannung an. Wenn die Substanz auf der Platte die Luft auflud, dann würde sie auch die Platte darüber aufladen. Ich maß mit einer Stoppuhr die Zeit, in der das passierte und berechnete die Geschwindigkeit, die proportional der Energie ist, die das Element abgibt. Ein einfaches und logisches Experiment.

Sechs Grad im Labor! Dort ist es bewegungslos nicht mehr auszuhalten. Ich sitze wie so oft abends noch in der Bibliothek, lese die neueste wissenschaftliche Literatur, oder schreibe an einer Veröffentlichung und dann in mein Tagebuch.

Dienstag, 8. Februar

Drei wichtige Ergebnisse!
1. Die Intensität der Strahlung steigt mit der Menge an Uran, das in den untersuchten Mineralien enthalten ist.
2. Die Strahlung ist unabhängig von der jeweiligen Verbindung, in der das Uran vorliegt.
3. Die Intensität der Strahlung ist unabhängig von äußeren Bedingungen (Temperatur, Druck, Licht).

Wenn die Strahlung nicht Ergebnis der Wechselwirkung zwischen den Atomen ist, muss es sich um eine Eigenschaft des Atoms selbst handeln.

Mir geht ein Gedanke nicht aus dem Kopf. Warum sollten nicht auch noch andere Elemente diese Strahlen aussenden?

Wie unwichtig wird während meiner Arbeit alles andere. Nur an meine kleine Irène denke ich, die aber bei Großvater und Amme gut aufgehoben ist.

Donnerstag, 10. Februar

Alfred Lacroix vom Naturhistorischen Museum hat mir für meine Untersuchungen leihweise natürliche Minerale überlassen.

Heute habe ich dreizehn Elemente, unter anderem Kupfer und Gold, Eisen und Zink überprüft. Keines der Elemente sendet Strahlen aus.

Montag, 14. Februar

Fast alle für mich greifbaren Mineralien und Metallproben sind untersucht. Meine Hoffnung schwindet. Aber es war einen Versuch wert. Auch ein negatives Ergebnis ist ein Ergebnis.

Dienstag, 15. Februar

Thorium! Ein erster Erfolg! Das schwarze Mineral sendet ebenso wie Uran diese Strahlen aus. Ich habe den Versuch wiederholt, immer wieder, auch mit Pierre, und jedes Mal schlug das Elektroskop an. Ich bin aufgeregt und glücklich, wollte gleich die restlichen Elemente prüfen, aber Pierre bremste. Wir sollten den Erfolg feiern, meinte er, und erst morgen weiter arbeiten.

Donnerstag, 17. Februar, 23 Uhr

Bis zwanzig Uhr gearbeitet, obwohl ich furchtbar gefroren habe. Nur Uran und Thorium strahlen und wirken ionisierend. Eine neue Eigenschaft braucht einen neuen Namen. Ich musste nicht lange überlegen. »Die Strahlenden« oder lateinisch »radioaktive Elemente« und ihre Eigenschaft »Strahlungstätigkeit« oder »Radioaktivität«! Pierre meinte, ich sollte weiter

nachdenken, es gäbe fantasievollere Namen, »Zauberstrahlen«
oder gar »Skłodowska-Strahlen«, aber das war wohl nicht sein
Ernst. Dann hat er gedrängelt, dass ich mit nach Hause komme.

Eine Probe der Pechblende, Uraninit, mit der chemischen
Zusammensetzung UO_2 werde ich morgen noch testen. Ein
letzter Versuch.

Nun sitze ich am Küchentisch, trinke Tee, schaue immer
mal nach Irène und schreibe. Ich bin müde. Pierre ist schon
vor einer Stunde ins Bett gegangen. »Hör auf und schreib nicht
noch«, hat er mehr befohlen als gebeten. Ich mag nicht streiten, aber ich wollte noch bleiben. Die Strahlenden! Ein schöner Name! Sie sind wichtig, die Namen. Irène, die Friedliche …
Jetzt will ich schlafen, so tief und zufrieden wie sie.

Freitag, 18. Februar

In meinen Messungen muss ein Fehler liegen. Ich bin sehr ir-
ritiert. Die Strahlung der Pechblende ist weitaus stärker, als die
von Uran allein. Das kann nicht sein!

Und nicht nur das Uranoxid, auch das Chalkolith, das Kupferuranylphosphat, ist viel aktiver als das Uran selbst.

Nichts ist spannender, als im Labor zu arbeiten! Auf keinen Fall das Kochen in der Küche. Welche Zutaten unseren
Borschtsch ergeben, ist allgemein bekannt. Aber ich muss sie
noch kaufen, diese Zutaten, auf dem Heimweg, sonst wird es
abends ein langes Gesicht geben …

Samstag, 19. Februar

Einen Messfehler kann ich jetzt ausschließen. Mit Pierre noch
einmal alle Messungen wiederholt.

Sonntag, 20. Februar

Ich lag nachts wieder ewig wach, suchte nach dem Fehler, nach
einer Erklärung. Plötzlich kam die Erleuchtung, so einfach und
logisch, vielleicht zu einfach, um sie ernst zu nehmen.

Ich musste Pierre wecken, um zu hören, dass es kein Hirngespinst war, sondern ein realistischer Gedanke. »Wir reden morgen darüber, kleine Zauberin«, sagte er und drehte sich auf die andere Seite.

Meine Aufregung will sich nicht legen. Sollte das Rätsel wirklich in einer neuen Substanz liegen? Einer besonderen, sehr aktiven! Meine Neugierde ist unersättlich.

Ich bin keine Zauberin, ich bin eine Entdeckerin. Das wollte ich schon als kleines Mädchen werden. Aber damals wollte ich eine Medizin entdecken, die meine Ma heilen kann …

Montag, 21. Februar
Irène schreit sehr viel. Vielleicht zahnt sie?

Donnerstag, 24. Februar
Wieder ein verblüffendes Ergebnis, das aber unsere Vermutung bestätigt. Das Mineral Äschynit, das kein Uran, aber Thorium enthält, ist ebenfalls aktiver als reines Uran.

Freitag, 18. März
Ich habe Pierre angesteckt mit dem Entdeckervirus und er gibt seine eigenen Forschungsarbeiten auf. Seine Lehrtätigkeit natürlich nicht. Von etwas müssen wir ja leben!

Dienstag, 12. April
Heute wird Professor Lippmann den Mitgliedern der Akademie unsere Entdeckungen vortragen.

… Zwei Uranverbindungen: die Pechblende (Uranoxyd) und der Chalkolith (Kupferuranylphosphat) sind weit aktiver als das Uran selbst. Die Tatsache ist sehr bedeutungsvoll und führt zu der Annahme, daß diese Mineralien möglicherweise ein Element enthalten können, das weit aktiver ist als das Uran …

Dass Thorium genau wie Uran strahlt, hat Gerhard Schmidt in Berlin bereits veröffentlicht. Er war schneller, doch das ist wahrlich kein Grund zur Enttäuschung. Für uns ist die Wissenschaft kein Wettkampf, keine sportliche Disziplin …

Sonntag, 17. April

An der Sorbonne ist der Lehrstuhl für physikalische Chemie frei geworden. Pierre hat sich beworben und Charles Friedel, in dessen Labor Pierre seine ersten Versuche machte, hat ihn vorgeschlagen. Die Berufung würde uns finanziell sehr weiter helfen, aber was noch wichtiger ist: Pierre würde ein eigenes Labor zustehen.

Mein Traum, den ich schon als junges Mädchen hatte, und wie wichtig wäre seine Erfüllung jetzt!

Montag, 25. April

Eine riesengroße Enttäuschung! Pierre ist unterlegen. Sein Mitkonkurrent, ein jüngerer Mathematiker, der noch den Vorteil hatte, von der École normale zu kommen, hat die Professur erhalten. Friedel hat Pierre als Trost geschrieben, dass er den Herren zeigen muss, wie flexibel und geistig beweglich man mit vierzig Jahren noch sein kann.

Sollte man etwa in diesem Alter schon nicht mehr für die wissenschaftliche Forschung taugen? Was hat Vater mit siebzig alles geleistet!

Freitag, 6. Mai

Das Mineral Pechblende aus Joachimsthal, zweieinhalbfach so aktiv wie Uran, ist unser Ausgangsstoff. Zwei Stoffgemische haben wir bereits getrennt, ein Barium- und ein Wismutgemisch. Beide zeigen jedoch noch keine eindeutigen Spektrallinien, um ein neues Element darin nachzuweisen. Gustave Bémont, Oberassistent an der Schule, wird uns helfen. Wir werden zuerst das Wismutgemisch weiter trennen. Bis zum Ferienbeginn wollen wir es geschafft haben. Der Mai hat kühl und nass begonnen, ich sehne mich nach ein wenig Sonne.

Montag, 30. Mai

Wir kommen nicht wie gehofft voran. Nur die Radioaktivität steigt zusehends. Es ist zum Verzweifeln. Ich staune über Pierre. Über seine Gelassenheit und Zuversicht. Er hält das Ergebnis für ausreichend. »Wismut strahlt nicht, das ist hinreichend bekannt, also kann die Strahlung nur von einem neuen Element herrühren«, sagt er. »Mach dir schon mal Gedanken für einen Namen, meine Entdeckerin!«

»Jetzt schon?«, habe ich ungläubig gefragt. »Das Kind ist noch nicht geboren.«

»Aber es strahlt und strahlt, wenn das kein Lebenszeichen ist«, hat er gesagt und mich umarmt.

Ein Pfauenauge heute auf meiner Fensterbank.

Donnerstag, 7. Juli

Polonium ist da! Ich bin glücklich, aber völlig erschöpft. Fast wie bei der Geburt meiner kleinen Irène. Sicher ist das nicht zu vergleichen, aber trotzdem ähnelt sich der Glücks- und Erschöpfungszustand sehr. Fast fünf Monate war ich jeden Tag im Laboratorium. Polonium – zu Ehren meiner Heimat. Pierre ist ganz und gar damit einverstanden. Das neue Element ist vierhundertmal so aktiv wie die Pechblende. Eine unvorstellbare Intensität. Seinen chemischen Eigenschaften nach ist es dem Wismut verwandt.

Montag, 18. Juli

Meine Entdeckung ist heute in den Berichten der Akademie der Wissenschaften erschienen.

Mittwoch, 20. Juli

Irène macht »danke« mit der Hand. … Sie geht schon sehr gut auf allen vieren. Sie sagt Gogli, gogli, go. Sie sitzt den ganzen Tag auf einem Teppich im Garten (Sceaux). Sie wälzt sich, steht auf, setzt sich wieder …

Montag, 25. Juli

Ich habe den »Prix Gegner« bekommen, für meine Arbeit über die Radioaktivität und die magnetischen Eigenschaften des Stahls. Der Preis ist mit 3 800 Francs dotiert.

Erstaunlich, dass die Mitglieder der Akademie bereit waren, einer Frau den Preis zu geben. Aber so weit, mir das persönlich mitzuteilen, konnten sie nicht gehen. Becquerel schrieb an Pierre und bat ihn, mich über die Anerkennung zu informieren.

Montag, 15. August, in Auroux

Irène hat ihren siebenten Zahn bekommen, links unten. Sie kann eine halbe Minute lang allein stehen. Seit drei Tagen wird sie im Bach gebadet. Sie schreit, aber heute (viertes Bad) hat sie nicht mehr geschrien und hat im Wasser herumgeplanscht.

Sie spielt mit der Katze und verfolgt sie mit kriegerischem Geschrei. Sie fürchtet sich nicht mehr vor Fremden. Sie singt viel. Sie steigt auf den Tisch, wenn sie in ihrem Sesselchen sitzt.

Samstag, 20. August, Urlaub in Auroux

Irène bleibt zeitweise ohne Scheu bei unserer Vermieterin, einer freundlichen gutmütigen Bäuerin.

Wir versuchen beide bei langen Spaziergängen wissenschaftlich abzuschalten, aber es gelingt nicht immer. Heute hat Pierre die Hypothese aufgestellt, dass im Bariumgemisch ein zweites unbekanntes Element vorhanden sein könnte. Das war auch meine Vermutung, aber ich habe sie für mich behalten. Warum nur? Fand ich sie zu abwegig? Wollte ich erst sicherer sein, bevor ich mit ihm rede? Aber er ist mein Mann und Kollege! Ach Marie, du hast schon immer dein Süppchen gern allein gekocht, aber das wird kein Eintopf, das schaffst du nicht allein!

Montag, 12. September

Irènes erster Geburtstag. Sie wollte nach der brennenden Kerze greifen, wie sie nach allem greift. Nichts ist mehr vor ihr sicher, sie kann noch nicht laufen, aber zieht sich überall hoch und krabbelt mir oder dem Kindermädchen hinterher. Pierres Bruder ist zur Feier gekommen. Ich mag Jacques sehr. Und Irène liebt ihn. Er macht viel Unfug mit ihr. Wir haben auch auf meine Poloniumentdeckung angestoßen. Aber Jacques meint, wir wären die einzigen, die an sie glauben. »Kopernikus glaubte auch niemand, dass sich die Erde um die Sonne dreht«, entgegnete Pierre. »Auch Galilei wurde verdammt. Und Mendelejew, der die Entdeckung bestimmter Elemente voraussagte, wurde ebenfalls nicht ernst genommen.«

»Du hast ja recht«, gab Jacques zu, »aber ein neues Element muss chemisch rein oder in einer eindeutigen Verbindung vorliegen.«

Ich denke wie er. Für Pierre und mich ist die Stärke der Radioaktivität ein Beweis, aber nicht für die Wissenschaft. Pierre behauptet, auch die Wissenschaftler müssen zukünftig diese neue Analysenmethode akzeptieren. Er hat recht, aber das wird Jahre dauern …

Sonntag, 2. Oktober

Die weitere Bearbeitung des Bariumgemisches hat sich gelohnt! Wir haben die Bariumsulfate gereinigt und dann in Chloride überführt. In denen konzentriert sich die Radioaktivität. Vielleicht sind wir Weihnachten soweit oder spätestens am Jahresende. Ein neues Element, was wäre das für ein Weihnachtsgeschenk!

Sonntag, 9. Oktober

Irène läuft!

Donnerstag, 20. Oktober

Bronia und Kazimierz sind gestern nach Polen abgereist, um in Zakopane ein Sanatorium zu errichten. Ich bewundere ihren Mut. Sie müssen Förderer finden, Spendengelder eintreiben, das hält sie alles von ihrer eigentlichen Arbeit ab. Zwei prominente Unterstützer haben sie bereits: Ignacy Paderewski, mit ihm haben wir vor fünf Jahren den Jahreswechsel gemeinsam unterm Eiffelturm gefeiert, als er gerade von seiner Amerikatournee als berühmter Pianist zurückgekommen war. Und Henryk Sienkiewicz, einer meiner Lieblingsautoren. Bronia meint, der Aufwand würde sich lohnen und vielen Menschen Heilung bringen. Sicher, Zakopane wird sich als Kurort hervorragend eignen. »Aber Ma hat die Kur nicht geholfen«, habe ich zu ihr gesagt. »Das ist zwanzig Jahre her!« Sie hat verständnislos mit dem Kopf geschüttelt. »Du glaubst doch auch an deine Radioaktivität. Also lass uns den Glauben an die Heilkraft der Kur.« Ich wünsche ihnen von Herzen, dass sie Erfolg haben, aber der Abschied fiel mir unendlich schwer. Ach, Bronia, Schwesterherz, du fehlst mir schon jetzt!

Sonntag, 30. Oktober

Irène spielt sehr schön mit ihren Kegelstümpfen und steckt sie ineinander. Manchmal weint sie jetzt, wenn ich gehe. Aber unser Kindermädchen beruhigt mich und sagt, dass sie mich vergisst und bald wieder mit ihr lacht, wenn ich weg bin. Soll ich mich darüber freuen?

Sonntag, 6. November

All unsere Hoffnung steckt jetzt in der Spektralanalyse. Pierre geht morgen mit einer Probe des Chlorids zu Demarçay. Ich bin so zuversichtlich, dass er eine neue Spektrallinie entdeckt.

Montag, 7. November

Ja! Demarçay hat sie uns gezeigt, die neue Linie! Mein schönstes Geburtstagsgeschenk. Andere Frauen würden sich über ein neues Kleid oder einen neuen Hut freuen. Ich brauche nichts davon.

»Es ist noch kein eindeutiger Beweis für ein neues Element«, sagte Demarçay, »aber eine Ermutigung.«

Ich hatte Kuchen gebacken, den wir während einer Pause im Laboratorium aßen. Zwischen zwei fraktionierten Kristallisationen. Das Radiumchlorid ist schwerer löslich als Bariumchlorid.

Freitag, 2. Dezember
An Bronia

… Mit Euch beiden habe ich alles verloren, was ich in Paris hatte, meinen Mann und mein Kind ausgenommen. Es kommt mir nun vor, als ob Paris außerhalb unserer Wohnung und unseres Arbeitsplatzes nicht mehr existierte. Frage deine Schwiegermutter wie oft die Blattpflanze, die Ihr bei uns gelassen habt, begossen werden soll. Hat sie viel Sonne und Wärme nötig?

Es geht uns trotz des schlechten Wetters gut. Irène wird ein großer Fratz. Sie ist sehr schwierig zu ernähren und will außer Tapioka in Milch nichts regelmäßig essen, nicht einmal Eier. Schreib mir, welches Menü für ein Kind dieses Alters am bekömmlichsten ist …

Samstag, 17. Dezember
Wir schaffen es nicht. Nicht bis Weihnachten, nicht bis zum Jahresende. Pierre ist auch zu sehr in die Lehre eingebunden. Am Vormittag stehe ich meist allein im Labor. Und doch wollen wir bereits jetzt die Akademie informieren. Diesmal soll mir nicht wieder ein Kollege zuvorkommen! So dicht am Ziel will ich mir die Entdeckung nicht nehmen lassen! Und einen passenden, schönen Namen haben wir auch schon. Radium, das Strahlende!

Dienstag, 20. Dezember
Gemeinsam mit Pierre, Gustave Bémont und Eugène Demarçay den Bericht für die Akademie der Wissenschaften verfasst, der zur Sitzung am 26.12. veröffentlicht werden soll.

… veranlassen uns zu glauben, daß die neue radioaktive Sub-
stanz ein neues Element enthält, dem wir den Namen RADIUM
geben wollen. Die neue radioaktive Substanz enthält bestimmt ei-
nen sehr starken Anteil Barium; trotzdem ist die Radioaktivität er-
heblich, die Radioaktivität des Radiums muß also ungeheuer sein.

1899

Sonntag, 1. Januar, 10 Uhr

Das Jahr vor der Jahrtausendwende. Was wird es uns bringen?
Gesundheit und Radium! Wir haben mit Champagner darauf
angestoßen.

Wie habe ich mich verschätzt. Aus 1000 g Pechblende
ca. 1g Radium herzustellen, war eine Illusion. Wir werden
wahrscheinlich eine Tonne verarbeiten müssen.

Aber woher nehmen, wie bezahlen, wo lagern und aufbe-
reiten?

Ich habe mit meiner lieben Bronia telegrafiert. Auch sie
kann nachts oft nicht schlafen und hat Angst, sich mit dem Sanatorium zu übernehmen.

Angst, nein, Angst, mich zu übernehmen, habe ich nicht.
Aber ich werde ungeduldig und auch mitunter ungerecht
Pierre gegenüber. Er sorgt sich um mich, wie früher Bronia und
Kazimierz. Aber er soll mich einfach lassen, ich weiß selbst am
besten, was ich mir zumuten kann.

Dienstag, 3. Januar, 6 Uhr

Eine Tonne Pechblende! Woher nehmen und wie bezahlen?
Ich habe sie, die Idee! Sie kam nachts, als ich nicht schlafen
konnte und in die Dunkelheit starrte. Nein, wir brauchen nicht
die teure Pechblende, die man in Böhmen zur Uransalzgewin-
nung für die Glasindustrie verwendet. Unser Radium müsste
in den Rückständen noch vorhanden sein! Ich weckte Pierre.

Er konnte nicht meine Freude sehen, aber er musste an meiner Stimme hören, wie aufgeregt ich war. »Wir bereden das morgen«, sagte er wieder nur, und schlief weiter. Morgen … Heute … Kleine Zauberin hat er mich auch nicht genannt. Nicht heute, nicht gestern, nicht vorgestern … Nun sitze ich hier und kann nicht erwarten, dass es dämmert. Die Bergwerksgrube in Joachimsthal gehört der österreichischen Regierung. Ich will Professor Sueß von der Wiener Akademie fragen. Bestimmt kann er helfen und vermitteln.

Samstag, 7. Januar

Welch ein Glück! Die Pechblendenabfälle werden nicht anderweitig verwendet, sondern nur in einen nahe gelegenen Kiefernwald geschüttet. Professor Sueß meint, wir müssten bloß die Transportkosten bezahlen.

Bald können wir beginnen. Meine Ungeduld ist kaum noch zu zügeln. Irène lenkt mich ein wenig ab. Sie hat schon 15 Zähne und fängt an zu sprechen. Ich werde auch polnisch mit ihr reden.

Es hört nicht auf zu schneien und mir graut vor der Kälte. (– 15 Grad!)

Sonntag, 8. Januar

Pierre hat bei seinem Direktor interveniert, aber die Physikschule kann uns keinen Raum geben, der sich für unser Vorhaben eignet. Höchstens den unbenutzten Schuppen, der früher als Sezierraum der medizinischen Schule gedient hat. Ein verlassener Hangar. Damals war er noch intakt, jetzt ist das Glasdach undicht, der Fußboden mit Asphalt bedeckt, Mobiliar und Geräte nicht vorhanden. Nur eine große Schultafel und ein alter Eisenofen. Wir besitzen aber unsere Schmelzöfen, Gasbrenner, zwei alte Kiefernholztische, ein paar Küchenstühle. Bei günstigem Wetter werden wir sowieso im Hof arbeiten, um uns nicht zu sehr durch die Gase zu gefährden.

Mittwoch, 25. Januar

Die ersten fünf Sack Pechblendenabfall sind eingetroffen, brauner, mit Kiefernadeln vermischter Staub. Man sieht ihm nicht an, dass Radium darin verborgen ist. Und mir kam für einen Moment der Gedanke, eine Stecknadel im Heuhaufen zu suchen. Trotzdem werden wir suchen ... Und finden!

Freitag, 10. März

Ein wunderschöner Frühlingstag. Endlich. Wie habe ich die Wärme und Sonne vermisst. Nun werden wir sicher öfter auf dem Hof arbeiten können. Vergessen der strenge Winter, die Eiseskälte, selbst wenige Meter vom Ofen entfernt, die giftigen, beißenden Dämpfe, die nur bei geöffneten Fenstern und Türen zu ertragen waren, das tropfende Wasser auf Boden und Arbeitstisch bei Regen und Schnee ...

Wir haben uns zur Arbeitsteilung entschieden: Ich konzentriere mich auf die chemische Aufbereitung sowie die Herstellung reiner Radiumsalze, während Pierre die physikalischen Eigenschaften der Salze erforscht.

Sonntag, 12. März

An Bronia

... Die Abende verbringe ich mit der Kleinen. Am Morgen kleide ich sie an und gebe ihr zu essen, dann kann ich gewöhnlich gegen neun Uhr fortgehen. Wir waren ein ganzes Jahr lang weder im Theater noch in einem Konzert und haben nicht einen einzigen Besuch gemacht. Im Übrigen fühlen wir uns wohl ... Nur meine Familie fehlt mir unendlich, besonders Ihr, meine Lieben, und der Vater. Oft bin ich ganz traurig über meine Einsamkeit. Sonst kann ich mich über nichts beklagen, da es uns körperlich nicht schlecht geht; das Kind gedeiht gut, und ich habe den besten Mann, den man sich nur wünschen kann; ich hätte nie gedacht, einen solchen zu finden. Es ist eine wahre Gottesgabe, und je länger wir zusammenleben, desto mehr lieben wir uns. Unsere Ar-

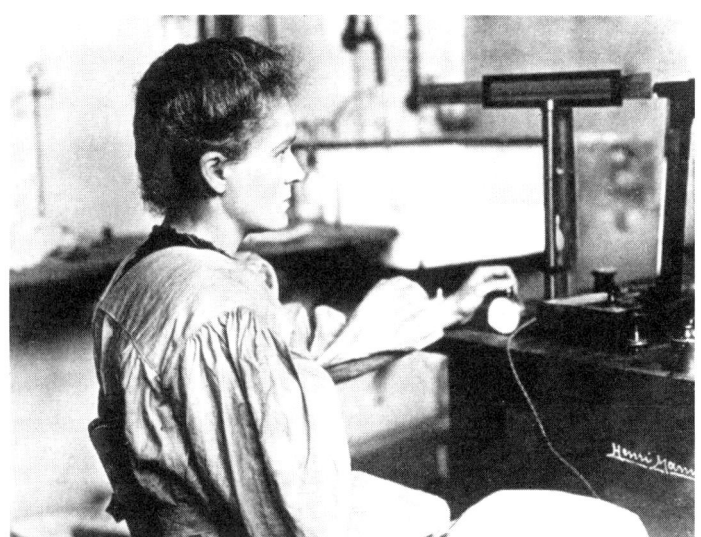

Marie Curie 1899 bei ihrer Arbeit im Labor

beit schreitet fort. Ich werde bald einen Vortrag über das Thema zu halten haben.

Donnerstag, 30. März

Ich sorge mich um Pierres Gesundheit. Sein Rheumatismus macht ihm immer mehr zu schaffen. Er hat starke Schmerzen in den Beinen und im Rücken, redet kaum darüber, aber seine Mimik hat er nicht immer in der Gewalt. Mir wurde eine Diät für ihn empfohlen, die Wein und dunkles Fleisch verbietet. Es fällt ihm leicht, darauf zu verzichten und wir hoffen, dass es hilft.

Montag, 15. Mai

Pierres vierzigster Geburtstag. Die Sonne schien heute Morgen in unser Fenster. Hoffnungsstrahlen. Seit Anfang Mai geht es Pierre wieder besser. Vielleicht hat wirklich die Diät geholfen. Pierre hatte heute nur vormittags drei Stunden Unterricht und so sind wir am Nachmittag zum Eiffelturm gefahren. Der hat auch Geburtstag, ist zehn geworden. Die Sensation ist seit Kurzem der elektrisch betriebene Aufzug. Menschen über Menschen wollten mit ihm hoch hinaus. Ein Bilderbuchtag, mit wolkenlosem Himmel, wunderbar klarer Luft und weitem Blick. Wir haben beide sehr lange in die Richtung unseres Hangars geschaut. Und am Abend tranken wir dort schwarzen Tee. Wenn es nur so bliebe. Pierres Gesundheit und das schöne Wetter …

Sonntag, 9. Juli, 22 Uhr
Riesige Behälter mit Pechblendenabfall stehen in unserem Schuppen. Bis zu 20 kg verarbeite ich auf einmal und immer wieder rühren und rühren. Mit einem Eisenstab. Wenn alles gelöst ist, kristallisieren die einzelnen Fraktionen bei verschiedenen Temperaturen aus und lassen sich dadurch trennen. Die Sonne strahlte ununterbrochen und ich schützte mich mit einem Hut. Aber der Schweiß lief.

Wie oft habe ich schon gedacht, ich kann nicht mehr, bin am Ende, aber dann biss ich die Zähne zusammen, schaute in den Kessel und wusste: Ich kriege dich! Ich gebe nicht auf! Und wenn es noch eine Ewigkeit dauern wird!

Viele Wissenschaftler halten uns für Fantasten. Aber wir lassen uns nicht beirren und werden die Nadel im Heuhaufen finden!

Samstag, 15. Juli
Ich habe Bariumchlorid abgetrennt, das zusammen mit dem Radium auftrat und ließ es in der Fraktion kristallisieren. Das Radium kristallisierte sich in den am wenigsten lösbaren Teilen. Auf diese Weise gelang es mir, reines Radiumchlorid abzutrennen. Die sehr sorgfältigen Arbeiten der letzten Kristallisierungen wurden durch den Eisen- und Kohlestaub erschwert, vor dem man sich in einem derart schlecht eingerichteten Laboratorium nicht schützen kann.

Samstag, 5. August

Daheim in meinem geliebten Polen, bei Bronia in Zakopane. Wir wohnen im Pensionat bei Frau Eger. Vater, Józef, Hela und ihr Mann Stanislaw. Er ist ein ausgezeichneter Fotograf und wir müssen uns ständig in Positur stellen. Wir sind alle gesund und das ist die Hauptsache. Pierre spricht mit ihnen polnisch und sie amüsieren sich über seinen Akzent. Die sechsjährige Lou kümmert sich rührend um Irène. Ich genieße das Zusammensein mit allen ganz besonders, weil ich weiß, dass es für längere Zeit das einzige Treffen sein wird. Pierre genießt die Natur und die Berge. Er war begeistert von einem Aufstieg auf den Gipfel des Rysy.

Dienstag, 12. September, abends

Irène hat zum zweiten Geburtstag ein neues Bilderbuch »Häschen auf Reisen« bekommen. Bisher war »Hans im Glück« ihr Lieblingsbuch und sie wollte es immer wieder ansehen und ich musste daraus vorlesen. Sie versucht jetzt alles nachzusprechen. Nicht immer deutlich, aber ich weiß, was sie meint. Ihren Brei will sie alleine löffeln. Mit viel Glück trifft sie beim ersten Versuch den Mund, manchmal will sie sogar mich mit füttern. Ihre zwei Kerzen hat sie sofort, nachdem Pierre es ihr vorgemacht hatte, ausgeblasen. »Noch mal, noch mal«, hat sie gejammert und Pierre hat mit einer Engelsgeduld die Kerzen immer wieder von Neuem angebrannt.

Freitag, 15. September

Heute hat der neue Staatspräsident Émile Loubet Hauptmann Dreyfus die Begnadigung angeboten, vorausgesetzt, er verzichtet auf eine Berufung. Dreyfus akzeptierte, um seinem Leidensweg ein Ende zu setzen. Wie übel haben sie dem Unschuldigen mitgespielt. Seit 15 Jahren ist der jüdische Hauptmann aufgrund einer Intrige wegen angeblichen Verrats militärischer Geheimnisse auf der Teufelsinsel in Haft. Besonders Pierre hat die Affäre verfolgt und sich mit vielen Intellektuellen für den »Verräter« eingesetzt. Doch rehabilitiert ist Dreyfus noch längst nicht.

Sonntag, 17. September

Ich bin unglücklich und unruhig und ich kann Vater nicht helfen. Heute kam Józefs Telegramm.

Vater wurde von einem Lastkraftwagen gestreift, als er in Warschau aus der Straßenbahn stieg. Er liegt mit kompliziertem Knochenbruch im Krankenhaus.

Samstag, 30. September

Gestern traf Bronias Brief mit einer guten Nachricht ein. Ich könnte unbesorgt sein. Vaters Bruch heilt gut und alles verläuft komplikationslos. Ach Väterchen, ich sorg mich trotzdem. Vielleicht will mein Schwesterherz mich nur beruhigen …

Dienstag, 10. Oktober

Wir verschicken Proben unseres strahlungsaktiven Bariumgemisches in die ganze Welt und erhalten Dankesbriefe. Adam Paulsen in Island arbeitet damit, Kollegen in Warschau, Georges Gouy gratuliert uns zu unserem »Triumphzug«. Allmählich lässt sich an unserer Vermutung nicht mehr zweifeln. Wir haben zwar noch nicht das neue Element rein und sauber herstellen können, aber seine starke Strahlung wird als Beweis inzwischen akzeptiert.

Väterchens Gesundheit macht gute Fortschritte.

Samstag, 11. November

Unsere chemischen Verbindungen leuchten wunderschön, im Dunkeln scheinen sie gar zu schweben. Besonders Pierre ist immer aufs Neue von den »Zauberlichtern« entzückt. Nur in ganz wenigen verzweifelten Augenblicken nenne ich sie im Geheimen »Irrlichter«. Denn sie wärmen nicht und mir graut vor dem Winter. Eigentlich ist der November mein Lieblingsmonat, aber er gibt uns schon jetzt eine Kostprobe vom Winter und das Arbeiten auf dem Hof ist nur noch selten möglich. Ein Drittel des Pechblendenabfalls haben wir verarbeitet. Das gewonnene Gemisch ist zwar fünfzigtausendmal stärker radioaktiv als Uran, doch das Radium bleibt weiterhin verborgen.

Freitag, 24. November, 10 Uhr im Hangar

Sie ist »ansteckend«, die Radioaktivität! Eine interessante Entdeckung, die zufällig und ganz »nebenbei« gestern angefallen ist: Fällt die Strahlung stark radioaktiver Stoffe auf inaktive Substanzen, wird die Radioaktivität auf diese übertragen, sie werden induziert. Kein Wunder, dass in unserem Hangar immer mehr Zauberlichter umherschweben. Wenn ich nur auch so schweben könnte! Aber ich war trotz der Entdeckung gestern so müde und erschöpft, dass ich auf dem Nachhauseweg wie ein schwerer Sack Abfall, Pechblendenabfall, an Pierres Arm hing.

1900

1. Januar, 3 Uhr

Ein neues Jahrhundert bricht an, mit einer Aufregung unter den Menschen, als ob sich alles nun gewaltig ändern würde. Wie viel wichtigere Zeitpunkte gibt es als ein neues Jahrhundert, das von uns völlig unbeeinflusst beginnt.

Die Menschen prosten sich zu, wünschen, versichern, nehmen sich vor … Dinge, die eine Woche später schon in Vergessenheit geraten sind.

Wir saßen mit Pierres Vater zusammen, auch wir redeten, lasen, erinnerten uns, und waren in Gedanken im Labor, noch immer vom ansteckenden Virus befallen.

Wie die Radioaktivität so ist bei Pierre und mir auch die Forschungsleidenschaft ansteckend. Wenn einer von uns aufgeben will, ist der andere gerade besonders motiviert.

Vielleicht kann auch Liebe ansteckend sein? Viereinhalb Jahre sind wir verheiratet, und müssen uns unsere Liebe nicht jeden Tag aufs Neue mit Worten versichern. Aber vielleicht würde ich es doch ganz gern immer mal hören und wenn es nur »meine kleine Zauberin« ist …

Dienstag, 16. Januar
Eiskristalle an den Fenstern im Hangar, auch auf der Wasserschale, obwohl der Ofen glüht. Nach zwei Jahren Schwerstarbeit noch immer kein reines Radium. Nur Vermutungen und Hypothesen. Wenigstens die wollen wir in der Revue générale des sciences veröffentlichen.

Sonntag, 4. Februar, 22 Uhr
Irène schläft längst, Pierre schreibt an einer Veröffentlichung. Wir sind nicht täglich stundenlang im Hangar. Es ist einfach zu kalt.

Unser Geld wird höchstens noch sechs Monate reichen. Pierre war ganz verstört, als ich ihm das heute Nachmittag sagte. Sein Einkommen reicht bei Weitem nicht. Unsere Ausgaben sind höher. Ich muss eine Anstellung suchen, obwohl er das »unmöglich« findet!

Sonntag, 15. April
Heute war André Debierne, ein Chemiker und Assistent von Professor Friedel bei uns. Pierre schlug ihm vor, gemeinsam verschiedene Untersuchungen an radioaktiven Substanzen durchzuführen. Es hat den Anschein, als ob er ihn für diese Arbeit begeistern konnte. Sie haben stundenlange Gespräche geführt.

Auch über die gestrige Eröffnungsrede von Alexandre Millerand, dem sozialistischen Handelsminister, anlässlich der

Weltausstellung. Sie war heute überall in der Presse veröffentlicht, besonders sein Schlusswort finde ich so wichtig, dass ich es ausschnitt!

»… Grund zu hoffen und zu wünschen, daß der Tag kommen wird, an dem die Welt erkennt, daß Frieden und ruhmreiche Kämpfe der Arbeit mehr Nutzen bringen, als Rivalitäten. Arbeit, du Befreierin! Du bist es, die uns adelt, die uns tröstet. Unter deinen Schritten schwindet die Unwissenheit, flieht das Böse. Durch dich wird die Menschheit aus der Knechtschaft der Finsternis befreit!«

Leider waren die Bauarbeiten zur Eröffnung der Weltausstellung noch nicht abgeschlossen!

Mittwoch, 2. Mai
In meinem Haushaltsbuch stehen »rote Zahlen«!

Wenn doch nur Pierre einen Lehrstuhl an der Sorbonne erhalten würde.

Montag, 14. Mai
Hier finden jetzt die Concours Internationaux d'Exercices Physiques et de Sports, die Internationalen Wettbewerbe für Leibesübungen und Sport, statt. Das Chaos ist groß, eine Eröffnungsveranstaltung gab es nicht, eigentlich sind sie nur ein Anhängsel der Weltausstellung. Schade, auch Pierre meint, dass Sport wichtig ist und regelmäßig betrieben werden müsste.

Müsste … Uns fehlt die Zeit.

Pierres Geburtstag morgen werden wir nur im kleinen Kreis feiern.

Freitag, 20. Juli, 23 Uhr
Wir haben den ganzen Abend diskutiert. Pierre wurde ein Lehrstuhl für Physik an der Genfer Universität angeboten! Der Dekan selbst hat uns deshalb aufgesucht und auch mir eine offizielle Stelle in seinem Labor zugesichert. Ein Labor

nach unseren Wünschen und Vorstellungen! Das klingt wie im Märchen. Aber Genf! Pierre kann sich nicht entscheiden. Er befürchtet eine Unterbrechung unserer Untersuchungen. Wir glauben, dass wir fast am Ziel sind!

Mittwoch, 25. Juli

Die Molmassenbestimmung hat ergeben, dass der gefundene Wert 174 für Radium viel zu niedrig ist. Welche Enttäuschung … Die Hälfte der Pechblendenabfälle ist verarbeitet. Wir werden wahrscheinlich das ganze Material benötigen.

Pierre hat in Genf abgesagt. Er hat es mir heute beim Frühstück gestanden. Ich weiß nicht, ob ich mich darüber freuen oder trauern soll.

Montag, 30. Juli

Henri Poincaré hat sich für Pierre eingesetzt und erreicht, dass er einen Lehrvertrag an der Schule für Physik, Chemie und Naturwissenschaften für Medizinstudenten in Paris erhält. Unsere finanziellen Sorgen wären wir damit fürs Erste los. Pierre würde wesentlich mehr verdienen als an seiner Fachschule.

Dienstag, 31. Juli

Gleich zwei positive Nachrichten vor unserem Urlaub. Ich bin Pierre vor Freude und Erleichterung um den Hals gefallen! Gestern erhielt er den neuen Lehrvertrag und heute bin ich als Lehrerin an die Mädchenoberschule in Sèvres berufen worden. Die Schule ist in der alten Manufaktur untergebracht, in der im 18. Jahrhundert das berühmte Sèvres-Porzellan hergestellt wurde, nur acht Kilometer von unserer Wohnung entfernt. Ich kann mit dem Rad fahren, bei schlechtem Wetter mit der Straßenbahn. Dreimal die Woche. Ein Wermutstropfen ist dabei: Mir bleibt bedeutend weniger Zeit für die wichtigere Arbeit im Hangar.

Donnerstag, 16. August

Wegen der Weltausstellung findet hier in Paris auch der internationale Physik-Kongress statt. Wissenschaftler aus der ganzen Welt sind anwesend. Lord Kelvin, Pierres Freund, Lorentz und van't Hoff aus Holland, der Schwede Arrhenius. Eine gute Gelegenheit für uns, ihnen unsere radioaktiven Substanzen vorzuführen. Doch die Spontaneität der Strahlung ist noch immer ein Rätsel, und wir suchen weiter nach Antworten auf die Fragen: Wo ist die Energiequelle der Becquerel-Strahlung? Muss man sie in den radioaktiven Stoffen selbst oder doch außerhalb suchen?

Montag, 20. August

Urlaub an der Küste der Normandie. Seit Tagen wechseln sich Sonne und Wolken ab. Wir sind zufrieden mit diesem Spiel. Trotzdem spüre ich Pierres Unruhe. Erholung am Meer ist wohl nicht das, was er braucht. Aber Irène ist glücklich beim Burgenbau und Wassertreten. Wir werden weiter radeln und die Landschaft erkunden von Le Havre bis Saint Valery an der Somme.

Montag, 10. September

Eine freudige und überraschende Nachricht bei unserer Rückkehr. Unser junger Freund, André Debierne, hat ein bisher unbekanntes neues Element entdeckt. Er nannte es Aktinium. Wir freuen uns mit ihm!

Dienstag, 2. Oktober

»Meine« Mädchen in Sèvres nehmen mich ziemlich in Anspruch. Sie sind um die zwanzig Jahre alt und mussten, um überhaupt hier aufgenommen zu werden, eine schwierige Prüfung ablegen. Wenn sie ihre Diplomarbeit verteidigt haben, dürfen sie in Lyzeen unterrichten. Sie sind alle sehr fleißig, und ich will ihnen viel beibringen, bin aber noch ungeübt im Unterrichten. Neulich hat mich Professor Poincaré, der Rektor der Universität, zu meinen »eigenwilligen« Vorlesungen beglückwünscht. Eigenwillig! Was heißt eigenwillig?

Ich habe Pierre davon erzählt. »Deine Vorlesungen kenne ich nicht, aber ich kenne dich«, meinte er. »Willst du damit sagen, ich sei eigenwillig?«, fragte ich ihn mit gerunzelter Stirn.

»Was ist daran schlecht«, sagte er. »Eigen und willig, zwei gute Eigenschaften!« Er lachte und nahm meinen Kopf in seine Hände. Aber ich war eigen und nicht willig länger darüber zu diskutieren. Ich musste mich noch vorbereiten für meine morgige »eigenwillige« Vorlesung. Professor Poincare wird nicht ahnen, wie viel Zeit ich dafür verwende oder besser verschwende!

Mittwoch, 10. Oktober

Wir haben ein kleines, einstöckiges Häuschen am Rande der Stadt gemietet, auf dem Boulevard Kellermann für 4 020 Francs im Jahr. Dort wohnen wir gemeinsam mit meinem Schwiegervater. Drei Reihen Bäume davor, dahinter ein Garten, in dem ich jetzt sitze und schreibe. Die Sonne scheint noch einmal so kräftig wie im Sommer und ich bin dankbar über das kleine Stückchen Natur, abseits vom Großstadtlärm. Der Garten ist wild und völlig verunkrautet, aber Pierres Vater Eugène ist nicht nur ein liebevoller Großvater und unser »Kindermädchen«, sondern auch Gärtner mit Leib und Seele. Doch die Rosen pflanze und pflege ich!

Montag, 5. November

Ich bin die einzige Frau, die in Sèvres unterrichtet, neben namhaften Professoren von der Sorbonne und dem Collège de France. Sie ziehen nicht richtig mit, meine Mädchen. Vielleicht schraube ich die Ansprüche zu hoch. Sie langweilen sich und neulich habe ich zufällig gehört, wie sie sich über meinen polnischen Akzent lustig machten.

Mittwoch, 7. November
Sie hatten ihn wirklich rausgekriegt, meinen Geburtstag heute, und mir ein Ständchen gesungen, meine Schülerinnen. Auch mein Kuchen ist alle geworden. Sie haben gegessen, als ob sie sonst verhungern würden und waren anschließend nicht weiter zum Lernen zu bewegen. Ich sollte mir meinen Geburtstag doch nicht mit Unterrichten verderben lassen, meinten sie einstimmig. Und sie wollten mir nicht glauben, dass ich schon dreiunddreißig Jahre alt bin. Schließlich habe ich sie nach Hause geschickt und bin in den Hangar gegangen.

Dienstag, 13. November
Die Weltausstellung ist beendet. Sieben Millionen Francs Gewinn sollen gemacht worden sein. »Ich glaube es nicht«, hat Bronia geschrieben, »ihr wart wirklich nicht dort?« Keine Zeit, keine Zeit, keine Zeit, wie oft soll ich es ihr noch versichern? Aber auf dem Physik-Kongress waren wir!

Sonntag, 2. Dezember
Wir haben sehr nette und kluge Nachbarn. Jean und Henriette Perrin. Jean Perrin studierte an der École normale supérieure in seiner Heimatstadt Lille. Danach arbeitete er dort als wissenschaftlicher Assistent und promovierte über Kathodenstrahlen. Voriges Jahr erhielt er hier eine Professur für Physik.

Mittwoch, 12. Dezember
Zwei deutsche Wissenschaftler, Friedrich Giesel und Otto Walkhoff, haben eine physiologische Wirkung des Radiums beobachtet. Sofort hat Pierre einen Selbstversuch gestartet und eine kleine Stelle seines Unterarmes zehn Stunden lang der Strahlung einer Radiumsalzprobe ausgesetzt. Die Stelle färbte

sich rot. Circa sechs Quadratzentimeter groß. Sieht einer Verbrennung ähnlich, schmerzt aber nicht. Was ist das nur für ein Zauberstoff?

Donnerstag, 27. Dezember

Das Resümee der letzten zwei Jahre: Dreizehn wissenschaftliche Arbeiten gemeinsam mit Pierre über die Eigenschaften der radioaktiven Elemente veröffentlicht. Und trotzdem bin ich unzufrieden …

Pierre ist völlig erschöpft und musste die Zahl seiner Unterrichtsstunden verringern. Er zweifelt, ob es richtig war, die Professorenstelle in Genf auszuschlagen. Ich zweifle auch.

1901

Samstag, 5. Januar

An Pierres bestrahltem Arm hat sich eine Wunde gebildet, die verbunden werden muss! Pierre notiert jede Veränderung in sein Laborjournal.

Mittwoch, 23. Januar

Erst jetzt beginnt die Wunde von den Rändern ausgehend zu heilen.

Sonntag, 10. Februar

Unsere Hände schuppen unangenehm. Die Fingerspitzen verhärten sich und schmerzen. Vierzehn Tage dauert die Entzündung schon an. Wir arbeiten nur noch mit Handschuhen.

Mittwoch, 20. Februar

Henri Becquerel hat sich unfreiwillig ebenfalls verbrannt, als er in seiner Westentasche ein Reagenzglas mit Radiumspuren bei sich trug. Er wird, genau wie wir, seine Beobachtungen notieren.

Pierre will die Wirkung des Radiums auf Tiere studieren und den Hautärzten das Radium zur Therapie von Hautkrebs empfehlen.

Donnerstag, 28. Februar

Zwanzig Zentner Pechblendenabfall verarbeitet und dreihundert Gramm radioaktive Substanz erhalten, die einhunderttausendmal stärker strahlt als Uran. Selbst am Tage leuchten die Reagenzgläser, in denen ich die radioaktiven Stoffe eingeschmolzen habe. Doch das Element Radium können wir noch immer nicht eindeutig nachweisen. Aber ich bin ruhiger geworden. Meine Ungeduld hat uns auch nicht schneller vorwärtsgebracht.

Freitag, 12. April

Endlich lässt die Schmerzempfindlichkeit der Fingerspitzen nach.

Donnerstag, 6. Juni

Pierre hat mit Henri Becquerel seine Beobachtungen als wissenschaftliche Abhandlung veröffentlicht: »Physiologische Wirkungen der Radiumstrahlen«. Alle Gegenstände in unserem Labor weisen radioaktiven Niederschlag aus, der von radioaktiven Gasen herrührt.

Echte Diamanten strahlen auf in der Nähe radioaktiver Stoffe, unechte nicht. Glas färbt sich violett, Steinsalzkristalle gelb, Zucker braun, Papier wird dunkel und zerfällt nach einiger Zeit, wie auch Seide und Pflanzenblätter.

Ich arbeite an einem Bericht über »Die radioaktiven Körper«, der noch dieses Jahr erscheinen soll.

Mittwoch, 10. Juli

Die Hitze, der Staub … Die Sonne brennt unerbittlich, seit Tagen schon. Der Schweiß fließt mir ins Gesicht, und wieder bin ich am Verzweifeln. Wenn ich nur erst das Atomgewicht von Radium bestimmt hätte. Das wäre endlich der Beweis, dass Radium als reines Element existiert. Pierre rät mal wieder zu einer Pause. Er will erst weitermachen, wenn wir bessere Arbeitsbedingungen haben. Er, der als Mann der Stärkere von uns beiden sein wollte, resigniert … Oder ist er nur vernünftiger als ich?

Donnerstag, 18. Juli, in Jouy-en-Josas

Irène hält Mittagsschlaf, Pierre schreibt an einer neuen Veröffentlichung. Ich sitze unterm Kirschbaum und schreibe auch. Die Kirschen sind dunkelrot und knackig, zuckersüß. Immer wieder unterbreche ich, stelle mich auf die Zehenspitzen und pflücke mir eine Handvoll. Wir haben uns einen kleinen Urlaub auf dem Land gegönnt, zwei Zimmer in einem Bauernhaus. Mit Hühnern, Schafen, Kühen, Schweinen, allem was dazu gehört. Irène ist begeistert von den vielen Tieren. Ich muss an meine herrlichen Ferienaufenthalte bei Großmutter und Großvater oder Tante und Onkel auf dem Land denken. Die Luft, die Sonne, der tiefe Schlaf, das Kind tun uns gut. Wir sammeln Pilze und Beeren, tollen auf der Wiese umher, spielen Ball, Versteck und Haschen. Hier brauchen wir nur zuzusehen bei der Feldarbeit und versuchen dabei nicht an die kommende Arbeit im Labor zu denken.

Freitag, 13. September

Heute das erste Mal nach dem Sommer wieder in Sèvres unterrichtet. Ich fühle mich jetzt viel sicherer dabei. Die Mädchen der neuen Klasse sind aufmerksam und neugierig. Ich habe sie gleich praktisch arbeiten lassen. Sie staunen über einfache Experimente mit verblüffenden Wirkungen. Und sie diskutieren gern!

Samstag, 12. Oktober

Gefangen in meiner Arbeit. Bald bin ich vierunddreißig und fühle mich manchmal wie eine alte Frau. Ausgebrannt und erschöpft. Sommer und Urlaub in weiter Ferne. Unendliche Enttäuschung, dass wir dieses verhexte Radium einfach nicht zu fassen kriegen. Seit drei Jahren … Keinen lassen wir in unser Innerstes schauen, nicht Eugène, Pierres Vater, nicht Perrins, unsere engsten Freunde und Nachbarn … Briefe schreiben entfällt. Es gibt nichts Interessantes zu berichten.

Mittwoch, 11. Dezember

Gestern, am Todestag Alfred Nobels, des schwedischen Chemikers und Erfinders, hat Wilhelm Conrad Röntgen den ersten Nobelpreis für Physik erhalten. Sicher eine große Ehre, aber welcher Rummel wird auf ihn zukommen.

Nobels Stiftung ist nicht unumstritten. Seine Verwandtschaft stellte das Testament infrage, und der schwedische König Oskar II. kritisierte, dass man eine solche große Geldmenge nicht an Ausländer abgeben sollte … Er lehnte es ab, den Preis Conrad Röntgen selbst zu überreichen. Könige sind auch nur Menschen und selten die besten …

Die Gasbeleuchtung in Paris wird zunehmend vom elektrischen Licht abgelöst. Das neue Jahrhundert wird jedenfalls auf den Straßen heller werden …

1902

Freitag, 28. März, 12 Uhr, im Hangar

Vor mir liegt reines Radiumsalz! Aus 1000 Kilogramm Pechblendenabfall gewonnen. Ein weißes Pulver, dem man nicht ansieht, wie viel Kraft ich hineingesteckt habe. Ein weißes Pulver, dessen Strahlungsstärke die des Urans um über eine Million übertrifft.

Aus einem Gemisch mit Bariumchlorid durch unzählige fraktionierte Kristallisationen zu Radiumchlorid angereichert. Gestern konnte ich den Chloranteil einer genau abgewogenen

Menge in Form von ausgefälltem Silberchlorid bestimmen und es dann auf das Atomgewicht von Radium zurückrechnen. 225! Im PSE der Elemente ist es als schweres Erdalkalimetall in der zweiten Hauptgruppe unter Barium einzuordnen. Nun sitze ich hier, schreibe, werde gleich mein Buch schließen, dann die Hände falten und danken, dass wir am Ziel sind.

Sonntag, 30. März
Professor Demarçay hat unsere Entdeckung bestätigt. Die neue Linie im Spektrum ist keinem anderen Element als Radium zu-zuschreiben.

Donnerstag, 17. April
Irgendwie bin ich aus dem Gleichgewicht geraten. Es wird Frühling, ich könnte wieder die Vögel singen hören, doch ich habe kein Verlangen danach. Seit zwei Wochen wandle ich nachts im Schlaf durch unser Haus. Zieht mich der Mond in unseren Hangar? Pierre macht sich große Sorgen um mich, leidet auch an Schlaflosigkeit, aus Angst, ich könnte nachts ir-gendwelchen »Unsinn« anstellen.

Mittwoch, 30. April
Pierre kommt oft aus der Schule, setzt sich, nimmt ein paar Bissen – und schläft ein. An der Sorbonne war eine Profes-sur für Mineralogie frei geworden. Er hat sich beworben, aber wieder hat ein Konkurrent gesiegt. Er beklagt sich nicht, zieht sich nur schweigend zurück. Professor Mascart, der sich sehr für ihn eingesetzt hatte, meinte: *Wer sehr verdienstvoll und noch bescheidener als verdienstvoll ist, kann lange unerkannt bleiben.*

Es ist sehr ärgerlich. Gerade Pierre war aufgrund seiner Forschungsarbeit über die Kristalle prädestiniert für diese Pro-fessur. Nun rät ihm Professor Mascart, bei der Akademie der Wissenschaften zu kandidieren. Ich kenne meinen Mann. Ich weiß, wie verhasst es ihm ist, jedem Mitglied der illustren Gesellschaft einen Besuch abzustatten. Er kann kein Loblied auf sich singen, er schämt sich schon, wenn er an der Tür steht und klingelt. Seine Bescheidenheit geht so weit, dass er seinen Konkurrenten Amagat empfehlen wird.

Dienstag, 13. Mai

Ich muss unbedingt nach Warschau. Mein Väterchen ist krank und wird an der Gallenblase operiert. Den Knochenbruch vor drei Jahren hat er so gut überstanden. Ich bete, obwohl … Auch Ma ist im Mai gestorben, vor vierundzwanzig Jahren und alles Beten hat damals nicht geholfen.

Wahrscheinlich werde ich zu Pierres Geburtstag in neun Tagen schon nicht mehr in Paris sein.

Dienstag, 20. Mai, im Zug von Warschau nach Paris

Ich bin unendlich traurig. Marie, warum bist du zu spät gekommen? Vater soll friedlich eingeschlafen sein. Was für ein geringer Trost! Wie gern hätte ich ihm noch einmal gesagt, wie viel ich ihm verdanke, wie ich ihn geschätzt, verehrt und geliebt habe. Ich ließ den Sarg öffnen und bat Vater um Vergebung.

Vergebung, dass ich ihn in Warschau allein ließ, und nicht die letzten Jahre seines Lebens mit ihm gemeinsam verbrachte, sondern nur für meine Wissenschaft lebte. Fünf Tage vor seinem Tod schrieb er noch einen Brief an mich, den er aber nicht mehr abschickte. »Da besitzt du nun reine Radiumsalze«, schrieb er, »aber was hat es dich an Arbeit gekostet. Wenn man die Stunden, Tage und Jahre addiert, die du damit zugebracht hast, ist es das kostspieligste Element der Welt.«

Wie wahr, wie wahr, mein Väterchen. Und doch hast du mich auf diesen Weg geführt, in mir die Liebe zur Naturwissenschaft geweckt, die Neugier, den Forscherdrang, musstest oft Vater und Mutter zugleich sein. Du hast mir gesagt, dass

Aufgeben nicht unsere Sache ist, dass man seine Ziele bis zum Ende verfolgen muss.

Sonntag, 25. Mai

Auch wenn mich in Warschau alle getröstet haben und versicherten, du, mein Väterchen, warst nicht allein, hast dein Leben gelebt, wie du es dir gewünscht hast, keiner kann mir meine Schuldgefühle nehmen …

Dienstag, 3. Juni, wieder in Paris

Ein starkes Gewitter hat mich auf dem Weg zur Schule überrascht. Und dann ein Krachen, so gewaltig und ohrenbetäubend, dass eine Panik unter den Menschen ausbrach. Sie liefen schreiend davon, Pferde scheuten, Radfahrer verloren die Kontrolle über ihr Gefährt, der Himmel zuvor nahezu schwarz, war von einem grellen Licht überzogen. In den Eiffelturm hatte der Blitz eingeschlagen. Ich selbst stand wie erstarrt, ließ den Regen an mir hinunterlaufen, erst als ich angerempelt wurde und beinahe gestürzt wäre, suchte ich in einem Hauseingang einen Unterschlupf. Wie der Blitz kam mir der Gedanke, wenn das das Ende wäre … Aber es war ganz eigenartig, ich hatte keine Angst und für einen Moment dachte ich, das bisschen Leben …

Montag, 9. Juni

23 Stimmen Amagat, 20 Stimmen Pierre, 6 Stimmen Gernez.

Die Niederlage bei der Akademie scheint Pierre nicht zu berühren, nur die verlorene Zeit bedauert er. Wie recht er hat!

Donnerstag, 10. Juli

Paul Appell, der neue Dekan, mit welcher Wissbegierde habe ich vor zehn Jahren seine Vorlesungen verfolgt, hat Pierre für die Ehrenlegion vorgeschlagen. Mir schrieb er, dass ich Einfluss auf meinen Mann nehmen solle, damit er diese wichtige Auszeichnung nicht abschlägt. Wenn wir auch gemeinsam forschen, arbeiten, uns beraten, das ist eine Sache, die er ganz allein entscheiden muss und auch will.

Samstag, 12. Juli
Zum dritten Mal, wie schon vor zwei und fünf Jahren den »Prix Gegner« der Akademie des sciences erhalten. 3 800 Francs, wie sehr können wir das Geld gebrauchen, aber für ein eigenes Laboratorium reicht es bei Weitem nicht.

Dienstag, 15. Juli
Pierre hat »die Ehrenlegion« abgelehnt: »Ich brauche keinen Orden, ich brauche ein Laboratorium.«

Samstag, 2. August
Unser Freund André Debiernes, der Entdecker des dritten radioaktiven Elements Aktinium, wird bei der Societe Centrale de Produits Chimiques eine großtechnische Anlage zur Gewinnung von Radiumsalzen leiten. Die Akademie bewilligte einen Kredit von 20 000 Francs.

Dienstag, 5. August, in Arromanches-les-Bains
Wir machen hier Urlaub an der rauen Küste der Normandie. Nach einer kühlen Woche scheint seit drei Tagen die Sonne. Pierre versucht Irène das Schwimmen beizubringen. Heute ist der Atlantik ruhig und fünf Schwimmzüge schafft sie schon. Ihr bekommt die Luft ausgezeichnet, ich hingegen bin eigentlich nur müde. Pierre hatte sein Manuskript »Über das absolute Zeitmaß« abgegeben, bevor wir hierher fuhren, scheint nun völlig unbeschwert zu sein und albert wie ein kleiner Junge mit Irène herum. Er baut mit ihr Tropfburgen, schaufelt sie im Sand ein, dass nur noch der Kopf herausguckt, sammelt Steine und Muscheln. Ich lese, schreibe und schlafe …

Montag, 1. September

Wieder in Paris. Meine Sehnsucht nach Bronia, Józef und Hela wird immer stärker. Nachts wandle ich erneut. Meine Konzentration lässt nach und ich fühle mich so antriebslos wie noch nie. Pierre rät mir, nach Warschau zu fahren und in Ruhe meine Trauer aufzuarbeiten.

Vaters Haushalt ist noch nicht aufgelöst, was werden da für Erinnerungen aufsteigen.

Donnerstag, 11. September

Morgen wird Irène fünf Jahre alt. Sie ist schon sehr vernünftig, manchmal zu sehr für ihr Alter. Aber was schreibe ich, mit vier konnte ich bereits lesen!

Sie bekommt das Buch »Der Struwwelpeter« und einen kleinen Steiff-Filzelefanten. Wir sind neugierig, wie sie ihn nennen wird.

Freitag, 12. September

Sie hat sich sehr gefreut und den kleinen Elefanten fast den ganzen Tag nicht aus der Hand gelegt. Auch wenn ich ihr vorgelesen habe. Am besten hat ihr aus Struwwelpeter »Hans guck in die Luft« gefallen. Vielleicht weil sie auch gern überall hinguckt, nur nicht nach vorn. Mampa heißt der kleine Elefant – vermutlich weil Mama und Papa ihn ihr gleichzeitig gegeben haben. Morgen ist ihre Mama nicht mehr da. Ich fahre nach Warschau. Ach, wäre es doch ein freudigerer Anlass!

Montag, 29. September, in Warschau

Ich schreibe auf dem Schachbrettmuster meines Lieblingstisches … Pierres Vorschlag war goldrichtig. Józef, Bronia, Hela, alle drei haben sich frei gemacht und gemeinsam haben wir zwei Wochen in Vaters letzter Wohnung verbracht: Briefe gelesen, Bilder angeschaut, erinnert, gelacht, geweint, uns getröstet, gekocht, gemeinsam gegessen. Ich habe zugenommen und schlafe wieder tief und fest. Streit um seinen Nachlass gab es nicht. An materiellen Dingen hängt keiner von uns. Zur Erinnerung an ihn und unser altes Zuhause habe ich um das Barometer mit den goldenen Zeigern, natürlich den Tisch mit dem Schachbrettmuster und den Glasschrank samt Steinen gebeten.

Marie, Pierre und Irène Curie

Donnerstag, 2. Oktober, 17 Uhr

Nun bin ich glücklich, wieder bei Irène und Pierre zu sein. Irène ist an mir hochgesprungen, und wollte den ganzen Tag nicht von meiner Seite weichen. »Vorlesen, vorlesen!« Auch jetzt sitzt sie mit ihrem Elefanten Mampa und dem Struwwelpeterbuch zu meinen Füßen.

Und Pierre? »Warum habe ich dir nur vorgeschlagen zu fahren?«, hat er mir gestern Abend im Bett in mein Ohr geflüstert. »Meine kleine Zauberin! Warum merkt man erst, wenn man etwas nicht mehr hat, wie sehr es einem fehlt? Komm zu mir, wir haben viel nachzuholen …«

Für meine Doktorarbeit »Forschungen über die radioaktiven Stoffe«, habe ich neue gute Ideen und Lust zum Schreiben.

Samstag, 4. Oktober

Wieder in der Bibliothek bei den neuesten Veröffentlichungen. Der deutsche Physiker Willy Marckwald glaubt in der Pechblende ein neues radioaktives Element entdeckt zu haben. Er gab ihm sogar schon einen Namen. Radiotellurium. Ich bin mir ziemlich sicher, dass er sich irrt. Es wird Polonium sein, das auch durch seine Zerfallskonstante eindeutig zu identifizieren ist.

Freitag, 7. November

Fünfunddreißig Jahre alt. Wenn Pierre mich nicht heute Morgen mit guten Wünschen geweckt hätte, vor lauter Anfragen, Korrespondenzen, hätte ich meinen Geburtstag glatt vergessen. Ständig tauschen wir uns mit Sir William Crookes in England, mit Sueß und Holtzmann in Österreich, mit Paulsen in Dänemark aus. Die Radiumstrahlen interessieren Ärzte wie Biologen.

24. Dezember, 23 Uhr

In Amerika, in Buffalo, wollen Techniker eine Fabrik gründen zur Herstellung von Radium. Sie baten uns in einem Brief um genaue Anweisungen. »Du könntest«, schlug Pierre mir heute vor, »dir die Rechte für die Herstellung des Radiums sichern und patentieren lassen.«

»Wir würden also dafür Geld bekommen?«, fragte ich. »Sehr viel sogar«, meinte Pierre.

Wir sahen wahrscheinlich beide dasselbe vor uns: ein modern ausgestattetes großes Laboratorium.

»Aber das würde *dem wissenschaftlichen Geist nicht entsprechen*«, sagte ich schließlich und sah Pierre die Freude über meine Antwort an. Doch er hakte nach. »Wir müssen auch an unser Kind denken, oder an weitere Kinder …«

Ich merkte ihm an, wie gespannt er auf meine Antwort war und wie erleichtert er aufatmete, als ich sagte: »Ich will keinen finanziellen Nutzen aus unserer Entdeckung ziehen. Die Wissenschaftler und Ärzte sollen das Radium erhalten, ohne an uns einen Franc zu zahlen. Und ich denke, wir werden unser Kind oder unsere Kinder auch in diesem Sinne erziehen.«

Er fasste nach meiner Hand und drückte sie fest.

Nun sitze ich unterm Weihnachtsbaum und schreibe. Pierre schläft in seinem Sessel.

Es schneit. Die Flocken fallen groß und sacht im Schein der Gaslaterne.

1903

Mittwoch, 11. März

Der Dekan der Sorbonne Paul Appell hat meine Doktorarbeit zugelassen!

Sonntag, 5. April

Ich bin wieder schwanger. »Kürzer treten«, rät der Frauenarzt, »mehr essen und regelmäßiger.« Mein Allgemeinzustand wäre nicht zufriedenstellend. Welcher Belastung war ich während der Schwangerschaft mit Irène ausgesetzt und alles ist gut gegangen.

Samstag, 2. Mai

Wir haben eine Einladung der Royal Institution für den 19. Juni nach London erhalten. Pierre soll dort in unserem gemeinsamen Namen einen Vortrag über den Stand der Radiumforschung halten. Eine Woche später muss ich meine Dissertation verteidigen. Ich weiß noch nicht, ob ich mitreisen werde. Ich habe häufig Brechreiz und auf nichts wirklich Appetit.

Dienstag, 23. Juni, wieder in Paris

Pierre hatte mich gebeten, sogar genötigt, nach London mitzukommen. Sicher richtig im Nachhinein. Wir sind dort sehr freundlich, fast begeistert empfangen wurden. Die gesamte englische Gelehrtenwelt war angereist. Sir William Crookes, James Dewar, Sir William Ramsay … Besonders verwundert schienen viele der Gäste darüber, dass eine Frau sich auf dieses naturwissenschaftliche Terrain »gewagt« hatte. Man versicherte mir mehrfach, dass ich die erste Frau sei, die an einer Sitzung der einhundertvier Jahre alten Royal Institution teilnehme. Mir war nicht wohl unter den staunenden Blicken. Pierres Vortrag war auch für Nichtphysiker verständlich, seine Experimente glückten und verwunderten. Die nächsten Tage

Marie Curie 1903

immer wieder: Empfänge, Bankette, Reden, um uns zu ehren. Wir dankten mit wenigen Worten und waren stolz, auch neben glitzerndem Geschmeide und Seidengewändern. Pierre flüsterte mir zu, dass vielleicht nur einer dieser Juwelen genügen würde, um uns ein Laboratorium einzurichten.

Es gab auch interessante Erlebnisse: Wir haben Ramseys und Soddys gerade gemachte Entdeckung beobachten können: wie gelöstes und anschließend entgastes Radiumsalz das Edelgas Helium nachproduziert. Und mit Dewar gemeinsam die Wärmemenge gemessen, die Radiumbromid bei der Temperatur von flüssigem Wasserstoff abgibt.

Morgen hole ich Bronia vom Bahnhof ab. Ich freue mich so sehr auf mein Schwesterherz!

Donnerstag, 25. Juni, 13 Uhr

Ich sitze auf meinem Hocker und schreibe am Labortisch. Ganz allein! Das war mein Wunsch. Das musste auch Bronia akzeptieren. Noch zwei Stunden, dann muss ich meine Arbeit verteidigen. Mein Herz klopft nicht schneller, meine Hände zittern nicht. Mir kann nichts mehr passieren. Fünf Jahre war ich fast jeden Tag, auch manche Nacht, neugierig einem Geheimnis auf der Spur. Bis ich es entdeckte! Die Souveränität kann mir nicht genommen werden, nicht mit einer noch so hinterlistigen Frage. Meine Rede kann ich auswendig, wie im Schlaf.

Fast genau zwanzig Jahre ist es her, als ich in Warschau die Schule mit Auszeichnung abschloss. Wie gern hätte ich meine Ma gerade an diesem Tag an meiner Seite gehabt! Sie war damals schon fünf Jahre tot … Heute würde ich mir so sehr meinen Vater unter den Zuhörern wünschen. Ich würde ihn ganz, ganz fest umarmen und ihm sagen, dass ich das alles nur ihm verdanke.

Ach Bronia … Du schwatztest mir damals, genau wie heute, ein neues Kleid auf. Sie werden nicht nach meinem Aussehen urteilen, habe ich mich gewehrt. Meine drei Gutachter, Professor Lippmann, Bouty und Moissan, werden Fragen nach meiner Doktorarbeit stellen, nicht woher ich dieses Kleid habe. Sie hat gelacht und mich weiter überredet, bis ich kapituliert habe.

Meine Schwangerschaft ist kaum zu bemerken. Pierre streicht häufig über meinen kleinen Bauch und sagt, wie er sich auf das Kind freut. Es wird nicht leicht werden, aber ich hatte vier Geschwister und es ist für uns ganz selbstverständlich, dass Irène nicht allein bleibt.

Wie viel Zeit ich in diesem Hangar verbrachte! Aber ich bereue keine Minute. Langsam werde ich mich nun auf den Weg begeben zur Sorbonne. Allein, mit meiner Mappe unterm Arm, nur begleitet von Sonne und Wind …

Freitag, 26. Juni

Sie waren alle im Hörsaal, Pierre, Bronia, mein Schwiegervater, meine Schülerinnen, Studenten, Gelehrte, die Plätze reichten nicht. Und nun hörte ich doch mein Herz stärker klopfen und der Schweiß brach mir aus. Auch mein Baby bewegte sich, als ob es Anteil nimmt.

Doch als ich vor ihnen an der Tafel stand, vergaß ich fast alles um mich herum, bis auf meine Rede …

Note: très honorable. »Sie sind die erste Frau, die hier, an der seit dem 12. Jahrhundert existierenden Sorbonne, ihre Doktorarbeit im Bereich Naturwissenschaften verteidigt hat«, sagte Professor Lippmann in seiner Laudatio. Es werden nach mir hoffentlich noch sehr, sehr viele sein, habe ich im Stillen gedacht.

Sonntag, 29. Juni, 1 Uhr

Einen sehr unterhaltsamen Sommerabend bei Familie Langevin am Park Montsouris verbracht, gemeinsam mit Ernest Rutherford, der sich gerade mit seiner Braut, einer sympathischen Neuseeländerin, in Paris aufhält und auch bei meiner Doktorverteidigung war.

Pierre hat im Garten ein Reagenzglas mit einer Radiumlösung zum Leuchten gebracht und alle in Entzücken versetzt.

Ich fand besonders Paul Langevin sehr angenehm. Fast schien es mir, als ob Pierre ein wenig eifersüchtig war, weil ich so lange und nur mit Paul sprach. Er ist Physiker und ein ehemaliger Student von Pierre, hat mit Rutherford am Cavendish Laboratory gemeinsam studiert. Von Chemie hat er wenig Ahnung. Das gab er ohne Weiteres zu und zeigte sich trotzdem sehr interessiert daran. Ich musste ihm das Periodensystem erklären, was aber nicht in zwei Stunden getan ist. Dann lud ich ihn in unseren Hangar ein.

Auf dem Heimweg war Pierre sehr schweigsam. Ich war müde und wiederholte trotzdem in Gedanken das Gespräch mit Paul. Was soll das, Marie?

Freitag, 31. Juli

Pierre und Henri Becquerel sind für den Physik-Nobelpreis vorgeschlagen.

Der Mathematiker Gösta Mittag-Leffler, Mitglied der Akademie, hat Pierre darüber informiert, und gleichzeitig bedauert, dass man mich nicht mit berücksichtigt hat. Mir liegt nichts an diesem Preis, und doch schmerzt der Gedanke, dass die Arbeit einer Frau nicht gleichermaßen wertgeschätzt wird.

Pierres Antwortbrief, aus dem ich hier abschreibe, weil ich ihn für äußerst wichtig und ehrlich halte: *Wenn es wirklich wahr ist, daß man mich ernsthaft in Betracht zieht, wünsche ich mir sehr, mich und Madame Curie als gleichwertige Partner bei der Untersuchung radioaktiver Stoffe zu betrachten. Ursprünglich war es nämlich auch ihre Arbeit, die zur Entdeckung neuer Elemente führte, und ihr Anteil auch daran ist sehr groß. (Im Übrigen hat sie das Atomgewicht des Radiums bestimmt.) Ich glaube, wenn man uns bei dieser Gelegenheit trennte, würde das viele Menschen erstaunen. Finden Sie es nicht auch unter einem künstlerischen Aspekt viel schöner, daß man uns zusammenließe?*

Sonntag, 16. August

Wie unwesentlich wird alles nach dem Tod eines Kindes. Mein kleines Mädchen, erst fünf Monate in meinem Bauch … Ich kann mein Leid nicht in Worte fassen. Warum? Bin ich schuldig? Hätte ich den Rat des Arztes befolgen müssen? Ich habe nie gelernt, mich zu schonen. Mit ein bisschen Glück hätte mein Kind weiterleben können.

Donnerstag, 20. August

An Bronia

Das Ereignis macht mich unglücklich … Der Gedanke an dieses Kind war mir so vertraut geworden, daß ich absolut verzweifelt und untröstlich bin. Schreib mir bitte, ob Du glaubst, daß meine allgemeine Müdigkeit schuld daran ist – denn ich muß gestehen, daß ich meine Kräfte nicht geschont habe. Ich habe meinem Organismus viel zugetraut, und nun bedaure ich es tief, denn ich habe es teuer bezahlt …

Freitag, 25. September

Pierres Gesundheitszustand bereitet mir Sorgen. Sein Rheumatismus verursacht so starke Schmerzen in den Beinen, dass er tagelang nicht aus dem Bett kommt. Auch seine Hände und Finger schmerzen. Ich muss ihn ankleiden, und er kann noch nicht einmal den Stift halten. Und ich bin immerzu müde.

Sonntag, 27. September

Ich kann es nicht fassen und will es nicht glauben. Bronias fünf-jähriger Sohn ist an Meningitis gestorben. Sie werden alles, aber auch alles, was in ihrer Macht stand, getan haben, um ihn zu retten. Wie vielen Menschen haben sie als Ärzte das Leben ge-rettet. Und nun versagen sie bei dem eigenen Kind. Nein, nicht versagen, das ist zu hart, aber sie konnten ihm nicht helfen ... Und ich kann meine liebe Bronia noch nicht einmal tröstend in den Arm nehmen. Immer wenn ich Irène sehe, muss ich an meine Schwester denken. Ein Kind zu verlieren, größer kann ein Schmerz nicht sein, das weiß ich, obwohl ich mein Töch-terchen nicht einmal in den Arm nehmen konnte. Und Bronias Kind war immer so gesund und ausgelassen, dazu ihr wie aus dem Gesicht geschnitten. Erst mein kleines Mädchen und nun ihr Sohn. Meine Schwester Zosia, meine Ma, Pierres Mutter. Sie gingen alle viel zu früh. Was hat das Schicksal mit uns noch vor? Wer muss als nächster gehen ...?

Montag, 28. September

Wieder ein Preis. Prix La Caze, 10 000 Francs, eine finanzielle Sicherheit, die erleichtert, aber nicht froher stimmt ...

Sonntag, 8. November

Die Auszeichnungen häufen sich. Pierre geht es besser und er ist nach England gefahren, um für uns die Davy-Medaille von der Royal Society Gesellschaft in Empfang zu nehmen. Es ist wohl eine der bedeutendsten wissenschaftlichen Auszeichnun-gen der Welt. Ich hätte die Reise womöglich nicht überstanden. Auch will ich mich nicht wieder von allen Seiten anstarren las-sen.

Donnerstag, 12. November

Pierre ist zurück, aber sehr erschöpft. Er erzählt wenig. Die Reise hat ihn zu sehr angestrengt. Irène spielt mit der schweren

Goldmedaille, hängt sie sich um den Hals und hat die eingravierten Namen entziffert: Pierre und Marie Curie.

Sonntag, 14. November
Telegramm aus Stockholm: Am 10. Dezember soll uns der »halbe« Nobelpreis für Physik verliehen werden. Obwohl ich eine »Ausländerin« bin?

Freitag, 20. November
Ein Brief der Königlichen Schwedischen Akademie der Wissenschaften hat die Ankündigung bestätigt.

Becquerel erhält den halben Preis für »Die Entdeckung der natürlichen Radioaktivität«, wir!, Pierre und ich, für »Große Verdienste bei der Untersuchung der von Becquerel entdeckten Strahlen«. Also nicht für die Entdeckung des Poloniums oder Radiums, wie wir vermutet hatten. Das wäre nach Einschätzung des Chemie-Komitees eher für ihre Disziplin relevant.

Donnerstag, 3. Dezember
Entdeckungen, die mit unserem Radium oder der Radioaktivität zu tun haben, überstürzen sich. Rutherford und Soddy haben das Gesetz des radioaktiven Zerfalls formuliert. Rutherford bin ich das erste Mal auf meiner Promotionsfeier begegnet. Er hat eine Professur in Montréal, ist ein Genie auf seinem Gebiet und ausgesprochen charmant.

Sonntag, 6. Dezember
Schmuddelwetter. Ich lege meinen Federhalter immer mal beiseite und schaue aus dem Fenster. Es regnet und der letzte Schnee taut. Nein, wir fahren nicht! Jetzt jedenfalls noch nicht! Ich fühle mich einfach noch zu schwach für Stockholm. Vielleicht eine verschleppte Grippe, aber der Arzt meint, ich wäre blutarm. Außerdem können wir unseren Unterricht nicht so

lange unterbrechen. Und ich lege keinen Wert darauf, mich feiern zu lassen. Zum Glück bin ich da mit Pierre einer Meinung. Innerhalb der nächsten sechs Monate müssen wir in Stockholm den Vortrag halten. Dann ist Sommer, es sind Ferien und wir werden uns besser fühlen.

Freitag, 11. Dezember

Lieber Józef,

… Wir sind von Briefen und Besuchen von Photographen und Journalisten überschwemmt. Man möchte sich unter die Erde verkriechen, um Ruhe zu haben. Aus Amerika haben wir die Aufforderung bekommen, eine Reihe von Vorträgen über unsere Arbeit zu halten. Sie fragen, welche Summe wir dafür verlangen. Wie immer die Bedingungen auch wären, wir haben die Absicht abzuschlagen. Mit großer Mühe ist es uns gelungen, die Bankette zu vermeiden, die man uns zu Ehren veranstalten wollte. Wir lehnen mit dem Mut der Verzweiflung ab, und die Leute verstehen, daß nichts zu machen ist …

Was wäre das erst in Stockholm gewesen. Die schwedischen Ladies hätten mich doch feierlich empfangen müssen!!!

Meiner Irène geht es sehr gut. Sie besucht eine Schule, die ziemlich weit entfernt ist. Es ist sehr schwer, in Paris eine gute Schule für kleine Kinder ausfindig zu machen.

Ich küsse Euch alle zärtlich und bitte Euch inständig, mich nicht zu vergessen …

1904

Samstag, 2. Januar

Heute ist der Scheck über 70 000 Francs eingetroffen. Das halbe Nobelpreisgeld! Ich habe das kleine Stück Papier hin- und hergewendet. So viel Geld! Noch nie so „reich" gewesen!

Freitag, 8. Januar, 18 Uhr

Pierre hat nichts zu Abend gegessen und sich wieder hingelegt. Seit drei Tagen schläft er fast nur. Seine Lehrtätigkeit musste er unterbrechen. Ich mache mir nur noch Sorgen um ihn.

Es schneit und schneit. Jeder Gang aus dem Haus wird mühsam.

Dienstag, 12. Januar

Schon wieder ein Preis und 50 000 Francs! Gemeinsam mit Édouard Branly den Osiris-Preis bekommen. Wir legen einen Teil des Geldes erst einmal in Wertpapieren an.

Aber: 20 000 Francs kriegt Bronia für ihr Sanatorium, meine Schwester Hela und Pierres Bruder werden wir bedenken, auch begabte polnische Studenten. Sie sollen es leichter haben als ich. Frau M., die mir vor zwölf Jahren Französischunterricht erteilte, sich dann nach Polen verheiratete und ihre Heimat wieder sehen will, werden wir zu uns einladen und ihre Reisekosten tragen. Das sind nur wenige, die mir als erstes einfallen …

Sonntag, 14. Februar

An Józef

… Immer der gleiche Rummel. Die Leute hindern uns an der Arbeit, soviel sie nur können. Nun habe ich mir vorgenommen, tapfer zu sein und keine Besuche zu empfangen – aber man stört mich trotzdem. Die Ehrungen und der Ruhm haben unser Leben vollständig ruiniert.

Sonntag, 21. Februar

Wir ertrinken in Briefen. Oh Gott, wie können wir uns nur dagegen wehren, ohne undankbar zu erscheinen. Pierre unterrichtet wieder, hat seine Schwäche überwunden, aber noch keinen einzigen Brief angefasst, geschweige denn selbst gelesen.

Die Briefe von Kollegen muss ich ihm vorlesen. Wie viel Zeit geht mit all dem verloren.

Samstag, 19. März

Lieber Józef,

zu Deinem Geburtstag sende ich Dir die allerherzlichsten Glückwünsche. Ich wünsche Dir Gesundheit, Erfolg für die Deinen – und auch, dass Du niemals von Zeitschriften überschwemmt werden mögest, wie wir es augenblicklich sind und auch niemals einem Belagerungszustand ausgeliefert, wie wir ihn jetzt zu erdulden haben.

Es tut mir fast leid, die Briefe weggeworfen zu haben, die uns zugekommen sind: sie waren ziemlich lehrreich … Da gab es Sonette, Gedichte über das Radium, Briefe von verschiedensten Erfindern, Briefe von Spiritisten, Briefe von Philosophen. Gestern hat mich ein Amerikaner schriftlich um die Erlaubnis gebeten, ein Rennpferd nach mir zu benennen. Und natürlich Hunderte von Bitten um Autogramme und Photographien! Ich beantworte keinen dieser Briefe …

Montag, 4. April, 9 Uhr

Ich bin wieder schwanger. Ungewollt …

Um keine Risiken einzugehen, lasse ich mich von meinen Lehrveranstaltungen freistellen. Ich sitze im Garten, die Krokusse und Zillas blühen, Osterglocken und wunderschön die Forsythie. Ich habe keinen Trieb, um ins Labor zu gehen.

Paul Langevin war heute da und hat gratuliert. Aber ich habe mich so unwohl gefühlt. Deshalb verließ er mich bald. Sein Besuch im Hangar steht seit einem dreiviertel Jahr aus. Wir haben nicht mehr davon gesprochen.

Montag, 10. Oktober

Pierre ist zum ordentlichen Professor an der Mathematisch-Naturwissenschaftlichen Fakultät der Pariser Universität ernannt!

Marie Curie 1904

Aber der neue Lehrstuhl ist nicht mit einem Labor verbunden. Pierre hat an seine Vorgesetzten geschrieben, dass er auf die Ehre verzichtet, da er keine Möglichkeiten zur Forschung hat.

Wahrscheinlich wegen des drohenden Skandals haben sie ihm ab November drei Mitarbeiter zugestanden und die Mittel für ein Laboratorium. Sein »Assistent« werde ich sein und darf nun »offiziell« sein Laboratorium betreten.

Ich bekomme ein Gehalt von zweitausendvierhundert Francs im Jahr für eine Arbeit, die ich sechs Jahre unentgeltlich getan habe.

Samstag, 5. November

Nebel über der Stadt, wie ich ihn mag …

Ein unternehmungslustiger französischer Industrieller, Armet de Lisle, hat die Idee, eine Fabrik zu gründen, um Radium herstellen, das zur Behandlung von Krebs an Ärzte geliefert werden soll. Das regulär verkaufte Radium ist bereits eine der kostspieligsten Substanzen der Welt: Es wird auf siebenhundertfünfzigtausend Goldfrancs pro Gramm geschätzt.

Wie recht hatte mein Vater in seinem letzten Brief an mich, als er es als das kostspieligste Element der Welt bezeichnete.

Freitag, 2. Dezember

Ich schreibe im Bett, das Buch auf den Knien. Schmollend und verärgert.

Bronia ist gekommen, um mir bei der Geburt beizustehen und auch in den Tagen danach. Ich habe mich so gefreut auf sie, aber sie hat mich angesehen, als wäre ich ein Gespenst. »Erkennst du mich nicht, Schwesterherz?«, habe ich sie gefragt. Dann kam eine Flut von Vorwürfen, die ich nicht aufschreiben will. Ich flüchtete wütend in unser Schlafzimmer.

Samstag, 10. Dezember

Unsere Tochter Ève ist geboren. Vor vier Tagen. Gesund und schwarzhaarig. Welch schönes Geschenk. Beinahe hätten mich bei den Presswehen die Kräfte verlassen.

Eben habe ich sie gestillt. Jetzt liegt sie wieder in ihrem Körbchen, die winzigen Hände zu Fäusten geballt. Bronia schimpft: »Musst du schon wieder schreiben?« Sie soll froh sein, dass ich es kann! Ich habe mich genug geschont!

Dienstag, 20. Dezember

Seit gestern bin ich französische Staatsbürgerin und unsere beiden Kinder sind Franzosen. Ach, mein geliebtes Heimatland Polen, wenn man dich doch nur nicht so knechten würde! Bronia ist wieder nach Zakopane zurück. Wie gern wäre ich bei

Marie und Pierre Curie 1904

ihr, Hela und Józef. Sie fehlen mir sehr. Besonders in der Weih-
nachtszeit. Aber wir werden wohl nie für immer zurückkehren.

24. Dezember

Wir werden ein ruhiges Weihnachtsfest verleben, Trubel und
Besuche sind mir noch zuwider. Irène freut sich über ihr
Schwesterchen und unsere kleine Ève kann Irène schon mit
den Augen verfolgen.

Dienstag, 27. Dezember

Professor Demarçay ist gestorben, viel zu früh, mit nur 52 Jahren. Ich habe ihn sehr geschätzt und war ihm unendlich dankbar für seine spektroskopischen Untersuchungen. Vor sechs
Jahren haben wir mit seiner Hilfe Radium nachweisen können.
Wo sind sie hin, die Jahre?

Ich bin 37. Alt oder jung? Je nach Wetter und Stimmung.
Der Himmel ist grau, die Stimmung trübe, heute …

Die letzte Seite in meinem Buch. Kein Buch der Geheimnisse, eher eins der Erinnerungen.

1905

Donnerstag, 23. März

An Józef

*Wie ich sehe, hegst du Hoffnung, daß diese harte Prüfung unse-
rem Land in mancher Hinsicht Gutes bringen wird. Dies ist auch
Bronias und Kazimierz Ansicht. Mögen wir keine Enttäuschung
erleben! Ich wünsche es mir sehnlichst und denke an nichts anderes. Daß man die Revolution unterstützen muß, unterliegt für
mich keinem Zweifel. Kazimierz werde ich zu diesem Zweck dem-
nächst Geld schicken, da ich leider nicht unmittelbar helfen kann.*

*… Bei uns nichts Neues. Die Kinder entwickeln sich gut. Die
kleine Ève schläft wenig und protestiert mit Energie, wenn ich sie*

wach in der Wiege liegen lasse. Da ich keine Stoikerin bin, trage ich sie auf dem Arm, bis sie wieder still ist. Irène sieht sie nicht ähnlich. Sie hat dunkle Haare und blaue Augen, während Irène bisher ziemlich helle Haare und grünlichbraune Augen hat.

Wir wohnen noch immer im gleichen Haus, und jetzt, da der Frühling beginnt, fangen wir an, den Garten zu genießen … Den Unterricht in Sèvres habe ich am 1. Februar wieder aufgenommen. Nachmittags bin ich im Laboratorium, vormittags zu Hause, mit Ausnahme der zwei Vormittage, an denen ich in Sèvres beschäftigt bin … Ich habe mit Wirtschaft, den Kindern und dem Laboratorium über Hals und Kopf zu tun.

Montag, 15. Mai

Pierre hatte einen starken Schmerzanfall. Ich musste alle Glückwünsche zu seinem Geburtstag entgegennehmen. Irène hat ihm ein Bild gemalt, aber er hat nur traurig gelächelt. Zum Glück sind beide Kinder gesund, und ich kann mich mit meiner Pflege auf ihn konzentrieren.

Samstag, 3. Juni

Wir sind nach Schweden gefahren, um unserer Pflicht zu genügen. Ein Jahr sind wir mit dem Vortrag in Verzug, aber sie haben auf Erkrankung und meine Schwangerschaft Rücksicht genommen. Zum Glück geht es Pierre im Augenblick gesundheitlich einigermaßen.

Er ist jetzt im Hotel und bereitet sich auf den Vortrag vor, den er übermorgen vor der Akademie halten wird. Ich sitze auf einer Bank im Park und schreibe im Hellen, obwohl es bereits 23 Uhr ist. Es ist Mitternachtssonnenzeit. Ein wunderschönes Schauspiel. Die Sonne geht nicht unter, sie verdrängt die Nacht.

Dienstag, 6. Juni

Pierre hat gestern viel Applaus geerntet. Sein Applaus war auch meiner! Er sprach von den Rätseln, die das Radium uns aufgegeben hat und von denen viele noch gelöst werden müssen, von den Auswirkungen auf Physik, Chemie, Geologie und Meteorologie, Biologie und Medizin. Und er sprach aus, was uns besonders am Herzen liegt: dass das Radium nicht in verbrecherische Hände gelangen darf. Wird die Menschheit reif genug sein, die Geheimnisse der Wissenschaft sinnvoll zu nutzen oder werden diese Erkenntnisse ihr schaden können?

Samstag, 1. Juli
Pierre ist nun Mitglied der Akademie der Wissenschaften. Im dritten Anlauf. Wir haben die Nachricht noch in Schweden empfangen. Unsere Freude hält sich in Grenzen. Nach der Verleihung des Nobelpreises konnten die Herren wohl nicht mehr anders …

Mittwoch, 5. Juli, 11 Uhr, wieder in Paris
Das geht entschieden zu weit! Ich bin empört und wütend! Dieses Lügenblatt! Pierre war heute Morgen bereits aus dem Haus, ich sortierte noch Briefe, blätterte die Zeitungen durch, da fiel mein Blick im La Patrie auf ein angebliches Interview mit mir unter der Überschrift »Ich bin ja nur eine Frau …« Das sollte ich gesagt habe und weiter noch, »… mein einziger Ehrgeiz besteht darin, meinem Mann bei seiner Arbeit zu helfen.«

Der Journalist hätte unser »kleines, ganz im Grünen verstecktes und doch von der Sonne gekröntes Häuschen aufgesucht« und leider nur mich vorgefunden …

Ich habe sofort einen Brief an La Patrie geschrieben, mich äußerst verwundert gezeigt, und mich von jeder meiner angeblichen Aussagen distanziert.

Das einzige was stimmt: Die Sonne scheint zu mir ins Zimmer. Mein Schwiegervater Eugène brachte mir eben Erdbeeren. »So wütend kenne ich dich gar nicht«, sagte er. »Wirf das Blatt weg und vergiss den Ärger.« Aber der sitzt tief!

18 Uhr

Pierre hat versucht, mich zu beruhigen. Aber ich glaube fast, er versteht nicht ganz, wie sehr ich mich getroffen fühle. »Meine kleine Zauberin …« Nein, es war keine Zauberei, es war Schwerstarbeit, Intuition und Intellekt. Das lasse ich mir nicht nehmen!

Donnerstag, 20. Juli

Wir haben ein kleines Landhaus in Saint-Remy-les-Chevreuse, dicht bei Paris, gemietet. Nur eine Zugstunde von Paris entfernt. Hier finden wir Ruhe und Entspannung. Pierre macht mir wieder große Sorgen. Eben hat er zehn Minuten mit Irène Ball gespielt, und nun sitzt er im Korbsessel und schläft. »Was ist mit Papa?«, fragt auch Irène ängstlich. Jede anstrengende Tätigkeit ermüdet ihn. Die Ärzte vermuten eine Art »Neurasthenie«, die die Schmerzen verursacht. Das Strychnin, was sie verschrieben haben, hilft nicht. Ich hoffe sehr, dass ihm die Landluft gut tut.

Nostradamus ist hier geboren und van Gogh hat hier vor fünfzehn Jahren die Gärten in seiner Anstalt und Ölbäume gemalt. Und ich beginne wieder mit dem Malen, wie damals in Port Blanc. Es scheint ansteckend zu sein. Sowie ich mich mit Kreide und Papier bewaffne, verlangt Irène das auch. Für ihre acht Jahre zeichnet sie schon erstaunlich gut.

Freitag, 1. September

Ich bin so froh, dass Pierre sich seit unserem Urlaub besser fühlt. Er hat auch seine unterbrochenen Studien über Kristalle wieder aufgenommen. Der Rummel um die Radioaktivität war ihm zu groß und deshalb will er diese Forschungen einstweilen ruhen lassen.

Sonntag, 3. September

Wir sind etwas beunruhigt. Versuchstiere, die die Gase radioaktiver Stoffe einatmeten, starben innerhalb weniger Stunden.

Radiumstrahlen üben also eine toxische Wirkung aus. Das ist nun erwiesen. Wahrscheinlich kommt es auf die Dosis an …

Dienstag, 5. September

Pierre und ich gehören gemeinsam mit den Professoren Courtie, Branly, d'Arsonval und Bergson einer Kommission vom Pariser Institut Général Psychologique an, die mediale Phänomene untersuchen soll. Gestern haben wir deshalb Eusapia Palladino aufgesucht, eine Italienerin, die in Paris weilt, siebenundvierzig Jahre alt ist, aber weitaus älter aussieht. Vollbusig, hässlich geschminkt, traurige unangenehm stechende Augen … Schon als Kind wurden mit ihr spiritistische Versuche angestellt. In Paris hat sie bereits vor neun Jahren für Aufsehen gesorgt.

Ich kann mir das Ganze nicht erklären. Spukerscheinungen, Gegenstände, die sich bewegen? Sollte die Eusapia wirklich so ein außergewöhnliches Medium sein?

Donnerstag, 14. September

Pierre kommt von jeder spiritistischen Sitzung ungemein erregt zurück. »Die Natur ist voller Überraschungen, die wir erklären, wissenschaftlich begründen müssen«, sagte er. Ich wollte eigentlich nicht wieder zur Séance mitgehen, aber er bat so eindringlich, dass ich nicht abschlagen konnte. Dabei habe ich mehr als genug andere Dinge zu tun.

Donnerstag, 5. Oktober

Es ist wirklich faszinierend. Halb dunkel, aber das Licht reichte aus, um alles zu sehen. Wir hatten den Raum selbst eingerichtet, gemeinsam mit der Kommission, etwaige Komplizen von Eusapia sind also ausgeschlossen. Bei einem Versuch berührte nur Pierre den Tisch, Eusapias Hand auf seinem Knie. Der Tisch schwebte circa dreißig Zentimeter über der Erde und zwar sieben Sekunden lang. Wir saßen wie versteinert. Ich weiß nicht, was ich davon halten soll und möchte auch nicht weiter damit behelligt werden.

Dienstag, 26. Dezember, 1 Uhr
Pierre schläft bereits wieder, ich bin noch so aufgewühlt.

Die amerikanische Tänzerin Loie Fuller war in unserem Haus im Boulevard Kellermann. Sie gab speziell für uns eine Weihnachtsaufführung, als Dank für unsere Anregung, das Leuchten des Radiums effektvoll in ihrer Show einzusetzen. Natürlich haben wir ihr gesagt, dass sie damit vorsichtig umgehen muss. In den oberen Kreisen wird Frau Fuller als Tänzerin nicht sehr geachtet. Ich bin ihr dankbar, dass sie Pierre wenigstens für kurze Zeit aus seiner Depression gerissen hat.

Er wird immer bedrückter und antriebsloser. Sein großer Wunsch, ein Labor außerhalb von Paris einzurichten, damit Irène und Ève nicht in einer Großstadt aufwachsen müssen, erweist sich als äußerst schwierig, wenn nicht sogar aussichtslos. Und ich muss an unsere Diskussion vor drei Jahren denken, Weihnachten 1902. Vielleicht glaubt Pierre auch im Stillen, dass wir damals falsch gehandelt haben, unser Radium hätten patentieren sollen, dann wäre alles einfacher. Ach, wenn ich doch mit ihm darüber reden könnte, aber er schweigt.

Draußen stürmt und schneit es. Keine stille und heilige Nacht.

Ohne Pierre

Die Sorgenjahre 1906 bis 1911 waren für Marie Curie geprägt von Trauer, Leidenschaft, Verzweiflung und Enttäuschung. Trauer über den Tod ihres Mannes, Leidenschaft und Liebe zu einem Kollegen, Enttäuschung und Verzweiflung über die Grausamkeit und das Unverständnis der Menschen.

Als ihr Mann starb, war sie achtunddreißig Jahre jung, und doch fühlte sie sich bereits alt und »nicht mehr lebendig«. Und sie hatte Angst, dass ihr nicht genügend Zeit bleiben würde, um die begonnene Forschung zu vollenden. Nur mit Arbeit ließ sich ihr Schmerz über Pierres Tod bekämpfen. Wie immer schonte sie sich nicht. Drei Jahre nach seinem Unfall war Maries Mitarbeiterzahl von sieben auf vierundzwanzig angestiegen.

Allerdings ruhten sich ihre Wissenschaftskollegen auf der ganzen Welt auch nicht aus.

Theodore Lyman fand die nach ihm benannte Serie im Spektrum von Wasserstoff.

Albert Einstein veröffentlichte seine Theorie der spezifischen Wärme.

Zwei bis heute wichtige Verfahren wurden entwickelt: die Herstellung von künstlichem Kautschuk (Buna) durch Fritz Hofmann und das Haber-Bosch-Verfahren zur Produktion von Kunstdünger.

Ernest Rutherford konnte den experimentellen Nachweis von Atomkernen erbringen und bekam 1908 den Nobelpreis für Chemie.

Im selben Jahr, aus heutiger Sicht ein Kuriosum, erhielten Fahrräder in Frankreich Nummernschilder und auch Fahrradsteuer musste bezahlt werden.

Maries Fahrrad trug zwar ein Nummernschild, sie zahlte ihre Fahrradsteuer, aber sie unternahm nach dem Tod ihres Mannes keine ausgedehnten Radpartien mehr.

1909 hatte sich in Frankreich die nationale Liga für das Frauenstimmrecht gebildet. Man wollte Finnland nacheifern, das als erstes europäisches Land bereits 1906 das Frauenwahlrecht eingeführt hatte.

Niemand, auch Marie Curie nicht, konnte damals ahnen, dass noch fast vierzig Jahre vergehen mussten, bis in Frankreich die Frauen wählen durften.

Die Parlamentswahlen in Frankreich 1910 bestätigten die Regierungskoalition unter Ministerpräsident Aristide Briand, es kam aber zu einem deutlichen Rechtsruck.

Konservative Kritiker führten alle Probleme Frankreichs auf die Emanzipation der Frauen zurück. Besonders auch die niedrige Geburtenrate, die kaum über der Todesrate lag und Anlass zu großer Sorge war. Die Moral verfällt, persönliche Interessen stehen über der Pflicht, behaupteten sie. Das Recht auf Scheidung, bereits 1884 verankert, wurde als Schwächung der Familie und Nation ausgelegt.

Hätte Marie Curie ahnen müssen, wie die Menschen auf ihr Liebesverhältnis mit einem verheirateten Mann reagieren? Dass auch ihr Nobelpreis dafür kein Freibrief ist?

Der 4. November 1911, an dem das deutsch-französische Abkommen über Marokko beschlossen wurde, war in Frankreich die Geburtsstunde des Nationalismus, wie Historiker behaupteten. Der Vertrag wurde als Kapitulation vor Deutschland angesehen. Das Deutsche Reich erkannte die französische

Vorherrschaft über Marokko an, aber Frankreich musste im Gegenzug das sogenannte Neukamerun abtreten.

Hätte Marie ahnen müssen, dass sie trotz ihrer französischen Staatsbürgerschaft für viele Menschen immer noch eine Fremde in Frankreich bleiben würde?

Als ihr 1911 zum zweiten Mal der Nobelpreis verliehen wurde, feierte man sie nicht. Auch ihre Kandidatur zur Aufnahme in die französische Akademie der Wissenschaften wurde abgelehnt.

Warum war die gesamte französische Öffentlichkeit so aufgebracht?

Sie wurde als Feministin verschrien, als Fremde, als Jüdin. Als Feministin, weil sie bewiesen hatte, dass sie auch ohne ihren Mann erfolgreich wissenschaftlich arbeiten konnte und weil sie ihren Geliebten zur Scheidung drängte. Als Fremde, weil sie Polin war, obwohl sie bereits 1904 die französische Staatsbürgerschaft angenommen hatte. Und als Jüdin nur wegen ihres zweiten Vornamens Salomea.

»Was immer geschieht, und sollte man wie ein entseelter Körper zurückbleiben, es heißt trotz allem: arbeiten.«

Pierre Curie

1906

Montag, 9. April , 23 Uhr
Heute hat Pierre wieder an einer Séance bei Eusapia Palladino teilgenommen. Schon vergangenen Dienstag hatte ich ihn gebeten, nicht zu gehen. Er war in letzter Zeit verändert, wirkte bedrückt, wollte aber nicht mit mir darüber reden. Er verrennt sich da in etwas. »Sie reist am Wochenende ab«, hat er heute Abend gesagt und ist gleich ins Bett gekrochen.

Freitag, 20. April
Pierre ist gestern tödlich verunglückt.

Sonntag, 29. April
Ich bin nicht in der Lage in mein Tagebuch zu schreiben. Aber ich werde an Pierre schreiben, Liebesbriefe an meinen Pierre.

Montag, 30. April
Lieber Pierre,
den ich nie wieder sehen werde, ich will in der Stille dieses Laboratoriums mit dir sprechen, von dem ich nie gedacht hätte, daß ich einmal ohne dich darin leben müsste …

Oh wie schlecht ich mich erinnern kann, die Einzelheiten wollen sich nicht fassen lassen.

Du hast dich auf den Weg ins Labor gemacht, als wir zum Bahnhof fuhren (nach St.-Rémy-lés-Chevreuse; C. S.) und ich habe dir Vorwürfe gemacht, weil du mir nicht Lebewohl gesagt hast ... Ich habe dir das Versprechen abgerungen, daß du Samstagabend zu uns kommen würdest ...

Wir waren überrascht, daß der Ginster schon blühte. Dann hast du Irènes Fahrradsitz höhergestellt, und nach dem Mittagessen Ostersonntag fuhren wir alle drei mit dem Rad ins Tal von Port royal. Das Wetter war herrlich. Wir hielten bei einem Teich an, der in einer Vertiefung liegt, dort, wo der Weg von der anderen Seite des Tales vorbeiführt. Du hast Irène einige Pflanzen und Tiere gezeigt, und wir haben bedauert, daß wir sie nicht besser kannten. Anschließend fuhren wir durch Milon-la-Chappelle und machten Rast auf einer Wiese auf der anderen Seite. Wir pflückten Blumen und untersuchten ein paar davon zusammen mit Irène. Auch ein paar Zweige blühende Mahonie haben wir abgeschnitten und einen großen Strauß Sumpfdotterblumen gepflückt, die du so sehr geliebt hast.

Du hast diesen Strauß am nächsten Tag mit nach Paris genommen, und er war noch frisch als du schon tot warst.

Am Morgen (Ostermontag) saßest du auf der Wiese, zu der man über die kleine Dorfstraße gelangt ... Irène jagte mit ihrem vermaledeiten kleinen Netz den Schmetterlingen nach, und du hast behauptet, sie würde keinen erwischen. Doch zu ihrem großen Entzücken erwischte sie doch einen, ich wies sie an, ihm die Freiheit wiederzugeben. Ich saß an dich gelehnt, und ich lag quer über deinem Körper. Wir waren glücklich ...

Wir setzten uns neben einen Mühlstein, und ich zog mein Unterhemd aus, damit du nicht auf der bloßen Erde sitzen solltest, du hast gesagt, ich sei verrückt und hast mit mir geschimpft, aber ich habe nicht auf dich gehört, ich hatte Angst, du könntest krank werden ... Emma und Irène kamen endlich auch. Wir sahen Irènes ... Bluse schon von weitem, es wurde langsam spät. Wir gingen durch den Wald hinunter und fanden bezauberndes Immergrün und ein paar Veilchen. ...

Sobald wir zurück waren, wolltest du abfahren. Ich war sehr unglücklich, aber ich konnte mich dir nicht entgegenstellen. Ich wollte den Kindern noch einen Tag auf dem Land geben. Warum war ich so töricht? Ich habe einen Tag weniger mit dir gelebt.

Ich kehrte am Mittwoch *bei böser Kälte und Regen* zurück ... *Es war schon das Wetter, das dich dein Leben kosten sollte.*

Am Abend hatten wir beide keine Lust zu dem Treffen der Physikalischen Gesellschaft zu gehen ...

Ich habe dich (dann doch; C. S.) ... *im Labor abgeholt. Ich habe dich am Fenster stehen sehen, mit deinem Arbeitskittel und deinem Hut ... vor dem Barometer ... Du sagtest, du hättest gedacht, daß ich bei diesem gräßlichen Wetter wohl nicht bereut hätte St. Remy zu verlassen. Ich habe geantwortet, daß du ganz recht hättest ... Du hast Mantel und Hut geholt ... wir haben uns auf den Weg zu Foyot* (Restaurant in Paris) *gemacht. Es sollte das letzte Mal sein, daß ich mit dir zum Essen ging.*

Wir diskutierten mit Henri Poincaré über Bildungs- und Erziehungsprobleme.

Ein wenig verärgert darüber, daß ich so viel geredet hatte, versuchte ich dann, das Wort an dich zu reichen, diesem Gefühl folgend, das ich so oft hatte, daß, was du sagen könntest, interessanter sein würde, als was ich sagen konnte ... ich hatte immer dieses unerschütterliche Vertrauen in dich, in deinen Wert. ...

Vor dem Haus sprachen wir immer noch über diese Frage der Erziehung, die uns so interessierte. Ich habe zu dir gesagt, die Leute, mit denen wir gesprochen hatten, verstünden unsere Gedanken nicht, sie verstünden unter naturwissenschaftlichem Unterricht die Darbietung der üblichen Fakten, aber nicht, daß wir davon sprachen, daß man den Kindern zugleich mit dem

Wunsch, die Natur zu verstehen, eine tiefe Liebe zur Natur, zum Leben vermitteln sollte. Du hast mir Recht gegeben, und wir haben gespürt, daß wir einander auf eine seltene und wunderbare Weise verstanden. Hast du es bei dieser Gelegenheit ausgesprochen? Ich kann mich nicht erinnern, aber wie oft, mein Pierre, hast du zu mir gesagt: »*Wir sehen wirklich alles gleich.*«

Am nächsten Morgen …

Du hattest es eilig, ich habe mich um die Kinder gekümmert, du bist gegangen und hast noch einmal gefragt, ob ich ins Labor käme. Ich habe geantwortet, daß ich keine Ahnung hätte und bat dich, mich nicht so zu bedrängen. Und dann bist du gegangen und der letzte Satz, den ich zu dir gesagt habe, war nicht ein Satz der Liebe und Zärtlichkeit … Nichts hat meine Ruhe mehr gestört. (Hier wurde eine Seite aus dem Heft herausgerissen.)

Bitte bedränge mich nicht! Ich habe diesen Satz nicht unfreundlich gesagt, aber energisch und entschieden. So wie ich mit meinen Studenten gesprochen hätte, oder meinen Kindern. Dir gegenüber stand mir dieser Ton nicht zu. Wie bereue ich ihn jetzt.

Ach, wenn du mich heute noch bedrängen könntest. Ich bin nicht zu dir ins Labor gekommen. Ich fuhr mit Irène nach Fontenay-aux-Roses auf Einladung von Paul Langevin. Er hatte seine Kinder mitgebracht: André und Jean, sechs und acht Jahre alt.

Irène hatte Ferien und sich so auf diesen Tag gefreut. Ich hätte dich bedrängen sollen, mit uns zu kommen! Wie schön wäre es gewesen, wenn wir diesen Ferientag gemeinsam verbracht hätten. Während wir sorglos lachten und plauderten, die Kinder herumtollten, habe ich nicht an dich gedacht, kein Zucken, keinen Schreck verspürt, als du zehn Kilometer entfernt von mir überfahren wurdest. Wie ist so etwas möglich? Wo wir doch immer alles gleich oder ähnlich sahen und spürten?

Am Abend wolltest du noch zur Séance bei Eusapia Palladino. Vielleicht warst du auch in Gedanken schon bei ihr, als du die Straße überquertest und sie hatte wieder die Hand auf deinem Knie. Heute kann ich dir schreiben, mein Pierre, dass ich das nicht ganz ohne Eifersucht mit ansehen konnte … Aber ich kann die Zeit nicht zurückdrehen, kann diesen letzten Tag mit dir nicht nach meinen Wünschen verändern …

Als ich mit Irène aus Fontenay-aux-Roses zurückkehrte, kam mir dein Vater entgegen und nahm mich in den Arm. Paul Appell und Jean Perrin standen bewegungslos im Raum, es war unheimlich still. *Jemand sagte: Er ist tot.*

Kann man solche Worte begreifen? Pierre ist tot, den ich heute Morgen wohlauf weggehen sehen habe, er, von dem ich dachte, ich würde ihn am Abend wieder umarmen. Ich werde ihn nur tot wieder sehen, und es ist aus für immer. Ich sage Deinen Namen wieder und immer wieder. »Pierre, Pierre, Pierre, mein Pierre, doch das bringt ihn nicht zurück, er ist für immer fort gegangen …

Ich saß *einige tödliche Stunden lang …* allein und wartete auf den Wagen mit Pierre.

Sie haben mir Gegenstände gebracht, die sie bei dir gefunden haben: deine Feder, deine Visitenkarten, deine Brieftasche, deine Schlüssel, deine Uhr, diese Uhr, die nicht stehen blieb, als dein armer Kopf den Schlag erhielt, der ihn zerschmettert hat. Das ist … alles, was mir von Dir geblieben ist, zusammen mit ein paar alten Briefen und Papieren … alles, was ich habe, im Tausch für den geliebten und zärtlichen Freund, mit dem ich vorhatte, mein Leben zu verbringen.*

… Pierre, mein Pierre, da liegst du, bleich wie ein armer Verwundeter, der schlafend mit verbundenem Kopf ruht, dein Gesicht ist sanft und friedlich, du bist es noch, in einem Traum befangen, aus dem du nicht mehr ausweichen kannst. Deine Lippen, die ich einst genäschig nannte, sind bleich und entfärbt. Dein Bart ist ergraut. Dein Haar ist kaum zu sehen, denn da beginnt die Wunde, und rechts, oberhalb der Stirn, sieht man den

Knochen, der gesprengt worden ist. Oh! Wie weh hat es dir getan, wie hast du geblutet, deine Kleider sind von Blut überströmt. Wie schrecklich war der Stoß, dem dein armer Kopf ausgesetzt war, den ich so oft streichelte und zwischen meine Hände nahm. Ich habe deine Lider geküsst, die du schlossest, damit ich sie küssen könnte, wenn du mir deinen Kopf mit einer vertrauten Bewegung zuwandtest, an die ich heute denken muss, und ich sehe schon, wie die Erinnerung mehr und mehr verblassen wird ...

Das Gedächtnis eines Malers oder eines Bildhauers sollte ich haben, damit ... dein liebes Bild niemals verblassen würde.

Am Tag nach dem Unfall kam dein Bruder, aus Montpellier. *Das erste, was Jacques an deinem Bett sagte, war, er besaß alle Vorzüge; es gab keinen zweiten wie ihn ... Seine Gegenwart war mir ein Trost. Gemeinsam standen wir neben dem Menschen, für den wir die tiefste Zuneigung empfanden, gemeinsam haben wir getrauert, gemeinsam haben wir die alten Briefe gelesen ...*

Wir haben dich ... in den Sarg gelegt, und ich habe dabei deinen Kopf gestützt. Nicht wahr, du hättest nicht gewollt, daß irgendjemand anders diesen Kopf hält? Ich habe dich geküsst, Jacques hat dich geküsst, und auch André, wir haben den letzten Kuss auf dein kaltes Gesicht gedrückt, das immer noch so edel war. Dann ein paar Blumen im Korb und das kleine Bild von mir, das du so gern hattest, die »kleine brave Studentin«, wie du gesagt hast ... es war das Bild der Frau, die du zur Gefährtin wähltest, der Frau, die das Glück hatte, dir so sehr zu gefallen, daß du ihr ohne zu zögern angeboten hast, dein Leben mit ihr zu teilen, nachdem du sie nur einige Male gesehen hattest. Du hast es mir so oft gesagt, daß es das einzige Mal in deinem Leben war, wo du gehandelt hattest, ohne zu zaudern, weil du vollkommen sicher gewesen seiest, daß es das Richtige war.

Mein Pierre, ich glaube, daß du dich nicht geirrt hast. ... unsere Verbindung war vorbestimmt. Doch, Gott sei's geklagt, sie sollte länger dauern.

Ich habe meinen Kopf (an den Sarg; C.S.) *gelehnt ... und in großer Verzweiflung ... habe ich mit dir gesprochen. Ich habe dir gesagt, daß ich dich liebe und immer geliebt habe, mit meinem ganzen Herzen ... Ich habe dir versprochen, daß ich niemals einem anderen den Platz geben würde, den du in meinem Leben eingenommen hast, und das ich versuchen würde, so zu leben, wie du es gewollt hättest. Und mir war, als käme mir durch diese kalte Berührung mit dem Sarg etwas wie Ruhe und eine Intuition, das Gefühl, daß ich den Mut finden würde, weiterzuleben. War es eine Illusion, oder war es die Energie, die von dir kam und sich in diesem geschlossenem Behältnis niederschlug und auf mich übertrug ... ein Akt der Barmherzigkeit, von dir für mich?*

... Man kommt, um mich zu holen, alle sind traurig, ich sehe sie an, ich spreche mit keinem. Wir begleiten dich nach Sceaux und sehen, wie du in das große tiefe Loch hinabgesenkt wirst. Dann der fürchterliche Aufmarsch der Menschen. Man will uns fortführen. Wir leisten Widerstand, Jacques und ich wollen bis zum Schluss bleiben, man schaufelt das Grab zu, man legt die Blumen darauf, alles ist zu Ende, alles, alles ...

Am Tage nach der Beerdigung habe ich Irène, die bei Perrins war, alles gesagt ... Zuerst hat sie mich nicht verstanden und hat mich fortgehen lassen, ohne etwas zu sagen, später aber hat sie, wie es scheint, geweint und nach uns verlangt. Zu Hause hat sie viel geweint und ist dann wieder zu ihren kleinen Freunden gegangen, um zu vergessen. Sie hat nach keiner Einzelheit gefragt und sich anfangs gefürchtet, von ihrem Vater zu sprechen. Sie hat große ängstliche Augen gemacht, als man mir schwarze Kleider brachte ... Nun scheint sie nicht mehr daran zu denken ...

Doch der Verlust dieses Vaters wird auf ihrem Dasein lasten, und wir werden das Ausmaß des Schadens, den dieser Verlust anrichtet, nie wirklich kennen. Denn ich habe geträumt, mein Pierre, und ich habe es auch dir oft gesagt, daß diese Tochter, die in ihrer ernsten Nachdenklichkeit und Ruhe dein Ebenbild zu werden versprach, schon bald deine Gefährtin bei der Arbeit sein würde ... Wer soll ihr jetzt geben, was du ihr hättest geben können?

Ankunft von Józef und Bronia. Sie sind gut. Irène spielt mit ihrem Onkel, Ève, die während all dieser Ereignisse mit ahnungsloser Lustigkeit im Hause herumtrippelte, spielt und lacht, alle sprechen. Und ich, ich sehe Pierre, Pierre auf seinem Totenbett.

... Am Sonntagmorgen, der deinem Tod gefolgt ist, Pierre, bin ich zum ersten Mal mit Jacques in das Laboratorium gegangen. Ich habe versucht, einige Messungen für eine Kurve durchzuführen, von der wir einige Punkte festgelegt hatten. Ich habe aber gefühlt, daß es unmöglich ist, fortzufahren.

Auf der Straße gehe ich, als wäre ich hypnotisiert, ohne mich zu kümmern, was rings um mich geschieht. Ich werde mich nicht töten, ich habe nicht einmal den Wunsch nach Selbstmord. Kann es aber unter allen diesen Wegen nicht einen geben, der mich das Schicksal meines Geliebten teilen lassen wird?

Unzählige Briefe, Beileidsschreiben sind eingetroffen, von Staatsmännern, Königen, Gelehrten und Dichtern, von vielen, vielen, deren Namen mir nichts sagen. Du wolltest nie im Mittelpunkt stehen und nun kannst du dich nicht dagegen wehren. Dein Freund Jean Perrin hat mit treffenden und ergreifenden Worten an der Akademie der Wissenschaften eine Rede dir zu Ehren gehalten. Von deiner *sanften Bescheidenheit, naiven Geradheit und der Feinheit deines Geistes* gesprochen und mit dem Satz geendet: *Es ist im Grunde gleichgültig an welchen Gott man glaubt: es ist der Glaube und nicht der Gott, der Wunder schafft.*

Vielleicht habe ich nicht genug geglaubt und werde nun so grausam dafür bestraft?!

Montag, 7. Mai

Mein Pierre,

das Leben ist grauenhaft ohne dich, eine Qual ohne Namen, ein Verzweiflung ohne Grenzen. Seitdem du aufgehört hast zu existieren, es sind jetzt achtzehn Tage, haben mich die Gedanken an dich keinen Augenblick verlassen, außer im Schlaf … Es fällt mir immer schwerer, an etwas anderes zu denken, und folglich auch zu arbeiten. Gestern hat mich, zum ersten Mal seit jenem schrecklichen Tag, eine lustige Bemerkung von Irène zum Lachen gebracht, aber ich fühlte mich schlecht, weil ich lachte. Erinnerst du dich, wie du dir selbst Vorwürfe gemacht hast, weil du ein paar Tage nach dem Begräbnis deiner Mutter gelacht hast? Mein Pierre, ich denke immerwährend an dich, es zerspringt mir den Kopf und trübt mir die Vernunft. Ich begreife nicht, daß ich von nun an leben soll, ohne dich zu sehen, ohne dem lieben Gefährten zuzulächeln.

Seit zwei Tagen sind Blätter an den Bäumen, und der Garten ist schön. Am Morgen habe ich mich dort mit den Kindern erfreut. Ich habe mir gedacht, daß du sie schön gefunden und daß du mich gerufen hättest, um mir das blühende Immergrün und die Narzissen zu zeigen …

Pierre, mein Herz tut so weh bei der Erinnerung an dein liebes Bild, mir ist, als müsste die Anstrengung meiner Trauer genügen, um es zu brechen und mein Leben zu beenden, aus dem du fort gegangen bist … Ach, die Sehnsucht, dich zu sehen, dein gutes Lächeln zu sehen, dein liebes Gesicht, die ernste und sanfte Stimme zu hören, uns aneinander zu drängen, wie wir es oft getan haben. Pierre, ich kann nicht, ich will das alles nicht ertragen. Leben ist nicht möglich. Dich auf diese Weise geopfert zu sehen … niemals werde ich genug Tränen haben, es zu beweinen …

Es ist mir bewußt, dass ich nicht an mein Unglück denken darf, während ich arbeite, wenn ich die geringste Aussicht auf Erfolg bei meiner Arbeit haben soll. Aber nicht nur, daß mir dies im Augenblick nicht gelingt: Schon der Gedanke, daß es geschehen konnte, ist mir widerlich. Mir scheint, ich werde bis ans Ende meiner Tage nicht wieder wirklich lachen können, da ich Pierre verloren habe.

Freitag, 11. Mai
Mein Pierre, ich stehe nach einer ziemlich guten Nacht auf und bin verhältnismäßig ruhig. Das ist kaum eine Viertelstunde her, und nun möchte ich wieder brüllen wie ein wildes Tier.

Sonntag, 13. Mai
Man bietet mir deine Nachfolge an, mein Pierre: deine Vorlesungen und dein Laboratorium. Mit einem Jahresgehalt von zehntausend Francs, rückwirkend vom 1. Mai. *Ich habe angenommen. Ich weiß nicht, ob es richtig oder falsch ist. Du hast mir oft gesagt, du würdest es gern sehen, daß ich Vorlesungen an der Sorbonne hielte. Und ich möchte mich wenigstens bemühen, unsere Arbeiten fortzusetzen. Manchmal scheint es mir, daß es mir auf diese Art am leichtesten fallen wird, zu leben, dann wieder glaube ich, daß ich verrückt bin, mich darauf einzulassen. Wie oft habe ich gesagt, daß ich vielleicht gar nicht mehr arbeiten würde, wenn ich dich nicht hätte? Ich habe alle meine Hoffnungen in der Wissenschaft auf dich gesetzt, und nun wage ich, es ohne dich zu unternehmen. Du hast gesagt, es sei falsch, so zu reden: es sei notwendig weiterzumachen, unter allen Umständen, aber wie oft hast du selbst zu mir gesagt, wenn du mich nicht hättest, würdest du vielleicht arbeiten, aber du wärest nichts als ein Körper ohne Seele. Und wie soll ich eine Seele finden, wenn die meine mich mit dir verlassen hat?*

Gestern Nacht habe ich wieder deine Stimme vernommen, mein Pierre, als ich schlaflos in die Dunkelheit starrte. *Was immer geschieht, und sollte man wie ein entseelter Körper zurückbleiben, es heißt trotz allem: arbeiten.*

Ist das wirklich dein Rat an mich???

Montag, 14. Mai

Mein kleiner Pierre, ich möchte dir sagen, daß die Bohnenbäume blühen, die Glyzinien, die Heckenrosen, die Schwertlilien beginnen auch schon – das alles hätte dich erfreut.

Ich will dir auch sagen, daß ich deinen Lehrstuhl bekommen habe, und daß sich Idioten gefunden haben, die mir dazu gratulieren.

Ich will dir sagen, daß ich die Sonne und die Blumen nicht mehr liebe, ihr Anblick tut mir weh, mir ist besser, wenn der Himmel finster ist wie am Tage deines Todes, und wenn ich das schöne Wetter nicht hasse, so ist es nur, weil es meinen Kindern gut tut.

Sonntag, 20. Mai

Die Regierung will mir und meinen Kindern eine Ehrenpension gewähren.

Jacques hat mir den offiziellen Vorschlag bereits einen Tag nach der Beisetzung unterbreitet. Selbst er scheint nicht zu verstehen, warum ich das Angebot ausschlage. Ich habe lange überlegt, aber ich will keine Almosen, *ich bin noch jung genug, um für mein Leben und für das meiner Kinder aufzukommen.* Ich will mich bemühen, Pierres Vermächtnis an mich zu erfüllen.

Dienstag, 22. Mai

Ich verbringe meine Tage arbeitend im Laboratorium, das ist alles, was ich tun kann! Dort ist mir besser als irgendwo anders. Ich kann mir nichts mehr vorstellen, was mir Freude bereiten könnte, die wissenschaftliche Arbeit vielleicht ausgenommen – doch nein, denn wenn mir etwas gelänge, könnte ich nicht ertragen, daß du nicht davon wüßtest.

Und doch gibt mir dieses Laboratorium die Illusion, daß ich noch ein Stück von deinem Leben festhalte und den Beweis dafür, daß du hier warst. Neben den Waagen habe ich ein kleines Bild von dir gefunden, ein Bild von der Hand eines Amateurs, gewiß, und keineswegs ein Kunstwerk, aber es strahlt ein solches Lächeln aus, daß ich es nicht betrachten kann ohne zu schluchzen.

Sonntag, 10. Juni

Mein Schmerz ist weniger akut … ich habe … versucht, eine große Stille um mich herum zu schaffen, die ganze Welt sollte mich vergessen. Trotzdem kann ich kaum in Ruhe bei meinen Gedanken bleiben. Das Haus, die Kinder und das Laboratorium beschäftigen mich ununterbrochen. Aber in keinem Augenblick vergesse ich, daß ich Pierre verloren habe, nur kann ich mein Denken oft nicht auf ihn konzentrieren, und ich warte ungeduldig auf den Augenblick, da ich es kann … ich ertrage das Leben, aber ich glaube, daß ich nie wieder imstande sein werde, mich daran zu freuen … Weil meine Seele von Natur aus nicht fröhlich und gelassen ist und ich mich auf Pierres Gelassenheit stützte … und die Quelle versiegt ist.

Dienstag, 19. Juni

Paul Langevins Nachruf auf Pierre stand heute in der Revue du mois. Ich habe beim Lesen geweint, nur geweint. Sein engster langjähriger Freund hat ihn als bewundernswerten, einzigartigen Menschen und Gelehrten beschrieben. Zwei Monate sind seit diesem Unglück vergangen und doch können wir, die wir es gewohnt waren ihre Gedanken und Zweifel mit ihm zu teilen, immer noch nicht glauben, dass wir ihn tatsächlich verloren haben …

Mittwoch, 20. Juni

Gestern, als ich die Eingangstür zufallen hörte, hatte ich den absurden Gedanken, das seiest du!

Samstag, 30. Juni

Es heißt trotz allem: arbeiten. Meine Antrittsvorlesung ist für den 5. November, zwei Tage vor meinen neununddreißigsten Geburtstag angesetzt.

Ich kann nicht früh genug anfangen, mich darauf vorzubereiten. Die Kinder sind auf dem Land in guten Händen bei ihrem Großvater und Tante Hela. Besonders meinen Schwiegervater lieben sie über alles. Er lässt sich keine Trauer anmerken, spielt vielmehr fröhlich und ausgelassen mit ihnen. Und er weigert sich, Pierres Grab zu besuchen. »Das Leben geht weiter«, sagt er, »in der Erinnerung wühlen ist sinnlos.«

Donnerstag, 12. Juli

Heute wurde Dreyfus rehabilitiert. Zwölf Jahre nach seiner Verurteilung. Sollte es doch noch eine Gerechtigkeit geben? Auch Pierre hatte sich für ihn eingesetzt. Zu sehr bin ich im Schmerz gefangen, als dass ich mich freuen könnte.

Donnerstag, 16. August

Vor einer Woche erschien in der Times ein Artikel von Lord Kelvin Sir W. Thomson, der mich aufs höchste überraschte und ein bisschen am Sachverstand des berühmten Gelehrten zweifeln ließ. Auch Pierre hätte nur mit dem Kopf geschüttelt.

Im April war der Lord extra von Glasgow nach Paris gekommen, um mir zu kondolieren und man merkte ihm, trotz seiner Jahre, die Strapazen der Reise nicht an. Seiner Meinung nach würde es sich bei Radium um eine Verbindung aus Blei und Heliumatomen handeln. Damit stellt er unsere Behauptung, Radium sei ein Element, infrage. Du, mein Pierre, würdest auch erwarten, dass ich ihm das Gegenteil beweise. Ich muss endlich Radium als reines Metall herstellen und darauf meine ganze Kraft konzentrieren. Ich rede mir immer wieder dein Vermächtnis ein: *Was immer geschieht, … es heißt trotz allem: arbeiten.*

Dienstag, 6. November

Gestern habe ich die erste Stunde an Pierres statt unterrichtet. Welcher Kummer und welche Verzweiflung! Du wärst glücklich gewesen, mich als Professorin an der Sorbonne zu sehen, und wie gern hätte ich es für dich getan – Aber es statt deiner zu tun, mein Pierre, könnte man sich etwas Grausameres ausdenken. Und wie ich darunter gelitten habe, und wie deprimiert ich bin. Ich spüre genau, daß alle Lebensfähigkeit in mir gestorben ist und nichts bleibt mir als die Pflicht, meine Kinder großzuziehen und auch der Wille, die Arbeit fortzusetzen, zu der ich mich bereit erklärt habe, vielleicht auch der Wunsch, der Welt und vor allem mir selbst zu beweisen, daß, was du so sehr geliebt hast, tatsächlich etwas wert ist. Auch die vage Hoffnung habe ich, sehr vage, leider, daß du vielleicht um mein trauriges Leben weißt, und um die Anstrengung und daß du dankbar wärest und auch, daß ich dich so vielleicht schneller finde, in der anderen Welt, wenn es so etwas gibt. Ich kann nicht mehr daran denken, für mich selbst zu leben, ich habe weder den Wunsch danach, noch die Fähigkeit dazu, ich fühle mich überhaupt nicht mehr lebendig und auch nicht mehr jung, ich weiß nicht mehr, was Freude ist oder wenigstens Vergnügen. Morgen werde ich 39 … Möglicherweise bleibt mir nur mehr wenig Zeit, um wenigstens einen Teil der Arbeit zu leisten, die ich begonnen habe.

Die Menschenmenge vor der Sorbonne, auf den Fluren und Gängen hatte mir Angst gemacht, am liebsten wäre ich umgedreht und draußen im Nebel verschwunden, aber kaum stand ich am Pult, verstummten die Zuhörer. Kein Rascheln, kein Flüstern. Die ganze lange Stunde! Dann dieser Applaus am Ende! Ich habe mich nur einmal kurz verbeugt und den Hörsaal sofort verlassen.

26. Dezember

Mein lieber Pierre, das Weihnachtsfest war grausam, und ich bin erleichtert, froh werde ich nie wieder sein, dass es so gut wie überstanden ist und das neue Jahr bald anbricht. Nur den Kindern zuliebe halte ich die Tradition aufrecht, aber die Kraft mich zu verstellen und Freude zu zeigen, habe ich meist nur für kurze Zeit. Dein Grab ist mit Schnee bedeckt, auch der Stein ist verschneit, und der Friedhof ist, wie der Name verspricht, friedlich und still. Nur in mir will sich der Friede nicht einstellen.

1907

Donnerstag, 10. Januar

Andrew Carnegie will eine Curies-Stiftung ins Leben rufen. Curies – das s steht auch für Pierre. Ich kann Mitarbeiter einstellen, auch meinen klugen Neffen Maurice, den Sohn von Pierres Bruder Jacques.

Paul Langevin hatte den Kontakt zu Carnegie bei einem gemeinsamen Essen und anschließendem Laborbesuch vermittelt. Der amerikanische Industrielle war auf einer Erkundungsreise in Europa. Er beeindruckte mich sehr, scheint zielstrebig, menschlich und intelligent zu sein. Ein warmherziger Philanthrop. Paul hatte mir Carnegies Buch gegeben, »Das Evangelium des Reichtums« und ein Satz hatte sich mir besonders eingeprägt: »Der Mann, der reich stirbt, stirbt in Schande.«

Paul versicherte mir nach Essen und Laborbesuch, dass ich Carnegie von der Wichtigkeit meiner Arbeit überzeugt hätte. Nun heute das erfreuliche und überraschende Ergebnis.

Donnerstag, 21. Februar

Henri Moissan ist gestern gestorben. Mit vierundfünfzig Jahren. Zwei Monate nachdem er den Nobelpreis für Chemie erhalten hatte. Sein Elektrolyse-Verfahren zur Herstellung von Fluor aus Calciumfluorid ist so einfach wie genial.

Er war vor vier Jahren einer meiner Gutachter für die Doktorarbeit.

Freitag, 19. April

Es ist ein Jahr her, ich lebe für deine Kinder, für deinen alten Vater. Der Kummer ist stumm, aber er ist da. Die Last drückt schwer auf meine Schulter. Wie schön wäre es, schlafen zu gehen und nicht mehr zu erwachen. Wie jung meine kleinen Lieblinge sind. Wie müde ich mich fühle.

Mittwoch, 1. Mai

Ich habe beschlossen in der Nähe des Friedhofes zu wohnen. Habe in Sceaux in der Rue Chemin de fer Nr. 6 ein kleines Häuschen mit Garten gemietet. Hier hat Pierre seine Kindheit und Jugend verlebt, hier ist sein Vater zu Hause. Eugène, ich, unsere zwei Mädchen, eine kleine Familie. Die halbe Stunde Bahnfahrt zum Labor stört nicht, ich kann beim Blick aus dem Fenster in die vertraute Landschaft ein wenig von Pierre träumen.

Für die Kinder habe ich neben dem Haus ein Klettergerüst anbringen lassen, hier können sie ihre Turnübungen absolvieren, damit Körper wie Geist frisch und rege bleiben.

Sonntag, 7. Juli

Wir verbringen unseren Sommerurlaub nicht mehr in St. Rémy, dort quälen zu viele Erinnerungen. Wir sind nach Arromanches gefahren, einem verträumten Fischerdorf in der Normandie. Den Großteil meiner Zeit nutze ich zum Schreiben und Ordnen. Ich will Pierres gesammelte Werke herausgeben. Um meinen Kopf zu kühlen, schwimme ich hinaus ins Meer, muss mich aber jedes Mal zwingen, rechtzeitig umzukehren, nicht einfach weiterzuschwimmen, immer weiter … Wenn ich umdrehe, sehe ich Irène und Ève winkend am Strand und ich weiß, dass ich zurück muss. Mir bleibt keine Wahl.

Morgen fahre ich wieder nach Paris. Es heißt trotz allem: arbeiten.

Die Mädchen bleiben noch, gut behütet von Emma, unserem Kindermädchen.

Die Freude, der Kummer, was ist schon unendlich …?

Dienstag, 20. August

Es ist uns gelungen, 0,4 g reines Radiumchlorid herzustellen und das Atomgewicht des Radiums mit 226,45 neu festzulegen.

Wie war ich glücklich damals vor fast sechs Jahren, als ich sein Gewicht relativ genau mit 225 bestimmen konnte. Tausend Kilogramm Pechblendenabfall hatte ich verarbeitet! Nun konnte Radium im PSE eingeordnet werden und Professor Demarçay bestätigte am nächsten Tag die Entdeckung. Ob du heute stolz auf mich wärest, Pierre? Eine Frau muss nicht notgedrungen dümmer als ein Mann sein. Klugheit kennt kein Geschlecht! Ich wollte der Welt beweisen, dass die Frau, die von Pierre Curie geliebt wurde, etwas kann und etwas wert ist. Auch Lord Kelvin wird nun hoffentlich von Radium als Element überzeugt sein.

Der August war so sommerlich warm, wie ich ihn mir früher immer gewünscht hätte. Doch selbst die Sonne kann mein Gemüt nicht mehr erhellen.

Sonntag, 25. August

An Kazia

… Was soll ich Dir im Übrigen von mir sagen? Mein Leben ist so zerstört, daß es sich nie mehr einrichten wird. So ist es, so wird es bleiben, und ich werde nicht versuchen, es zu ändern. Ich habe den Wunsch, meine Kinder so gut wie nur irgend möglich zu erziehen, doch sind auch sie nicht imstande, mich zum Leben zu erwecken. Sie sind beide lieb und gut und ziemlich hübsch. Ich tue, was ich kann, um ihnen Gesundheit und Widerstandskraft ins Leben mitzugeben. Wenn ich an die Jüngere denke, wird mir bewusst, daß es noch zwanzig Jahre dauern wird, ehe beide erwachsen sind. Ich muß bezweifeln, so lange durchzuhalten, denn ich führe ein höchst

ermüdendes Leben, und Kummer ist nicht gerade das rechte Mittel, einen bei Kraft und Gesundheit zu erhalten. Pekuniäre Schwierigkeiten habe ich nicht. Ich verdiene genug, um meine Kinder zu ernähren und zu erziehen, obwohl meine Lage natürlich viel eingeschränkter ist, als sie zu Lebzeiten meines Mannes war.

Dienstag, 10. September

Ich habe ein privates Bildungsexperiment angeregt. Auch Pierre hat nie eine Schule besucht und das hat ihm nicht unbedingt zum Nachteil gereicht. Irène kommt ganz nach ihm, sie kann nicht von einem Thema zum nächsten springen, sie will verstehen und nicht auswendig lernen. Eine konservative Schule würde ihr, so glaube ich, nicht guttun.

Wir haben eine Unterrichtsgemeinschaft gegründet: Perrins, Langevins, Chavannes und Henri Mouton vom Institut Pasteur. Wir unterrichten unsere neun Kinder selbst. Wie damals in der Fliegenden Universität in Warschau, zwar nicht heimlich, aber auch in Privatwohnungen und Laboratorien, nach modernen Methoden, so praxisnah wie möglich.

Alice Chavannes in Englisch, Deutsch und Geographie, Henriette Perrin in Geschichte und Französisch, Magrou, ein Bildhauer, in Modellieren und Zeichnen, Henri Mouton allgemein in Naturwissenschaften, Paul Langevin in Mathematik, Jean Perrin in Physik und ich in Chemie. Die Zeitungen machen sich lustig darüber. Ein Journalist schrieb:

»Diese kleinen Kinder, die kaum lesen und schreiben können, haben jede Freiheit, Experimente zu machen, Apparate zu konstruieren und so weiter. Die Sorbonne und das Gebäude in der Rue Cuvier sind vorläufig nicht in die Luft gegangen, doch ist noch nicht alle Hoffnung verloren!«

Donnerstag, 7. November, 5 Uhr

Mich quälen Albträume! Dann liege ich wieder stundenlang schweißgebadet wach und kämpfe gegen Zukunftsängste. Dagegen hilft nur, sich an den Schreibtisch zu setzen. Wohin ist die Kraft der Vierundzwanzigjährigen, die allein nach Paris kam, die sich noch nicht nach Wärme, Zärtlichkeit und Geborgenheit sehnte. Die aber auch noch nicht für zwei Kinder sorgen musste, und für deren Zukunft und Entwicklung. Sie werden dich liebevoll beschenken heute, Marie, an deinem vierzigsten Geburtstag, und ein Lächeln muss über dein Gesicht huschen, als Dank und Anerkennung. Deine Kinder wollen nicht nur Lob, sie wollen, dass dein versteinertes Gesicht aufweicht, dass du zärtlich zu ihnen bist, ihnen Zärtlichkeit schenkst, die dir selber so sehr fehlt.

Paul hat sein Kommen angekündigt und ich freue mich darauf …

Freitag, 8. November

Wie bin ich durcheinander … Paul hat mir gestern, nachdem die Kinder im Bett waren, ausführlich von den Problemen in seiner Ehe erzählt. Seine Frau überschüttet ihn mit Vorwürfen, er würde nicht genug Geld verdienen, er soll seine Arbeit in Sèvres aufgeben und sich eine besser bezahlte Stelle in der Wirtschaft suchen. Er hält diese ständigen Streitereien, in die sich auch seine Schwiegermutter und Schwägerin einmischen, nicht mehr aus und will ein Zimmer nehmen, um wieder Ruhe zu finden.

Er suchte Rat bei mir, aber was kann ich ihm schon raten, tauchten seine Schwierigkeiten in unserer Ehe doch niemals auf. Pierre und ich waren glücklich!

Mittwoch, 18. Dezember

Eben erhielt ich die Nachricht, dass Lord Kelvin gestern in Schottland gestorben ist. Dreiundachtzig Jahre, wahrlich ein stattliches Alter, aber als er mir im April vorigen Jahres noch in Paris kondolierte, konnte man denken, er erreicht die Hundert.

1908

Montag, 30. März

Es ist meinen Mitarbeitern und mir gelungen, eine neue Messmethode zur exakten Bestimmung der Radiummenge zu entwickeln und zwar durch die Messung des ausströmenden Gases, der Emanation.

Weniger als ein tausendstel Milligramm Radium können nun genau bestimmt werden. Eine solche Methode ist wesentlich einfacher, als die Bestimmung mit Hilfe des Gewichtes. Immer öfter wird Radium in der Medizin verwendet und gerade dort sind genaue Messungen unumgänglich.

Freitag, 15. Mai

Vorige Woche ist dein Buch fertig geworden, mein lieber Pierre. »Préface aux cœuvres de Pierre Curie«, 600 Seiten stark, mit allen deinen Veröffentlichungen. Mein Geschenk zu deinem Geburtstag! Heute wärst du neunundvierzig Jahre alt geworden! Das Buch liegt vor mir auf dem Tisch, mit deinem Bild auf der ersten Seite. Du wirst nicht nur für mich, auch für die Nachwelt wirst du unvergessen bleiben!

Montag, 20. Juli

Mein lieber Pierre,

in wenigen Tagen jährt sich unser Hochzeitstag zum dreizehnten Mal. Wir haben diesen Tag nie besonders gewürdigt, meist waren wir im Urlaub mit dem Rad unterwegs und Wiesensträuße schmückten danach unser Zimmer. Dass unsere Ehe nur von so kurzer Dauer sein würde, nur knapp elf Jahre, konnten wir nicht ahnen. Doch wir haben intensiv gelebt, für die Wissenschaft, für die Menschen.

Es soll kein Abschied sein, aber ein letzter Brief an Dich. Meine Hand zittert beim Schreiben und die Tinte verwischt.

Aber in den zwei Jahren ohne dich ist mir bewusst geworden, dass das Leben, wie auch immer, weitergeht. Es gibt keinen Stillstand. Die Arbeit frisst mich manchmal auf, sie ist nicht mehr so freudvoll wie mit dir gemeinsam, aber sie ist mein wichtigster Lebensinhalt. Unsere Kinder gedeihen gut, dein Vater und meine Schwester kümmern sich rührend um sie. Sie lieben ihre Mé, das versichern sie mir viel zu oft, und deinen Namen vermeiden wir zu erwähnen, um nicht Wunden neu zu schaffen.

Nach zwei Jahren bin ich an der Sorbonne zum ordentlichen Professor ernannt worden. Ich denke, ich leiste meine Arbeit in deinem Sinne, wie du es dir gewünscht und vorgestellt hast. Aber ich muss meine Unsicherheit verlieren, die zwar nach außen kaum sichtbar wird, aber ich frage mich ständig, hättest du auch so gehandelt, so entschieden. Niemand soll etwas erfahren von meinen Lebensängsten.

Mein lieber Pierre, ich glaube nicht, dass wir uns irgendwo wiedersehen werden. Dazu bin ich zu sehr Wissenschaftlerin und Atheistin. Trotzdem bleibt eine vage Hoffnung und auch ein Zweifel an dem alles Durchschaubaren.

Ich nehme mir vor, fest daran zu glauben, dass unsere Kinder ihren Weg einmal nicht so leidvoll gehen müssen wie wir.

Au revoir …

Mittwoch, 5. August

Ich schreibe schon wieder an einem Buch, in jeder freie Minute. Es soll ein Kompendium über die Radioaktivität werden. Eine Zusammenstellung aller Forschungsergebnisse, die in den letzten Jahren gemacht wurden. Viele Rätsel wurden nach meiner ersten Veröffentlichung gelöst, viele neue Anwendungen entdeckt! Und es werden immer mehr. Ich habe alles genauestens verfolgt und ich glaube, niemand besitzt ein so umfassendes Wissen über diesen Forschungszweig wie ich.

Dienstag, 1. September, in Arromanches

Der letzte von zehn wunderschönen Tagen hier an der reizvollen Küste des Ärmelkanals, die ich zusammen mit meinen Kindern und Langevins verbrachte. Irène bat Paul jeden Tag, mit ihr Mathematik zu üben. Er ist ja in unserer kleinen »Privatschule« auch ihr Mathe-Lehrer. Sie haben sich gegenseitig verblüfft. Er sie mit kniffligen, sogar amüsanten Rechenaufgaben und sie ihn mit erstaunlich schnellen Lösungen. Mit fast elf ist Irène zwar nicht das älteste der Kinder, hatte aber trotzdem die Aufsicht über die anderen vier übernommen. Besonders Pauls Tochter, die siebenjährige Madeleine, und Ève, haben sehr intensiv miteinander gespielt und sich kaum gezankt. Paul ist Pierre in Vielem ähnlich. Sein Vater war wie Eugène auch Republikaner, er findet das französische Bildungssystem kritikwürdig, auch er hat die Petition für Dreyfus unterschrieben.

Es gab genügend Gesprächsstoff, nur seine Frau Jeanne ist von einfacherem Gemüt. Die beiden stritten häufig, meist wegen unwichtiger Dinge, wobei ihr scheinbar völlig gleichgültig war, dass die Kinder, selbst ich und auch Fremde, die Auseinandersetzungen miterlebten. Das war oft peinlich.

Samstag, 5. September

Heute erfahren, dass Antoine Becquerel bereits am 25. August gestorben ist. Er war erst 54 Jahre alt, genauso alt wie Henri Moissan, der im vorigen Jahr starb. Sie gehen zu früh, die klugen Chemiker …

Samstag, 12. September, 23 Uhr

Irènes elfter Geburtstag. Der Tag war sonnig und warm. Und friedlich wie meine Große. Sie trägt den Namen »Friedliche« nicht zu unrecht, geht jedem Streit aus dem Weg, dabei ist sie aber oft nachdenklich und ernst und viel zu reif für ihr Alter. Paul meint, ich soll froh sein, dass sie dieses mathematische Interesse besitzt. Sie hat ihn heute wieder gelöchert mit ihren

Fragen, dabei wollte auch ich mit ihm reden. Aber erst als die Sonne untergegangen war, haben wir unter unserem großen Apfelbaum gesessen, der die Äpfel für meinen »köstlichen« Kuchen, wie sie mir alle immer wieder versicherten, spendete. Ich hatte ihn auf einem großen Blech gebacken, mit Rosinen und Streusel. Kein Stück ist übriggeblieben.

Ich habe bemerkt, wie dankbar meine Große für die Zeit ist, die ich mit ihr verbringe. Wie sehr habe ich mich als Kind nach meiner Ma gesehnt …

Samstag, 10. Oktober

Oh Gott, ich schreibe wieder Briefe an einen Mann, Freund und Vertrauten. Ich bin wieder Ratgeber, Helfer und Tröster. Ich habe wieder die Kraft und den Willen dazu. Es ist so wichtig für mich, gebraucht zu werden, nicht nur von den Kindern, auch von ihm. Paul ist rührend dankbar und versichert immer wieder, mir jeden Wunsch erfüllen zu wollen. Wünsche? Ich habe keine Wünsche. Paul meint, ich sei die anspruchsloseste Frau, die er kennt. Und seine Ehe die Hölle. Seine Frau keift, zetert, findet tausend Kleinigkeiten, um ihn auch vor den Kindern zu erniedrigen. Aber eine Scheidung kommt wegen der Kinder für ihn nicht infrage. Sie sind mit ihren sieben, neun und elf Jahren noch zu klein, um ohne Vater aufzuwachsen, meint er, und er hängt an Madleine, André und Jean.

1909

Montag, 1. Februar

Der Direktor des Pasteur-Instituts Dr. Roux hat mir eine Anstellung in seinem Labor angeboten. Die Sorbonne will mich aber nicht gehen lassen und nun bin ich in der ungewöhnlich glücklichen Situation, der Administration Forderungen stellen zu können: Ein Radium-Institut, von Dr. Roux und mir gemeinsam genutzt! In einem Teil des Labors werde ich die Radioaktivität weiter untersuchen, im anderen wird die medizinische Anwendung erforscht.

Dienstag, 6. April

Ève zeigt eine erstaunliche musikalische Begabung.

Mit ihren viereinhalb Jahren spielt sie mehr als zwanzig Melodien fehlerfrei auf dem Klavier. Sie hat die Musikalität meiner Ma geerbt und besitzt wahrscheinlich das absolute Gehör. Auch Paul ist von ihrem Klavierspiel fasziniert. Er lobt fast zu oft und ich bat ihn um Zurückhaltung. Er akzeptiert meine Erziehungsmethoden und versicherte mir immer wieder, dass er glücklich wäre, wenn seine Frau die Kinder auf meine Art erziehen würde.

Bei uns fällt selten ein lautes oder böses Wort. Schläge oder Ohrfeigen kennen die Kinder nicht. Als Irène sich vergangene Woche mir gegenüber im Ton vergriffen hatte, und ich sie deshalb zwei Tage mit Nichtbeachten strafte, habe ich wohl fast mehr gelitten als sie.

Sonntag, 20. Juni

Eugène, mein Schwiegervater und »Kindermädchen«, liegt seit zwei Monaten mit einem Blutstau in der Lunge im Bett. Er ist ungeduldig, weil die Genesung nicht vorangeht, weil er sich nicht mehr um seine beiden Lieblinge kümmern kann, weil diese, besonders Irène, sich jetzt um ihn »kümmern«. Nur wenn sie an seinem Bett sitzt, hellt sich seine Miene ein wenig auf.

Paul schaut öfter bei uns vorbei. Aber seine Frau ist sehr misstrauisch und verlangt über fast jede Minute Rechenschaft.

Dienstag, 10. August

Paul hat eine Professur für Physik am Collège de France erhalten. Wir haben gefeiert, mit Champagner und Kartoffelsuppe.

Was für eine Zusammenstellung, aber er wollte es so. Ich koche, hatte ich versprochen, du kannst dir ein Menü wünschen. Französische Kartoffelsuppe! Mit Möhren, Lauch, Zwiebeln, Schnittlauch, Petersilie, Muskat und einer kräftigen Gemüsebrühe. Er hat mich wieder gelobt ohne Ende.

Donnerstag, 9. September

Nach zwei Jahren müssen wir unser privates Bildungsexperiment leider beenden. Der Zeitaufwand für uns Lehrer ist zu groß. Um das baccalauréat abzulegen, müssen unsere Schüler sich dem offiziellen Lehrplan fügen. Ich werde für Irène eine gute Privatschule suchen.

Montag, 20. September

Irène besucht das Collége Sévigné. Sie hat sich ohne Schwierigkeiten eingefügt, aber scheint ihren Mitschülern weit voraus zu sein.

Montag, 29. November

Mein ehemaliger Lehrer Professor Lippmann hat den Nobelpreis für Physik und Ernest Rutherford den für Chemie erhalten. Sie haben ihn beide verdient, ohne Zweifel!

24. Dezember

Ein trauriges Weihnachtsfest steht uns bevor. Schwiegervaters Gesundheitszustand verschlechtert sich zusehends. Irène schleicht apathisch umher und kann dieses Leiden nicht mit ansehen. Ihr Großvater, der immer gut aufgelegt war, mit ihr gespaßt hat und sie wie eine Ebenbürtige behandelte, der nie gejammert und geklagt hat, ist nicht mehr wiederzuerkennen.

Ich habe sein Bett ins Wohnzimmer geräumt, schlafe im Esszimmer, um auch nachts sofort zu hören, wenn er Hilfe braucht, damit ich schnell bei ihm sein kann.

1910

Sonntag, 2. Januar, 4 Uhr

Fertig! Tausend Seiten, zwei Bände! Fast zwei Jahre habe ich daran geschrieben. »Traité de radioactivité«, »Die Radioaktivität«. Es ist auch Pierres Buch. Paul wird noch einmal Korrektur lesen und dann geht das Manuskript nächste Woche in die Druckerei.

Freitag, 28. Januar

Eine Katastrophe. Seit Tagen regnet es ununterbrochen, dazu kommt das Schmelzwasser. Die Seine steigt und steigt, in den vergangenen acht Tagen um fünf Meter. Das Stadtzentrum ist überflutet, der Elysée, der Eiffelturm stehen im Wasser, es sprudelt in den Metro-Schächten, keine Straßenbahn fährt mehr. In Paris kann man sich nur mit Booten und über Stege fortbewegen. Kein Strom, Fabriken sind überschwemmt. Wir in Sceaux sind ja zum Glück nicht betroffen, aber auch ein Schulbesuch ist für Ève und Irène im Moment unmöglich. Ève spielt Klavier und Irène hat sich hinter ihren Büchern verkrochen.

Samstag, 26. Februar

Gestern Abend ist Eugène gestorben. Sein Fieber war zu hoch und ließ sich nicht mehr senken. Selbst zum Flüstern war er zu schwach. Er hat die Lippen bewegt, doch ich konnte seine letzten Worte nicht verstehen.

Ich weiß noch nicht, wie ich es Irène sagen soll. Er wird uns allen so sehr fehlen.

Ich werde Pierres Sarg herausheben lassen, damit zuunterst Eugène und später, wenn die Zeit heran ist, ich auf Pierres Sarg meine letzte Ruhe finden kann.

Freitag, 4. März

Ich habe metallisches Radium hergestellt. Endlich! Gemeinsam mit André Debierne. Nur wer als Chemiker tief in der Materie steckt, kann erfassen, was für ein aufwendiger und komplizierter Prozess das war. Auch wenn es sich einfach liest: Radiumsalz reinigen – Elektrolyse – Radiumkationen mit Quecksilber zu Amalgat umwandeln – in reinem Wasserstoff erhitzen – destillieren. Radium schmilzt erst bei 700 Grad! Es ist blauweiß glänzend und relativ weich.

Ich bin so glücklich wie erschöpft.

Mittwoch, 30. März
Pauls Frau Jeanne hat sich bei mir beschwert. Ihr Mann wäre unfreundlich, meist schlecht gelaunt und würde sie wie seine Sklavin behandeln. Wahrscheinlich bin ich nicht ihre einzige Vertraute und es ist für mich sehr befremdlich, wie sie solche Intimitäten in Umlauf bringen kann. Ich habe Paul darüber informiert und ihn anschließend noch nie so erregt gesehen. »Hat sie dir auch erzählt, dass sie mir neulich eine Flasche auf den Kopf geschlagen hat«, schrie er und zeigte mir die noch nicht verheilte Wunde. Ich war fassungslos und barg seinen Kopf in meinem Schoß.

Freitag, 15. April
Ein wunderschöner Frühlingsabend mit klarer Luft und lauen Winden. Die ersten Stare sind zurück, Kastanien stehen voller weißer Blütenkerzen, Knospen öffnen sich. Ich habe meine Trauerkleidung abgelegt und mein weißes Leinenkleid tief aus der untersten Schublade gekramt. Fast hatte ich Lust, mir eine Rose ins Haar zu stecken. Sie werden nicht glauben, dass ich es bin. Aber mein Herz hat sich wieder geöffnet für die schönen Dinge des Lebens. Borels haben mich eingeladen, Perrins werden auch da sein. Und Paul. Mit oder ohne Jeanne? Ich werde nicht singen, jauchzen, tanzen, aber sie sollen merken, dass ich auch als Frau wiedererwacht bin. Niemand wird ahnen, dass ich »wach geküsst« wurde, und ich werde mein Geheimnis wie einen Schatz hüten.

Mittwoch, 27. April

P. hat wiederholt depressive Phasen. Seine streitbare Frau, seine Kinder, die mit anhören und sehen, unser Versteckspiel … Er ist hochintelligent, interessiert sich für alles, nicht nur für die Naturwissenschaften, auch für Philosophie und die schönen Künste. Aber er ist empfindsam und schnell aus dem Gleichgewicht zu bringen. Kein Meister im Verdrängen. Pierre war ausgeglichener, hat oft gesagt, dass er kein Talent besitzt, sich zu ärgern. Das ist bei Paul anders. Oft rebelliert sein Magen und meine Kochkünste bleiben dann vergebliche Liebesmüh.

Nur Tee und Zwieback …

Freitag, 15. Juli

P. hat eine Wohnung gemietet, zwei kleine Zimmer mit Blick über Paris in der Rue Banquier 5, nicht weit von der Sorbonne entfernt. Ach Pierre, ich habe meinen Schwur gebrochen … Würdest du mich verdammen? Wahrscheinlich nicht. Du wärest traurig und enttäuscht, aber du würdest mich nicht verurteilen. Das werden die anderen tun, falls sie unser Geheimnis entdecken. Aber wir sind vorsichtig, schleichen uns wie Diebe im Dunkeln die fünf Treppen hinauf.

Donnerstag, 4. August

Meine Schwester Hela ist mit ihrer Tochter Hania, Ève, Irène und unserem Kindermädchen Emma nach L'Arcouest gefahren. Der Ort ist für viele Professoren von der Sorbonne ein beliebtes Ferienziel. Auch Perrins und Borels werden dort am Atlantik, wie jeden Sommer, ihren Urlaub verbringen. Ich fahre voraussichtlich erst Ende September hinterher.

Donnerstag, 25. August

Mein Liebster, mich hat eine schlimme Unruhe ergriffen. Seit einigen Tagen bin ich ohne Nachricht von dir. Man ist nicht gefeit gegen die Liebe und mein Herz hat vom Verstand Besitz ergriffen. Ich habe Angst, dass es dir schlecht geht und du dir etwas antun könntest.

Samstag, 27. August

Wir waren für zwei Stunden zusammen in unserer Wohnung. P. ist gesund, zum Glück, aber die Situation ist schlimmer als ich befürchtet hatte. Seine Bedienstete hat im Briefkasten Pauls Brief an mich vorgefunden, den der Briefträger versehentlich noch nicht mitgenommen hatte und ihn Madame Langevin gegeben. Man kann sie noch nicht einmal für diesen Vertrauensbruch zur Rechenschaft ziehen. Sie ist Madame Langevin treu ergeben und wird von ihr einen Auftrag erhalten haben, P. zu bespitzeln.

Seine Frau hat ihm eine Szene gemacht und schloss mit der unglaublichen Drohung: »Ich werde dieses Hindernis aus dem Weg schaffen.« P. meint, Jeanne wäre zu allem fähig und fasst diese Worte als Morddrohung auf. Wir sind völlig mutlos. Und die Macht der Liebe? Ist sie groß genug?

Sonntag, 28. August

Ich musste mich jemandem anvertrauen, sonst wäre ich verzweifelt, ohnmächtig in meiner Angst. Henriette Perrin, meine verlässliche Freundin und Nachbarin, ist noch in L'Arcouest, aber Jean, ihr Mann, zu dem ich auch großes Vertrauen habe, ist gestern nach Paris zurückgekommen. Ich habe ihm erzählt, dass Madame Langevin einen Brief von P. an mich abgefangen hat. Habe ihm aber nicht gestanden, dass es ein Liebesbrief war, nur gesagt, dass P. in sehr freundschaftlichem Ton geschrieben hat. Und dass seine Frau mich nun »aus dem Weg« schaffen will.

Jean versprach, nach Fontenay zu fahren, um zu vermitteln. Ich bin so verzweifelt wie noch nie.

Montag, 29. August

Jean Perrin hat sein Versprechen gehalten und Pauls Frau gestern gleich noch aufgesucht. Sie sei sehr aufgeregt gewesen und hat einen Skandal in der Presse angekündigt, wenn ich nicht auf ihre Forderungen eingehe.

Jean rät mir, Frankreich zu verlassen und erst zurückzukehren, wenn sich die Wogen geglättet haben. Aber das käme einer Flucht samt Eingeständnis gleich.

Dienstag, 30. August

Jeanne Langevin und ihre Schwester, Madame Bourgeois, haben mich heute auf der Straße beschimpft, laut und ordinär, vor allen Menschen. Ich stand wie versteinert. Sie haben mir gedroht, sie haben verlangt, dass ich Frankreich verlasse, ansonsten könnten sie für nichts garantieren. Es ist unfassbar, zu was Menschen fähig sein können. Die Realität ist schlimmer als sämtliche Albträume.

Montag, 5. September

Jean Perrin hat einen Waffenstillstand ausgehandelt. Mit Paul, Jeanne und ihrem Schwager Henri Bourgeois, der Redakteur beim Petit Journal ist. Paul wird von ihnen mit dem Brief erpresst. Er hat sich verpflichtet, jeden Kontakt mit mir zu vermeiden, auch jeder wissenschaftliche Austausch mit mir wurde ihm untersagt.

Donnerstag, 8. September

P. hält sich an die Abmachung. Ich leide furchtbar und vergehe fast vor Sehnsucht.

Sonntag, 18. September

Ich bin auf dem Internationalen Kongress für Radiologie in Brüssel. P. geht mir aus dem Weg, meidet sogar Blickkontakt. In einem günstigen Moment gelang es mir, ihn allein zu sprechen. »Ich will deinen Namen nicht in den Schmutz ziehen«, hat er beteuert und mich fast beschworen, zu warten, bis er alles geklärt hat. Alles geklärt … Ach Paul, glaubst du noch an Wunder?

Unsere Liebe war ein Wunder, aber ein sehr flüchtiges …

Donnerstag, 22. September

Meine Definition für die Festlegung eines internationalen Radiumstandards wurde von der Kommission akzeptiert und angenommen. Danach entspricht die Aktivität eines Gramms reinen Radiums pro Sekunde einem Curie. Die Maßeinheit Curie wurde zu Ehren Pierres festgelegt. Nun können auch verunreinigte Proben und kleinste Mengen genau bestimmt werden. Ich erhielt den Auftrag, eine Standardprobe herzustellen.

Ich fühlte mich schwach und ausgebrannt während der Tagung und musste mich sehr zusammenreißen. Manchmal war ich einer Ohnmacht nahe. Am letzten Abend in der Oper war ich mit meiner Kraft am Ende und verließ die Vorstellung vorzeitig. Ernest Rutherford brachte mich ins Hotel und zum Glück sah ich mich am nächsten Tag in der Lage, gemeinsam mit Jean Perrin die Heimreise anzutreten.

P. reiste einen Tag später ab, um nicht unnötige Verdächtigungen zu schüren.

Sonntag, 25. September, L'Arcouest, 1 Uhr

Ich bin nach der Ankunft in Paris nicht gleich ins Labor gerannt, wie früher, sondern zu meinen Kindern in die Bretagne gefahren. Wie immer, wenn sie mich lange nicht gesehen haben, wichen sie erstmal nicht von meiner Seite. Besonders Irène, die vernünftige Dreizehnjährige. Sie ist neugierig auf die Wissenschaft wie ich, wollte alles wissen von Brüssel, wer dabei war, woran ich im Labor arbeite. Sie hatte Ève gemalt, die im Sand spielte. Mit großer Ähnlichkeit! Nun wollte sie mich malen und eine Stunde saß ich fast bewegunglos auf einer

Decke unterm Sonnenschirm. »Ich bin bald dreiundvierzig«, habe ich anschließend gesagt, »und so schön sehe ich nicht mehr aus.«

»Ich hätte es gern Papa geschenkt«, sagte sie nur und zerriss es.

Ich war wie vor den Kopf geschlagen und wusste nichts zu erwidern. Vier Jahre ist Pierre tot ...

Abends saß ich noch lange mit Henriette Perrin zusammen. Sie versuchte meine Ängste zu zerstreuen und ich fasste wieder Mut und Zuversicht. Als sie ins Bett ging, habe ich noch an Paul geschrieben.

Montag, 26. September, L'Arcouest, 1 Uhr

Mein lieber Paul,

gestern habe ich den ganzen Abend und die ganze Nacht an Dich gedacht, an die Stunden, die wir gemeinsam verbracht haben und die ich in köstlicher Erinnerung habe. Noch immer sehe ich deine guten und zärtlichen Augen vor mir, dein reizendes Lächeln ...

Dienstag, 27. September

Mein lieber Paul,

... Es wäre so gut, wenn wir die Freiheit erlangen könnten, uns zu sehen, sooft es unsere verschiedenen Beschäftigungen erlauben, gemeinsam zu arbeiten, gemeinsam zu wandern oder zu reisen, wenn es sich ergibt. Es bestehen sehr tiefe Affinitäten zwischen uns, die nur förderliche Umstände bräuchten, um sich zu entfalten.

... Was könnte aus diesem Gefühl nicht alles entstehen, daß so instinktiv und spontan ist, und so gut vereinbar mit unseren intellektuellen Bedürfnissen ...

Ich glaube, wir könnten alles daraus gewinnen: gute gemeinsame Arbeit, eine gute solide Freundschaft, Lebensmut, und sogar schöne Kinder der Liebe im tiefsten Sinne des Wortes.

… Deine Frau ist unfähig, ruhig zu bleiben und Dir Deine Freiheit zu lassen; sie wird aus allen möglichen Gründen immer versuchen, Zwang auf dich auszuüben: aus materiellen Gründen, aus dem Wunsch nach Zerstreuung, und selbst aus reiner Langeweile …

Du kannst in dieser Familie nicht leben, ohne daß sie dich in ihrem Sinne manipulieren …

Gewiß wird deine Frau eine Trennung nicht bereitwillig akzeptieren, weil es nicht in ihrem Interesse ist; sie hat immer davon gelebt, daß sie Dich ausgebeutet hat und wird eine solche Lage nicht vorteilhaft finden. Vor allem entspricht es ihrem Charakter zu bleiben, wenn sie denkt, Du möchtest, daß sie geht. Deshalb ist es notwendig, daß Du Dich, so schwer Dir das auch fallen mag, dazu entschließt, ihr das Leben systematisch unerträglich zu machen … sowie sie einmal erkennen läßt, daß sie einer Trennung zustimmen könnte, vorausgesetzt sie behält die Kinder, mußt du sofort einwilligen, um der Erpressung einen Riegel vorzuschieben, den sie diesbezüglich versuchen wird …

Als erstes mußt Du wieder ein eigenes Zimmer haben … Ich mache mir trotzdem noch Sorgen, weil ich nicht mit Dir über unvorhergesehene Ereignisse sprechen kann …

Tränenausbrüche, denen du so schlecht widerstehen kannst, Tricks, um sie schwanger zu machen … Du mußt alldem mißtrauen … Ich bitte Dich, lasse mich nicht zu lange auf die Trennung Eurer Betten warten, ich könnte dann dem Fortgang Eurer Trennung mit weniger Fieber zusehen …

Wenn ich … weiß, daß Du bei ihr bist, sind meine Nächte grauenhaft … Tu was Du kannst, um die Sache zu beenden.

… denke an das sprichwörtliche Krokodil, das weint, weil es seine Beute noch nicht fressen konnte; die Tränen Deiner Frau sind von dieser Art …

Auf Wiedersehen mein Paul, ich umarme Dich zärtlich; ich werde versuchen, zu meiner Arbeit zurückzukehren, obwohl es

schwierig ist, wenn sich das Nervensystem in solchem Aufruhr
befindet ...

Samstag, 1. Oktober

Sie haben mir das Ritterkreuz der Ehrenlegion, wie vor sieben
Jahren Pierre, angeboten. Pierre als erbitterter Gegner jeglicher
Orden hatte abgelehnt und ich stimmte wie in allem mit ihm
überein. Das Ministerium drängt, aber ich lass mich nicht zum
Ritter schlagen!

Samstag, 5. November

Der Physiker Désiré Gernez ist vorige Woche gestorben. Nun
ist mal wieder ein Platz frei in der Französischen Akademie der
Wissenschaften. Meine Kollegen nötigen mich zu kandidieren.
Ich erinnere mich sehr gut, wie Pierre gelitten hatte, wegen der
zahlreichen Antrittsbesuche, die er vor acht Jahren unternahm
und die er so sehr unter seiner Würde fand. Schließlich unter-
lag er trotzdem mit drei Stimmen.

Ich kann für die Wissenschaft kämpfen, aber nicht für mich.
Doch sie werden mir Überheblichkeit vorwerfen, wenn ich
mich nicht bewerbe. Ich bin schon Mitglied in der Polnischen,
Tschechischen, Schwedischen, Niederländischen Akademie,
der Kaiserlichen Akademie in St. Petersburg ...

Mittwoch, 30. November

Nun habe ich doch meine Kandidatur eingereicht, obwohl
der Entschluss mir nicht leichtgefallen ist. Pierres ehemaliger
Freund und Kollege Georges Goudy hat mir dringend zugera-
ten. Wahrscheinlich wird sich nur noch Branly bewerben, der
schon einmal kandidierte und mit dem ich vor sieben Jahren
den Osiris-Preis erhielt.

Auch die notwendigen Besuche werde ich auf mich nehmen.
Ich muss mich mit meiner Arbeit nicht verstecken, doch auch
nicht die Werbetrommel rühren. Ich bewerbe mich und gut.

Silvester

Die Zeit rennt davon. Irène ist fast so groß wie ich. Zehn Jahre sind nach der Jahrhundertwende vergangen. Ich bin zwar kein entseelter Körper mehr, aber immer noch verwundbar. Es würde mich treffen, wenn ich mit meiner Kandidatur unterliege.

Heimlich P. gesprochen für eine kurze halbe Stunde in einem Café am Stadtrand. Er kam mit der »Le temps« unterm Arm. Ich kannte den Artikel von Akademiesekretär Darboux bereits. Ein Lobgesang auf meine wissenschaftlichen Erfolge und meine Bitte, dass die Kandidatur von der Presse nicht kommentiert wird.

»Du bist naiv«, behauptete Paul, »hast du vergessen, wie sie dich belagert haben, als du den Nobelpreis erhieltest?«

»Ich vergesse nichts«, habe ich geantwortet, »am wenigsten unsere Liebe …«

1911

Donnerstag, 5. Januar

Wenn ich gewusst hätte, welche Kreise meine Kandidatur zieht, hätte ich mich nie beworben. Sie haben gestern auf ihrer Plenarsitzung sozusagen »empfehlend« abgestimmt. Mit fünfundachtzig zu sechzig Stimmen wurde geraten, den Brauch beizubehalten und keine Frauen aufzunehmen. Und P. hatte Recht. Wie konnte ich nur so naiv sein?! Heute sind die Zeitungen voll davon. Jemand hat mir die »Humanité« auf meinen Labortisch gelegt, wahrscheinlich als kleiner Trost, und den ironischen Satz unterstrichen: *»Die Bekanntschaft mit den kleinlichen Intrigen, den niedrigen Eifersüchteleien, dem perfiden Klatsch, die sich im Schatten der akademischen Lorbeeren verstecken, wird Ihnen erspart bleiben. Dafür werden Sie im stillen Glanz Ihres Laboratoriums die Forschungen fortsetzen …«*

Aber noch ist nichts verloren. Ob die naturwissenschaftlichen Mitglieder der Empfehlung folgen, wird sich zeigen.

Dienstag, 17. Januar, 22 Uhr
Sechs Wissenschaftler haben ihre Kandidatur eingereicht. Paul informierte mich. Heute Vormittag wurde ich von den naturwissenschaftlichen Mitgliedern an erste Stelle gesetzt, Édouard Branly an zweite. Das Warten zermürbt. Noch eine Woche bis zur endgültigen Entscheidung. Ich lese keine Zeitung, will in Ruhe gelassen werden. Viel zu oft werde ich auf meine Kandidatur hin angesprochen, von Freunden, Kollegen, Journalisten. Ich äußere mich nicht! Nur Paul weiß, warum ich mich überhaupt diesem Stress ausgesetzt habe. Ich strebe nicht nach Orden und Auszeichnungen, aber ich könnte mitreden und mitbestimmen bei der Vergabe von Stipendien und Preisen. Außerdem ist es längst an der Zeit, dass die Akademie auch für Frauen geöffnet wird. Ich wäre das erste weibliche Mitglied! Und sie existiert seit zweihundertfünfzehn Jahren!

Dienstag, 24. Januar, 6 Uhr, im Bett
Paul ist gestern neununddreißig Jahre alt geworden. Wir haben uns nicht sehen können. Ich bin unglücklich und unruhig. Zeitig abends ins Bett gegangen und trotzdem wenig geschlafen. Heute nun die Entscheidung in der Akademie. Das Gerangel wird ein Ende haben. Aber keiner ist da, der mich heute morgen in die Arme nimmt, mit mir bangt und hofft. Manchmal weiß ich nicht, wen ich mir mehr an meine Seite wünschen würde. Ach Pierre, dich zu wünschen ist hoffnungslos. Bei Paul besteht wenigstens noch ein Fünkchen Hoffnung … Ich möchte meine Decke über den Kopf ziehen und bis zum Abend hier liegen bleiben.

18 Uhr, im Laboratorium
Paul, Jean Perrin, die Borels, sie kamen gemeinsam, mich zu trösten … Aber ich täuschte Arbeit und Gleichgültigkeit vor.

Nun bin ich wieder allein neben Kolben, Destillen und meinen »Irrlichtern«.

Mit einer Stimme unterlegt! Welche Demütigung! Wie rückständig in ihren »moralischen Ansichten« sind diese angeblich so klugen ehrenwerten Herren. Was haben wir Frauen ihnen getan, dass sie uns keine Chancen lassen wollen. Haben sie Angst vor uns? Angst, dass sie eines Tages unterlegen sind?

Aber es lohnt nicht, weitere Worte darüber aufzuschreiben. Das wird die Presse zur Genüge tun. Ein zweites Mal kandidieren, wie Pierre, werde ich nicht. C'est la vie …

Es gibt Wichtigeres, wofür es sich zu leben lohnt!

Sonntag, 5. März

Und wieder ein bedeutender Chemikerkollege und Nobelpreisträger, der viel zu früh gegangen ist. Der Holländer van't Hoff, Jahrgang 1852 wie Moissan und Becquerel, ist am 1. März gestorben. Vor zehn Jahren hat er als Erster den Nobelpreis für Chemie erhalten.

Seit Pierre tot ist, registriere ich aufmerksamer, wie endlich das Leben ist.

Montag, 20. März, Leiden, Holland

Zu Forschungszwecken bei dem niederländischen Physiker Heike Kammerlingh Onnes zu Gast. Wir haben in seinem Labor das Verhalten von radioaktiven Substanzen bei niedrigen Temperaturen untersucht. Der radioaktive Zerfall verläuft unabhängig von der Temperatur!

Eine ungemein wichtige Erkenntnis!

Montag, 17. April

Ich sitze in unserer kleinen, nicht mehr geheimen! Wohnung und die Tränen verwischen die Schrift, aber wem sonst soll ich das Furchtbare mitteilen. Die Tür zu unserer Wohnung wurde aufgebrochen und man hat unsere Briefe entwendet.

Noch nicht einmal die Polizei kann ich rufen, sonst stände die Adresse unserer Wohnung am nächsten Tag in der Zeitung.

Wer tut so etwas? Da kommt nur eine in Frage. Nur seine Frau hätte ein Interesse an den Briefen und weil sie sogar vor einem Mord nicht zurückschrecken würde, ist ihr Diebstahl noch eher zuzutrauen.

Heute, am Ostermontag, beginnt die fünfzigtägige österliche Freudenzeit. Freude? Für mich? Nein! Wie lange wird meine Leidenszeit noch dauern?

Mittwoch, 19. April
Madame Langevins Schwager Henri Bourgeois, der Redakteur vom Petit Journal, hat mir einen Skandal prophezeit, wenn er die Briefe veröffentlicht. »Schämen Sie sich nicht, dann als Dieb dazustehen?«, habe ich ihn gefragt. Er hat nur verächtlich gelacht und: »Ich denke, Sie werden sich schämen müssen« gesagt. Ich war außer mir vor Hass auf ihn, habe ihn der Wohnung verwiesen. Allein habe ich es nicht mehr ausgehalten, bin in meiner Verzweiflung zu den Perrins gefahren.

Doch von Jean bin ich enttäuscht. Immer wieder rät er nur, Paris für eine Zeit zu verlassen. Paul fährt nur noch tagsüber nach Fontenay, um seine Kinder zu besuchen. Er leidet sehr und ich mag gar nicht in diese traurigen Augen sehen. Perrins haben ihm ein Notquartier bei sich angeboten.

Freitag, 21. April, in Santa Margherita
Zusammen mit meinen Kindern und Borels. Urlaub und Arbeit. Heute Nachmittag werden Émile Borel und ich die wissenschaftliche Konferenz in Genua aufsuchen. Marguerite Borel wird sich in der Zeit um meine Kinder kümmern. Sie kann gut mit ihnen umgehen, obwohl sie selbst kinderlos ist. Eine junge, sehr selbstbewusste kluge Frau, die Tochter von Paul Appell, meinem langjährigen Dekan. Ich habe sie zu meiner Vertrauten gemacht und ich bin mir sicher, dass sie nichts weitererzäh-

len wird. Alle versuchen mich abzulenken, mit Bootsfahrten, Wanderungen, aber meine Gedanken fliegen immer wieder zu Paul und dem Geschehen in Paris. Ich ahne ein großes Unheil und fühle mich nicht gewappnet.

Montag, 1. Mai
P. wohnt wieder bei seiner Frau. Seine Tochter Madeleine ist erkrankt und Jeanne versuchte, ihm ein schlechtes Gewissen einzureden. Das sei die gerechte Strafe für seinen Ehebruch. Oh Paul, wenn ich dir doch helfen könnte! Wenn ich mir doch helfen könnte …

Samstag, 20. Mai
Seine Frau setzt ihn immer weiter unter Druck. Sie droht, die Briefe zu veröffentlichen, wenn er sich wieder mit mir trifft. Unsere Wohnung in der Rue Banquier haben wir aufgegeben. Lieben mit der Angst, dass jeden Moment die Tür aufgebrochen wird, ist unmöglich.

Samstag, 15. Juli
Ein Abschied mit Tränen. Irène und Ève werden die Ferien in Polen verbringen und sind heute nach Zakopane abgereist. Das erste Mal, dass sie meine Heimat kennenlernen. Was habe ich für herrliche Urlaube gerade in Zakopane verbracht. Bronia und Kazimierz werden trotz ihrer Arbeit im Sanatorium bestimmt Zeit für meine Kinder finden.

Mittwoch, 26. Juli, 23 Uhr
Heute Nachmittag kam Paul völlig aufgelöst zu mir ins Labor. »Meine Frau wird behaupten, ich hätte sie geschlagen«, rief er entnervt und es war ihm gleichgültig, dass meine Mitarbeiter jedes Wort verstanden. »Das Essen war wieder einmal fast ungenießbar. Ich habe es mir reingequält, das konnte sie sehen, aber Schläge kamen mir nicht in den Sinn.«

Paul will nach England und dort die Ferien mit seinen beiden Jungen verbringen.

Ich habe mein Labor verfrüht mit ihm gemeinsam verlassen. Dann sind wir auf getrennten Wegen in meine Wohnung. Die Kinder in Polen, niemand, der uns überraschen konnte. Er ist so empfänglich für meine Zärtlichkeiten und wem sonst könnte ich sie geben. Nun, weil er fort ist, breitet sich wieder eine lähmende Angst in mir aus, dass alles ein böses Ende finden wird.

Donnerstag, 17. August

Schlimmer kann es nicht werden … Henri Bourgeois ließ mir durch Jean Perrin mitteilen, dass Jeanne ihren Mann wegen böswilligen Verlassens verklagen will. Wenn es zum Prozess kommt, werden sie auch die Briefe als Beweismittel vorzeigen.

Das überlebe ich nicht … Ich habe Jean gebeten, Bourgeois auszufragen, ob wir die Briefe zurückkaufen können.

Sonntag, 20. August

Bourgeois hat 3 000 Francs für die Briefe gefordert. Paul ist aus England zurück, wohnt aber nicht bei seiner Frau, sondern bei einer befreundeten Familie. Ich werde ihm das Geld geben und er wird sich, damit Bourgeois endlich Ruhe gibt, mit ihm treffen. Ich habe nie geglaubt, auf so einen Handel eingehen zu müssen!

Dienstag, 22. August

B. hat das Geld genommen, aber die Briefe nicht herausgegeben. P. kam völlig verzweifelt zurück und weinte hemmungslos. Wir hätten uns nicht darauf einlassen sollen. B. hat versprochen, die Briefe nicht gegen uns zu verwenden. Doch so naiv, ihm zu glauben, bin ich nicht mehr. Er ist kein Ehrenmann. Sein Versprechen ist keinen Centime wert.

Die Erpressung wird sicher fortgesetzt werden. Angst ohne Ende …

Dienstag, 29. August

Eine Woche Arbeit von frühmorgens bis spätabends. Ohne sie wäre ich verrückt geworden. Die Planung meines neuen Laboratoriums ist so gut wie abgeschlossen und nächste Woche werde ich in meine alte Heimat reisen. Ich muss Abstand gewinnen, neue Kräfte sammeln, fort aus diesem »schmutzigen« Paris. Meine Mädchen schreiben aus Polen Briefe voller schöner Erlebnisse, aber auch voller Sehnsucht nach mir. Irène, Ève, Hela, Bronia, ich freue mich so auf euch und ich will Schmerz und Leid hier zurücklassen. Paul verbringt seinen Urlaub mit den Borels in Avayron und fährt dann zu einem Kongress nach Deutschland.

Ich hoffe, die lange Trennung verschafft ihm Klarheit und hilft ihm, sich zu entscheiden.

Samstag, 9. September, in Zakopane

Meine Familie tut mir gut, alles hier tut mir gut. Natürlich hat mich Bronia erstmal gründlich untersucht, ein ernstes Gesicht gemacht und nun reden Kazimierz und sie von schonen, schonen, schonen und wollen mich aufpäppeln. Und ich lasse es mir das erste Mal in meinem Leben gefallen und genieße es sogar.

Mittwoch, 20. September

Wir wandern, reiten, singen. »Hier bleiben wir«, sagte Ève plötzlich, als wir auf einer Bank am Waldrand rasteten. »Hier bleiben wir für immer«, wiederholte sie ernsthaft. »Nein«, widersprach Irène. »Es ist schön, aber nicht für immer. Ich freue mich auf Paris.«

Die Wiesen sind noch grün mit bunten Tupfen und die Seen blau wie der wolkenlose Himmel. Aber manchmal sehe ich alles nur verschleiert wie durch leichten Nebel und meine Gedanken sind bei Paul und Tränen laufen über mein Gesicht. Heute hat mich Ève dabei ertappt und gefragt: »Mé, warum weinst du?« – »Das sind Freudentränen«, habe ich geantwortet. »Da müsste ich aber viel weinen«, hat sie gesagt und unter Tränen habe ich gelacht.

Sonntag, 15. Oktober
Wieder in Paris und wie konnte ich nur hoffen, dass sich unser Leid verflüchtigt hat. Im Zug habe ich mich, wie so oft, an Bauer Iwans Spruch geklammert, dass der Kummer nicht unendlich ist ...

Aber wann ist er zu Ende? Bourgeois hat noch einmal 2 000 Francs gefordert. Habe ich ein Verbrechen begangen, dass ich so erpressbar bin? Ich möchte ihm das Geld hinterherwerfen, ich hänge nicht an materiellen Werten. Aber wenn P. sich für mich entscheidet, wird seine Frau uns das Leben zur Hölle machen. Kann ich das meinen Kindern zumuten? Wirklich? Nein?

Montag, 16. Oktober
Bourgeois hatte die Briefe nicht dabei, wollte nur das Geld. Das hat ihm Paul natürlich nicht gegeben. C'est la vie ... Warum hat mich keiner vor diesem Leben gewarnt? Ich sehne mich nach meinem Hangar und Pierre zurück ...

Dienstag, 17. Oktober
Übermorgen reise ich mit Jean Perrin und Henri Poincaré für zwei Wochen nach Brüssel zum 1. Solvay-Kongress. Zweiundzwanzig Wissenschaftler aus der ganzen Welt sind eingeladen, auch Einstein, Planck, Rutherford. Ich werde die einzige Frau unter ihnen sein. Auch Paul ist eingeladen. Planck will seine Quantentheorie verteidigen. Ich finde sie sehr interessant. Doch es gibt viele Kritiker.

Hania, die Tochter meiner Schwester Hela, lebt für ein Jahr bei uns und wird sich um meine Mädchen kümmern.

Freitag, 20. Oktober
Wir sind im Hotel Metropol untergebracht, P. auf gleicher Etage. Vierzehn gemeinsame Nächte, ein Geschenk der Konferenzleitung …

Freitag, 3. November, 0:30 Uhr
Ich schreibe im Bett, ein Buch voller Liebesgedichte liegt neben dem Tagebuch.

Heute, am letzten Abend, zuerst lange mit Albert Einstein zusammengesessen, ehe die anderen dazukamen. Einstein redet ungeschnörkelt, direkt und an seine barsche Art musste ich mich erst gewöhnen. Er ist außerordentlich klug, das beweist nicht nur seine spezielle Relativitätstheorie. Das Gespräch mit ihm war so intensiv, dass ich fast alles andere um mich herum vergaß. Er hat mich zu einem gemeinsamen Urlaub mit meinen Kindern nächstes Jahr in den Engadin eingeladen.

P. hat sehr viel Anerkennung für seinen Vortrag erhalten.

Jetzt werde ich ein paar Liebesgedichte lesen und auf ihn warten. Die letzte Nacht. Wenn er heute sagen würde: »Wir fahren nicht zurück …« würde ich nur mit dem Kopf schütteln und lautlos weinen.

25. Dezember, 22 Uhr
Was sich im November und Dezember hier in Paris ereignet hat, schreibe ich auf, nicht, damit ich mich immer wieder daran erinnere, erst recht nicht für die Nachwelt, nein, weil ich glaube, sonst ersticken zu müssen.

Aus meinem Tagebuch der Erinnerungen ist nun doch ein Buch der Geheimnisse geworden.

Bereits am Tag, nachdem ich aus Brüssel zurückgekehrt war, begann die Hexenjagd. Irène kam nach der Schule zu mir ins Labor und das Entsetzen sprach aus ihrem Gesicht. Sie breitete das »Le Journal« vor mir aus und auf der ersten Seite las ich die Überschrift: »*Eine Liebesgeschichte: Madame Curie und Professor Langevin*«.

Mir wurde fast schwarz vor Augen, ich setzte mich auf den Schemel und begann zu lesen. Der Journalist stützte sich auf Informationen, die er von Pauls Schwiegermutter erhalten hatte, die ich aber alle entkräften konnte. Angeblich wäre ich unauffindbar und auch den Aufenthalt von ihrem Schwiegersohn würde niemand kennen. Wir hätten zur selben Zeit Paris verlassen.

Der Artikel troff vor Mitleidsgefühlen für die arme verlassene Frau und ihre angeblichen sechs! Kinder. Am Ende war auch wieder von den Briefen die Rede, die sie als letztes Beweismittel noch nicht preisgaben.

»Alles gelogen, mach dir keine Sorgen, meine Große«, sagte ich zu Irène und wir hielten uns minutenlang fest umschlungen.

Wie ich nach Sceaux gekommen bin, weiß ich nicht. Jedenfalls schrieb ich umgehend eine Gegendarstellung, die bereits am nächsten Tag im »Le Temps« veröffentlicht wurde und in der jeder lesen konnte, dass Professor Langevin und ich auf der Konferenz in Brüssel waren, dass alle in meinem Labor darüber Bescheid wussten, dass die Konferenz so anstrengend war, dass sie teilweise über meine physischen Kräfte ging und keine Zeit für irgendwelche Romanzen geblieben wäre.

In der kommenden Nacht schlief ich kaum, malte mir in der Dunkelheit die absurdesten, abschreckendsten Situationen aus: Wie Madame Langevin mich vor den Augen von Irène und Ève ersticht, wie ich von einer schreienden Menschenmenge gejagt werde, wie ich Paul in seinem Arbeitszimmer erschossen auffinde.

Am nächsten Morgen stand nicht nur mein Brief im »Le Temps«, sondern auf der Titelseite des »Le Journal« mein Foto und die Überschrift: »*Eine Romanze im Labor: die Affäre zwi-*

schen Mme Curie und M. Langevin.« Henri Bourgeois hatte seine Drohung wahr gemacht, zwar noch nicht die Briefe veröffentlicht, aber seine Schwägerin ausführlich zu Wort kommen lassen. Ich hätte ihr Herz zerrissen und ein Heim zerstört …

Als ich aus meinem Haus trat, fühlte ich alle Augen auf mich gerichtet und zog hastig den Schleier meines Hutes vor das Gesicht. November, mein Lieblingsmonat, aber ich konnte mich nicht im Nebel verstecken, der Tag begann sonnig.

Ich ging nicht ins Labor, sondern suchte einen Rechtsanwalt auf. »Wir leben in einem sehr freien Land«, musste ich von ihm hören, »hier kann jeder jeden in der Presse verunglimpfen. In England hätten Sie zum Beispiel bessere Karten. Trotzdem rate ich Ihnen, diese Anschuldigungen nicht wortlos hinzunehmen und als Einschüchterung mit einer Schadenersatzklage zu drohen.«

Ich befolgte seinen Rat, schrieb wieder an »Le Temps«, drohte mit Klage und versicherte: »*Ich habe in keinem Punkt so gehandelt, daß ich mich entwürdigt fühlen müsste.*« Ich leugnete nicht und konnte diesen Satz mit meinem Gewissen vereinbaren. Ja, meine Würde hatte ich bewahrt. Konnte das auch Madame Langevin von sich behaupten, wenn sie Unwahrheiten in die Welt setzte, wenn sie gegen ihren Mann handgreiflich wurde, wenn sie eine Hetzkampagne inszenierte?

Zu dieser Zeit schien sich noch alles zum Guten zu wenden. Herr Hauser, der den ersten Artikel im Journal verfasst hatte, entschuldigte sich am 6. November, einen Tag vor meinen vierundvierzigsten Geburtstag öffentlich und bat mich um Verzeihung.

Am Tag zuvor, am Sonntag, hatte mich der schwedische Botschafter in Frankreich August Gyldenstolpe zu diesen Anschuldigungen befragt, denn das Nobelpreis-Komitee für Chemie wollte mir den Nobelpreis verleihen. Er unterzog auch Paul einer Befragung und wir konnten ihn von unserer Redlichkeit überzeugen.

Diese Schizophrenie. Nobel wollte einer wissenschaftlichen Leistung einen Preis verleihen und nicht einer Person. Aber das Komitee musste sich vergewissern, dass diese Person auch völlig untadelig ist und nicht etwa verliebt in einen verheirateten Mann, dessen Ehe eine Farce ist.

Der Zufall wollte es so, dass an meinem Geburtstag Reuter offiziell bekannt gab, dass die Französin Marie Curie den Nobelpreis zum zweiten Mal erhalten werde. Große Freude wollte sich bei mir nicht einstellen, und die Zeitungen hüllten sich über die angekündigte Auszeichnung in Schweigen. Dafür waren sie täglich voll von Verleumdungen über mich und Paul.

Ein Trost waren die vielen Briefe von Freunden und Kollegen, die ich erhielt und die mir immer wieder glaubhaft beteuerten, wie sehr sie zu mir stehen, mich achten und mir auch zum Preis gratulierten. Besonders Jacques Curie, Pierres Bruder, ging so weit, mir zu versichern, er würde zu mir halten, auch wenn meine Beziehung zu Langevin nicht nur freundschaftlicher Art wäre … Ach mein lieber Jacques, du tatest mir so gut. Aber nur Marguerite Borel habe ich zu meiner Vertrauten gemacht, mit irgendjemand musste ich über alles reden.

Madame Langevin redete auch, öffentlich und mit jedem, schließlich sogar mit dem Polizeipräfekten Lépine und ihre Forderungen kannten keine Grenzen. Sie verlangte, dass ihr Mann auf das Sorgerecht für die Kinder verzichte, monatlich tausend Francs zahle, und drohte ansonsten mit einem Eklat. Ich ließ Paul selbst entscheiden und er beschloss, nicht auf die Forderungen seiner Frau einzugehen. Bereits am Tag darauf verklagte sie ihn »wegen Verkehrs mit einer Konkubine in einer ehelichen Wohnung«. Was ich durchgemacht habe, als ich die Vorladung erhielt, ist nicht zu beschreiben. Eine öffentliche Gerichtsverhandlung würde ich nicht überstehen.

Konkubine, das war gleichbedeutend mit Dirne, Mätresse, Prostituierte …

Ich war unfähig einen klaren Gedanken zu fassen, hoffte nur, irgendwann aus diesem bösen Traum aufzuwachen.

Der Gerichtstermin war für den 10. Dezember angesetzt, der Tag, an dem ich in Stockholm meinen Preis entgegennehmen sollte.

Meinem Anwalt gelang es, mich zu beruhigen. Ich könnte nach Schweden fahren, müsste nicht zum Termin anwesend sein und es würde auf jeden Fall ein gutes Ende für mich nehmen. Schöpfte ich für einen halben Tag wieder Hoffnung, so wurde sie am nächsten Morgen zunichte gemacht. Meine Nichte Hania, die sich so um mich sorgte, und auch die Kinder von all diesem Bösen fernhielt, besorgte jeden Morgen auf meinen ausdrücklichen Wunsch die Zeitungen. Und immer wieder drohten sie, die Briefe zu veröffentlichen, ganz Paris schien auf der Seite der armen Mutter zu sein, der dieses wissenschaftliche Ungeheuer das Herz gebrochen und die Kinder weggenommen hatte.

Ab Mitte November sah ich keine Zeitung mehr an und vergrub mich wieder nur in meine Arbeit. P. schrieb nicht und hielt sich auch von mir fern, vermutlich wollte er keinen neuen Zündstoff liefern.

Ob er geahnt hat, wie dramatisch sich alles entwickeln würde?

Am 22. November, fast drei Wochen vor meiner geplanten Abreise nach Stockholm, fragte ich Svante Arrhenius in einem Brief, ob ich wirklich persönlich den Preis entgegennehmen soll oder ob das kompromittierend für die schwedische Akademie werden könnte, denn von der angeblichen Affäre zwischen Professor Langevin und mir hätte er doch sicher gehört.

Er telegrafierte mir, dass mein Kommen selbstverständlich sei, man mir glaube und diese Unterstellungen in Stockholm keine Resonanz fänden.

Am Morgen des 23. November hallten die Rufe einer aufgebrachten Menschenmenge bis zu meinem Fenster hinauf:

»Nieder mit der Ausländerin, nieder mit der Ehebrecherin, nieder mit der Jüdin!« Sie hatten meinen zweiten jüdischen Vornamen Salomea entdeckt.

Irène war bereits auf dem Weg zur Schule, Ève saß mit Hania beim Frühstück. Ein grauer nebliger Tag, doch die Menschen brüllten so, dass selbst der Nebel ihre Worte nicht verschlucken konnte. Ich kann mich nicht erinnern, wie viel Zeit vergangen war, wahrscheinlich hatte Hania um Hilfe telefoniert, jedenfalls kamen Borels und nahmen Ève und mich mit in ihre Wohnung. Wir bezogen ihr Gästezimmer in der École normale, aber ich wollte nicht bleiben, war wie traumatisiert und ging ins Labor, um in meiner geliebten Umgebung eine gewisse Ruhe zu finden.

Selbst meine Mitarbeiter dort verhielten sich ungewöhnlich. Sie wichen meinen Blicken aus, waren schweigsam und unkonzentriert. André Debierne nahm mich schließlich beiseite, gab mir den L' Œuvre und … Der skrupellose Redakteur Téry hatte es wirklich wahr gemacht und auf zehn Seiten unsere Briefe abgedruckt. Auch meinen ausführlichen Brief aus L' Arcouest an Paul vor zehn Monaten, mit Verhaltensregeln, Plänen und genauen Vorschlägen, wie er sich von seiner Frau lösen könnte … Nun war ich kompromittiert. Sie konnten mit Fingern auf mich zeigen, sie konnten mich steinigen, außer Landes verweisen …

Am nächsten Tag bestellte mich mein Dekan Professor Appell, der Vater von Marguerite, zu sich. Es war ihm sichtlich unangenehm und er verwies mich auch nicht des Landes, aber er legte mir nahe, nach Polen zurückzukehren. »Sicher liegt die Entscheidung bei Ihnen«, sagte er, »aber es ist ja nun offensichtlich, dass Sie nicht nur Freundschaft mit Professor Langevin verbindet und ein Makel wird immer an der Geschichte haften bleiben.«

Für immer gebrandmarkt … Ich verließ wortlos sein Zimmer.

Nach der Veröffentlichung der Briefe warf man mir wiederholt vor, dass ich planmäßig vorgegangen sei und Paul Verhaltensregeln mit auf den Weg gegeben habe. Ich verteidigte mich nicht, denn ja, das planmäßige und zielstrebige Arbeiten ist mir wohl in die Wiege gelegt wurden. Als Chemikerin ist man gewohnt zu analysieren, zu synthetisieren, und nur wer beides perfekt beherrscht, wird erfolgreich sein. Und ja, ich wollte mit Paul ein neues Leben beginnen und es hätte erfüllt und wunderschön werden können. Und irgendwann hätte die Freude über den Kummer gesiegt.

Aber das Gegenteil sollte eintreten …

Je mehr meine Kollegen sich gegen mich verschworen, umso mehr kam meine Kraft zurück und der Wille, nicht aufzugeben. Aber die Schmach sollte noch nicht ihren Höhepunkt erreicht haben. Eine Woche bevor ich nach Stockholm reisen wollte, traf ein Brief aus Stockholm von Arrhenius ein. Ich öffnete ihn hastig zitternd, mit einer bösen Vorahnung. Arrhenius war über die Veröffentlichung der Briefe in Kenntnis gesetzt wurden, und legte mir nahe, ich las es fassungslos immer wieder, dem Komitee telegrafisch mitzuteilen, dass ich den Preis nicht annehme, bis meine Unschuld bewiesen sei. Er, der meine Nominierung so begeistert unterstützt hatte … Einer nach dem anderen kippte um …

Vollends verwirrte mich eine Passage im Brief, in dem Arrhenius von einem Duell schrieb, einem Duell zwischen Professor Langevin mit einem gewissen Téry, der die Briefe veröffentlicht hatte. Ich wusste von keinem Duell! Mit dem Brief in der Hand lief ich aufgeregt zu Marguerite, die mir schonend beibrachte, dass es so ein Duell tatsächlich vergangenen Sonntag gegeben hatte, aber man wollte mich nicht noch mehr aufregen. Paul sei öffentlich von Téry als »Rüpel« und »Feigling« bezeichnet worden und das hatte er als klare Herausforderung angesehen.

Zum Glück kam es nicht zum Schusswechsel, Téry hätte die Pistole gesenkt.

Marie Curie auf dem offiziellen Nobelpreisfoto von 1911

Oh Marie, ein Duell wegen dir, dazu reicht deine Vorstellungskraft nicht aus ... Wenn Paul verletzt oder sogar getötet ... Wie viel Leid, Marie, kannst du noch ertragen?

Der Kummer ist unendlich!

Ich hörte nicht auf Arrhenius und seinen Rat, fuhr doch nach Stockholm, mit Bronia und Irène und ich nahm den Nobelpreis von König Gustav in Empfang und ich hielt meinen Vortrag. Ich erwähnte sie alle, die männlichen Wissenschaftler, die seit der Entdeckung der Radioaktivität vor fünfzehn Jahren, auf diesem Gebiet geforscht hatten: Natürlich zuallererst Pierre, der, wenn er noch bei mir wäre, auch diesen Preis mit mir geteilt hätte, dann Becquerel, Rutherford, Soddy, Ramsay, Debierne ... Aber ich war es, die das Radium entdeckte, ich war es, die es isolierte, ich bestimmte sein Atomgewicht.

Niemand sollte mehr sagen: Eine Gouvernante heiratet man nicht. Niemand sollte mehr sagen: Ich sei nur Pierres Assistentin gewesen oder die Konkubine eines erfolgreichen Wissenschaftlers.

Als ich aus Schweden zurückkam, hörte ich von Marguerite, dass sich Langevins außergerichtlich geeinigt hatten. Kein Scheidungsverfahren, kein Strafverfahren, Paul erklärte sich für schuldig ...

Ich bin zu erschöpft, um weiterzuschreiben. Ich möchte in einen tiefen Schlaf fallen und nie mehr aufwachen.

Hier hätte Marie ihr Tagebuch beenden können. Hätte sie? Hätte sie. Am 29. Dezember wurde sie ins Krankenhaus eingeliefert.

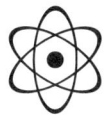

Die Menschheit braucht
auch Schwärmer (1912–1934)

»Die Ehrungen und der Ruhm haben
unser Leben vollständig ruiniert.«

Marie Curie

Als die Glocken von Paris das Jahr 1912 einläuteten, verfasste die vierundvierzigjährige Marie Curie im Krankenhaus eine Art Testament, sieben Seiten lang. Sie litt an einer Nierenbeckeninfektion, keiner todbringenden Krankheit, aber sie wollte trotzdem Vorsorge schaffen für ihre Kinder, für die Verwendung ihres Radiums, und sie wollte den Aufbau des geplanten Instituts festlegen. An Märchen und Wunder, an Bauer Iwans Spruch, glaubte sie längst nicht mehr. Der Kummer ist nicht endlich! Wie viel Kummer sollte sie noch ertragen bis zu ihrem Lebensende? Im Stillen wünschte sie es herbei. Ihre Mutter war mit zweiundvierzig Jahren gestorben.

Selbst im Spital blieb Marie von den Verleumdungen nicht verschont. Sie sei von Langevin schwanger, verbreiteten die Zeitungen. Marie hatte keine Kraft mehr zum Spießrutenlauf, sie scheute die Menschen, die sie an den Pranger gestellt hatten.

Als die Nierenbeckeninfektion im April endgültig abgeklungen war, im Februar war Marie schon einmal als geheilt entlassen, aber wieder erkrankt, gab sie als erstes ihr Haus in Sceaux auf. Ein Gang zum Friedhof und Blumen auf Pierres Grab. Sein Vermächtnis trug sie nicht mehr, ihre Seele schien für immer aus dem verwundeten Körper entwichen und Arbeit vermochte nicht zu helfen. Beim Dekan bewirkte sie eine halbjährige Schonzeit.

Sie mietete ein anonymes Appartementhaus am Quai de Béthune und teilte nur wenigen Freunden ihre neue Adresse mit. Zwei Monate hielt sie es dort aus, dann zog sie unter dem Namen Dluska in ein Haus in Brunoy, eine idyllisch gelegene kleine Stadt, von einem riesigen Waldgebiet umgeben, zwanzig Kilometer von Paris entfernt.

Ihre Kinder blieben bis zu den Sommerferien in der Hauptstadt, versorgt von Nichte Hania und Emma, dem Kindermädchen.

Polen? Wäre eine Rückkehr dorthin nicht doch ein Ausweg gewesen? Im Mai musste sie in Paris eine Delegation polnischer Professoren empfangen, die sie baten, in Warschau ein geplantes Radium-Institut zu leiten. Sogar der berühmte Schriftsteller Henryk Sienkiewicz war mit angereist und warb eindringlich mit den Worten: *»Wenn Sie in Warschau wären, würden wir uns stärker fühlen, würden wir das Haupt erheben, das unter der Last des Unglücks gebeugt ist.«*

Mai. Der Wonnemonat. Aber Marie hatte noch keinen Blick für Maiblumen und sattes Grün, kein Gehör für den Gesang der Vögel und keine Freude an spielenden Kindern. Und, was am schwersten wog, keine Lust zur Arbeit, keine Neugier mehr auf wissenschaftliche Geheimnisse. Die polnischen Professoren hätten sehen müssen, wem sie gegenüberstanden. Einer gramgebeugten Frau, die alle Illusionen verloren hatte. Da konnte ihre Schwester Bronia reden, wie sie wollte, versichern, dass in Warschau keine Zeitung in den Ruf der Verleumder eingestimmt hatte, dass Mania in Polen gefeiert und geehrt würde, dass sich auch die polnischen Verhältnisse nach der Revolution von 1905 spürbar verbessert hatten. Marie lehnte ab, nicht nur, weil sie noch zu kraft- und mutlos für einen Neuanfang war, auch wegen Ève und Irène, um ihnen ein Leben in fremder Umgebung zu ersparen. In einem Brief nach Warschau allerdings nannte sie als Grund ihre in Paris notwenige Unterstützung für den Bau des Radium-Instituts.

Sie empfahl zwei ihrer fähigsten Mitarbeiter, die Physiker Ludwig Wertenstein und Jan Kasimir Danysz, die auch später die Leitung des Warschauer Instituts übernahmen.

Im Juli fuhr sie zur Kur nach Thonon-les-Bains und meldete sich dort unter ihrem Mädchennamen Skłodowska an. Sie wollte weiter unerkannt bleiben. Mit zwei Nobelpreisen? Wer war die zierliche, immer schwarz gekleidete Madame mit der unbeweglich leidenden Miene? Hinter ihrem Rücken wurde getratscht und getuschelt, und als irgendwer irgendwann das Geheimnis um sie lüftete, starrte man sie staunend, verächtlich, vielleicht auch mitleidig an.

Was hat Marie davon gespürt? Sie hat gelesen, geschrieben, weite Spaziergänge unternommen und gemalt. Den Genfer See dunkelblau, wolkenverhangen, obwohl die Sonne heiß schien in diesem Juli des Jahres 1912. In einem Brief an den toten Pierre hatte sie vor sechs Jahren behauptet: »*Wenn ich schönes Wetter nicht hasse, dann nur darum nicht, weil die Kinder es nötig haben.*«

Paul Langevin war nicht gestorben, aber Maries Traum vom glücklichen Zusammenleben mit ihm. Sie malte und zerriss die Bilder, malte und zerriss, wie sie auch ihre intimen Aufzeichnungen über sich und Paul zerrissen hatte. Zum Glück schienen die aufdringlichen Reporter Maries Spur verloren oder ein anderes, ein ergiebigeres Opfer gefunden zu haben.

Doch Madame Curie war nicht die starke Frau, die für immer einsam ihren Weg gehen wollte. Sie suchte Gleichgesinnte, die wie sie über den »Tellerrand« von Haushalt und Familie blickten.

In ihrer Kindheit waren es Kazia, ihre »Wahlschwester«, die Tochter des Bibliothekars beim Grafen Zamoyski, und Bronislawa Piasecka, Freundin und Lehrerin zugleich. Auf dem Gut Szczuki verband sie mit der Tochter ihrer Dienstherrin Bronka der im Geheimen durchgeführte Unterricht der Bauernkinder. Nach Pierres Tod fand sie Halt bei ihrer Nachbarin Henriette Perrin und als ihre Liebe zu Paul Langevin bekannt und missbilligt wurde, war es Marguerite Borel, die sich wegen ihr sogar mit ihrem Vater, dem Dekan des naturwissenschaftlichen Zweiges der Sorbonne, anlegte. Hilfe und Unterstützung boten ihr auch immer ihre Geschwister an, aber wahrscheinlich war es ihr Stolz, der nicht zuließ, dass sie diese Hilfe über Gebühr belaste.

Ende Juli 1912 nahm sie eine Einladung der britischen Physikerin Hertha Ayrton an und verbrachte die Sommerferien mit ihren Kindern bei ihr in einer alten Mühle in Hampshire. Der Aufenthalt tat ihr gut, endlich kam sie ein bisschen zur Ruhe und fand wieder Freude an der Natur und interessanten Gesprächen.

Solvay-Kongress 1913; hinten rechts Paul Langevin (mit Hut)

Die Frauen verband viel Gemeinsames und doch waren sie in ihrer Art sehr unterschiedlich. Auch Hertha hatte zwei Töchter, auch ihr Mann war Physiker, auch ihr wurde die Aufnahme in die Royal Society, wie Marie in die Akademie, verwehrt.

Sie war dreizehn Jahre älter als Marie, wirkte matronenhaft energisch und temperamentvoll. Sie engagierte sich in der englischen Frauenbewegung und für die Unabhängigkeit Irlands. Vielleicht bewunderte Marie sogar insgeheim den Mut dieser Frau.

»Ich hege eine große Zuneigung zu Ihnen, denn Sie gehören nicht zu den Menschen, über die man seine Illusionen verliert.« Marie hatte viele Illusionen verloren und lobte selten und gerade deshalb erhielten diese Worte aus ihrem Mund ein besonderes Gewicht.

Ab Oktober 1912 begann sie wieder im Labor zu arbeiten. Im Februar 1913 fuhr sie mit André Debierne nach Sèvres, um dort im Bureau International des Poids et Mesures endlich das mit 22 mg Radiumchlorid gefüllte Reagenzglas als offizielle Radiumstandardprobe zu hinterlegen. Im Oktober nahm sie als einzige Frau unter neunundzwanzig der bedeutendsten Wissenschaftler der Welt am 2. Solvay-Kongress in Brüssel teil. Auf dem gemeinsamen Foto steht sie in der zweiten Reihe, ganz in Schwarz, der Hut, der um die Schultern geschwungene Pelz, das lange Kleid. Das Bild beeindruckt den Betrachter noch heute. Jüngere Kollegen sitzen vor ihr. Hat sie abgelehnt oder hat man ihr keinen Stuhl angeboten? Wurde sie nur als Kollegin geschätzt, nicht als Frau? Von schmaler Gestalt, wirkt sie zerbrechlich und leidend. Woher nahm d i e s e Frau d i e s e Energie?

Auch Paul Langevin steht auf dem Foto am Ende der Reihe und, wie er zwei Jahre später versicherte, *»in freundschaftlicher Beziehung zu ihr«*. Marie habe nie aufgehört, beteuerte er, *»ihre Zuneigung und ihr Verständnis für meine Person zu zeigen.«* Auch nicht als er wieder eine Geliebte hatte, wie sein Sohn

André behauptete? Eine einfache Sekretärin, die von seiner Frau erstaunlicherweise akzeptiert wurde.

Zwanzig Jahre später, während des 7. Solvay-Kongresses, beide, Paul Langevin wie auch Marie Curie, hatten an jedem Treffen teilgenommen, sitzt sie auf dem traditionellen Foto das erste Mal direkt neben ihrem ehemaligen Geliebten. Neun Monate später steht Paul Langevin an ihrem Grab.

Wie hat Marie Curie die letzten zwanzig Jahre ihres Lebens verbracht?

Sie hat diesen ungeheuren Skandal überlebt: Als mutige Samariterin während des Ersten Weltkrieges in einem Röntgenwagen, als strenge Leiterin und hoch geschätzte Lehrerin in ihrem Laboratorium und als gefeierte Wissenschaftlerin bei Vorträgen auf Reisen. Zwanzig Jahre ohne Ehemann oder Geliebten …

Obwohl sie das Angebot ausgeschlagen hatte, in Warschau ein Radium-Institut zu leiten, fuhr sie zur Einweihung im November 1913 in ihre alte Heimat. Sie hielt ihre Rede bewusst in Polnisch, ihrer geliebten Sprache, die während ihrer Schulzeit streng verboten war.

»… Dieses arme, von einem barbarischen und widersinnigen Regime mißhandelte Land tut wirklich viel, um sein sittliches und geistiges Erbe zu verteidigen. Man muss weiter durchhalten. Doch was für eine Existenz! Was für Lebensbedingungen.«

Durchhalten … Ihr oberstes Prinzip bereits mit jungen Jahren: *Sich nie unterkriegen lassen, nicht von den Menschen und nicht von den Ereignissen.*

Durchhalten, aber nicht politisch engagieren? Sie bewunderte den Mut ihres Neffen Wladek, Sohn ihres Bruders Józef, der gerade, als sie in Warschau war, wegen Dichtung und Verlesung patriotischer Verse angeklagt wurde und, wie sie an ihre Tochter Irène schrieb, *»mit Sicherheit zu zwei Wochen Gefäng-*

nis verurteilt wird. Aber er lacht darüber und seine Familie läßt sich davon nicht aus der Ruhe bringen«.

Er lacht darüber … Ach, wenn sie das nur könnte. Lachen sah man Marie Curie in dieser Zeit nur selten. Seit ihrer Erniedrigung als Gouvernante auf dem Gutshof Szczuki verbarg sie ihre Gefühle und oft auch ihre Gedanken meist hinter scheinbarem Interesse oder fachlichem Gedankenaustausch. Stumm blieb sie in Gesellschaft selten und ihr Gesichtsausdruck gegen jedermann war stets aufmerksam und entgegenkommend.

Nach ihrer Polenreise wieder in Paris sah sie ihre Hauptaufgabe darin, den Bau ihres Radium-Instituts voranzubringen. Sie wollte ein modernes Gebäude, mit hellen großen Laboratorien, Fahrstühlen, und einem parkähnlichen Garten, für den sie selbst die Rosen und Sträucher auswählte. Vermisste sie rund um ihr Wohnhochhaus Blumen und Bäume, wollte sie wenigstens während der Arbeit beim Blick aus dem Fenster nicht darauf verzichten. Ein kurzer Spaziergang im Garten an der frischen Luft und gut funktionierende Abzüge schienen ihrer Meinung nach ausreichend für die Gesundheit, auch ihrer Mitarbeiter.

Fünfzehn Jahre waren seit der Entdeckung des Radiums vergangen, zu wenig Zeit, um von dieser enormen Gesundheitsgefährdung zu wissen. Dass die Berührung mit der Haut Verbrennungen hervorruft, hatte Pierre Curie schon am Selbstversuch bewiesen, auch vor austretenden giftigen Gasen wollte man sich schützen, aber man hatte die Gefahr noch nicht erkannt, dass neben Krebszellen genauso gesunde Zellen zerstört werden konnten. Auch ihre Erschöpfungszustände oder die rheumatische Erkrankung ihres Mannes führte Marie Curie nicht auf die Strahlen radioaktiver Stoffe zurück.

Wie viel schlaflose Nächte werden ihr zehn Jahre später die todbringenden Krankheiten einiger Mitarbeiter bereitet haben?

Obwohl bereits 1914 das Radium-Institut in Paris seiner Bestimmung übergeben wurde, mussten wegen des Ersten Weltkrieges noch vier Jahre vergehen, bis Professor Marie Curie als Leiterin dort anregen, forschen und bestimmen konnte.

Am Samstag, dem 1. August 1914, vernahm sie in den Mittagsstunden die schreckliche Nachricht, dass der Sozialist Jean Jaurès, Gründer der Zeitschrift L'Humanité, der als einziger während des Skandals vor drei Jahren objektiv über sie berichtet und ihre Partei ergriffen hatte, ermordet worden war. Schnell verbreitete sich das Gerücht, dass es Krieg geben wird. Bereits seit Ende Juni, als Erzherzog Franz Ferdinand und seine Frau in Sarajewo durch das Attentat eines serbischen Nationalisten getötet wurden, war die politische Stimmung zum Äußersten gespannt. Am Nachmittag des 1. Augusts ordnete Frankreich bereits die Mobilmachung an und es kam zur ersten Kriegserklärung durch Russland. Deutschland fiel am 2. August in Frankreich ein. Der Erste Weltkrieg hatte begonnen.

Die sechzehnjährige Irène und die neunjährige Ève verbrachten zu diesem Zeitpunkt die Sommerferien mit ihrem polnischen Kindermädchen in L'Arcouest an der Atlantikküste. Ihre Mutter wollte nachreisen, aber durch den Ausbruch des Krieges gehindert, schrieb sie an Irène: »*... Man beginnt die Möglichkeit einer Besetzung von Paris ins Auge zu fassen; in diesem Fall könnten wir voneinander abgeschnitten werden. Sei tapfer, wenn das geschehen sollte, denn unsere persönlichen Wünsche zählen nicht neben der großen Sache, um die es jetzt geht.*«

Die große Sache ... Marie hatte sich bereits als Kind und junges Mädchen wie eine stolze Patriotin gefühlt. Damals war Polen unterdrückt und gedemütigt vom Zaren und den Russen. In Szczuki hatte sie heimlich die Dorfkinder unterrichtet und versuchte achtzehnjährig als Positivistin ihrem Heimatland zu helfen. In Paris jedoch, als »brave, kleine Studentin«, spätere fleißige Doktorandin und beharrliche Forscherin hielt sie sich an den Ratschlag ihres Vaters, politisch nicht negativ aufzufallen. Aber nun, in dieser Kriegssituation, wo die wissenschaftliche Forschung hintenanstand, wollte sie mit der gleichen Energie, mit der sie der Radioaktivität auf der Spur gewesen war, für Frankreich und für ihre eigene Wiedergutmachung kämpfen.

Irène sollte die Verantwortung für Ève tragen, falls sie für längere Zeit getrennt würden. So wie sie selbst vor dreißig Jahren die Verantwortung für ihre jüngere Schwester Hela übernommen und ihrer älteren Schwester Bronia ein Studium finanziert hatte.

Irène sah diese Notwendigkeit nicht. Sie wollte ihrer Mutter in Paris helfen. Sie hatte das baccalauréat abgelegt und vor, an der Sorbonne zu studieren.

»Ich fühle mich vollkommen in der Lage, allein nach Paris zurückzufahren, und ich leide sehr darunter, daß ich nichts tun kann«, schrieb sie enttäuscht.

Aber Marie blieb bei ihrer Entscheidung.

»Da Ihr nicht für die Gegenwart Frankreichs arbeiten könnt, arbeitet für seine Zukunft«, verlangte sie. *»Viele Menschen werden leider, leider auch nach diesem Krieg fehlen, und es wird heißen, sie zu ersetzen. Arbeitet Physik und Mathematik, soviel ihr könnt.«*

Maries gesunder Menschenverstand, ihre realistische Einschätzung der Situation ließen sie nicht an ein schnelles Ende des Krieges glauben. Bereits in den ersten Tagen des Kriegsausbruches nahm sie auch ihrer Tochter diese Illusion.

Alle Franzosen haben *»hochgesteckte Hoffnungen und glauben, daß der Kampf zwar rauh sein, aber gut enden wird. Doch welch ein Massaker werden wir erleben und welcher Irrsinn, es geschehen zu lassen!«*

Maries wichtigste Sorge bei Ausbruch des Krieges war, *»ihr«* kostbares Radium in Sicherheit zu bringen. Die französische Regierung hatte tatsächlich das Radium zu einem *»nationalen Besitz von großem Wert«* erklärt und zwar *»im Besitz von Mme Curie, Professorin an der naturwissenschaftlichen Fakultät von*

Paris«. Sie legte es Anfang September mit einem Bleimantel umhüllt in den Safe einer Bank in Bordeaux.

Nachdem die französischen und britischen Truppen die Deutschen während der entscheidenden Schlacht an der Marne vom 6. bis 9. September 1914 zum Rückzug gezwungen hatten, holte Marie ihre Kinder wieder zu sich nach Paris. Ève ging zur Schule und Irène besuchte einen Krankenpflege- und radiologischen Lehrgang und studierte nebenbei an der Sorbonne. Noch während des Krieges bestand sie alle drei Prüfungen in Mathematik, Physik und Chemie mit Auszeichnung.

Als das Radium bereits 1915 von Bordeaux nach Paris zurückgebracht wurde, beschloss Marie dessen radioaktive Gase zur Heilung von Verwundeten einzusetzen. In Frankreich existierte noch kein Institut für Radiotherapie und Mitarbeiter standen ihr auch nicht zur Verfügung. So übernahm sie die komplizierte Herstellung der Emanationsröhrchen selbst.

Genauso dringend erschien ihr die Hilfe der Verwundeten direkt an der Front. Dort mussten Bomben- und Grantsplitter, Gewehrkugeln lokalisiert, Brüche und andere Verletzungen diagnostiziert werden. Aber es gab nur wenige Röntgenapparate in Frankreich und diese wurden nur im Hinterland eingesetzt.

Marie besaß eine gewisse Vorbildung. An der Sorbonne hatte sie eine Vorlesung über die Theorie der Erzeugung von X-Strahlen und deren Absorption im menschlichen Körper gehalten. Von dem führenden Strahlenmediziner Henri Béclère ließ sie sich in Strahlendiagnostik ausbilden. Nun hieß es, die Theorie in die Praxis umzusetzen.

Fahrbar musste das Röntgengerät sein. An die Front wollte sie mit ihm. Was benötigte man dafür? Ein Kraftfahrzeug, einen Generator zur Erzeugung von Strom, eine Vakuumröhre und eine Liege oder einen Tisch für den Patienten.

Doch eine Frau und an die Front? So einfach ging das nicht. Zwar waren Frauen zu der Zeit sehr gefragt, in Munitionsfabriken, in der Wirtschaft und auf dem Land, bei Arbeiten, die vorher Männer erledigt hatten. Maries Vertraute Marguerite Borel leitete ein Krankenhaus, Henriette Perrin und Alice Chavannes arbeiteten als Krankenschwestern.

Marie musste viele Hürden überwinden, bis ihr Antrag genehmigt wurde. Selbst der Kriegsminister Alexandre Millerand, ihr Anwalt im Langevin-Prozess, war nicht befugt. Aber er bat General Joffre, Kommandant in der Kampfzone, den Antrag »*mit all dem Ernst zu behandeln, den er verdient*«.

Bereits am 1. November fuhr Marie im Rang einer Direktorin des radiologischen Dienstes und im Auftrag der Verwundetenfürsorge und des Roten Kreuzes mit einem Arzt, ihrer Tochter Irène als Assistentin und einem Fahrer bis dicht hinter die Front.

Am ersten Tag des Jahres 1915 schrieb sie an Paul Langevin: »*... Der Tag meiner Abfahrt ist noch nicht bestimmt, es wird aber nicht mehr lange dauern. Ich habe einen Brief bekommen, in dem man mir mitgeteilt hat, daß der Röntgenwagen, der im Gebiet von Saint-Pol Dienst macht, beschädigt wurde. Das heißt, daß der ganze Norden ohne Röntgen-Apparat ist! Ich tue alles, um so schnell wie möglich fort zu kommen.*«

Im dritten Kriegsjahr steuerte sie sogar selbst die »Kleinen Curies« mit maximal vierzig Stundenkilometern. Eine Frau am Steuer! Und noch dazu an der Front! Von ihrer Tochter begleitet. Unvorstellbar ... Über Irène schrieb Marie: »*Irène tat, was sie konnte, um mir unter den unterschiedlichsten Bedingungen zu helfen und war in einem Maße begabt mit den Eigenschaften der Vernunft, der Energie und der Ausgeglichenheit, wie man es in ihrem Alter selten findet.*«

Während des Krieges spendete Marie für verschiedene Hilfsprojekte und investierte ihr zweites Nobelpreisgeld in französische Kriegsanleihen, von denen am Ende des Krieges nichts mehr vorhanden war. Sie war sogar so weit gegangen, ihre Medaillen spenden zu wollen, aber die Beamten der französischen Bank hatte die Annahme verweigert.

Endlich Waffenstillstand. Am 11. November 1918. Vier Tage nach Marie Curies einundfünfzigsten Geburtstag. Mit Gewehrsalven verkündet. Man kann sich Marie schlecht vor Freude ausgelassen vorstellen. Aber sie soll in aller Eile blauen, roten, weißen Stoff gekauft haben, um eine Fahne zu nähen, und beflaggt mit dem Röntgenwagen zum Concordé Platz gefahren sein, wo begeisterte Franzosen auf das Dach und die Trittbretter des alten Renault stiegen, sangen und jubelten. Marie hatte doppelten Grund zur Freude: Ihr Heimatland Polen erlangte nach über hundert Jahren seine Selbstständigkeit zurück.

Sie hätte diesmal nicht, wie vor acht Jahren, das Ritterkreuz der Ehrenlegion ausgeschlagen, wenn man denn ihren tapferen Einsatz während des Krieges damit belohnen wollte, vertraute sie Verwandten an. Aber erst drei Jahre später, als sie nach Amerika eingeladen wurde, sah die französische Regierung sie für diese Ehre vor. Nun lehnte die Stolze wieder dankend ab.

»Der Krieg war für mich wie auch für viele andere eine Zeit großer Strapazen«, berichtete sie in ihrer Biografie. Eine Strapaze? Mehr nicht? Kannte sie keine Angst? Nicht bei den Fahrten an die Front, nicht bei der Forschung mit radioaktiven Substanzen in ihrem Labor? Nicht bei der Beschießung von Paris? *»Ich arbeitete mit meiner Tochter im Garten des Instituts«*, schrieb sie, *»ohne auf die Geschosse zu achten, die ab und zu in unserer Nähe einschlugen.«* Ein unglaubliches Bild! Aber Marie hatte es nicht nötig den Mythos um ihre Person zu schüren. *»Im Laufe der Zeit verändern sich viele unserer Gefühle«*, schrieb sie zu Beginn ihrer Biografie. *»Sie verblassen und können uns ganz fremd erscheinen. Die Ereignisse verlieren ihren Wert und man erinnert sich an sie, als ob sie jemand anderen betroffen hätten.«* Sie schrieb darin nichts von Paul, nichts von den Briefen an ihren toten Mann, nichts von ihren Tränen und Sehnsüchten. Aber von ihrer ersten großen Verzweiflung beim Tod ihrer Ma, für die sie eine *»leidenschaftliche Bewunderung«* empfunden hatte.

Als Kind hatte sie ständig mit der Angst ihrer Mutter vor Ansteckung gelebt. Vielleicht hätte Marie lieber diese Ansteckung in Kauf genommen, aber dafür mehr Zärtlichkeit gespürt und sich mehr Zeit und Zuwendung von ihrer Ma gewünscht. Vielleicht hat sie diese Angst als übertrieben, gar unnötig angesehen, sie gehasst und deshalb später der Gesundheit nur einen nebensächlichen Stellenwert eingeräumt.

Während ihrer Affäre mit Paul Langevin war sie durch die Hölle gegangen. Was konnte ihr noch passieren?

Sie hatte sich nie geschont, nicht als Gouvernante, nicht während ihres Studiums an der Sorbonne, nicht im Hangar, dem neuen Element auf der Spur. Nicht im Krieg. Es gab Wichtigeres als das bisschen Leben.

War es die Lust auf das Abenteuer Wissenschaft?

»Ich fürchte nicht, daß die Liebe zum Unbekannten und das Verlangen nach dem großen Abenteuer in der heutigen Zeit von der Vernichtung bedroht sind«, sagte sie 1933 in Madrid während eines internationalen Kongresses. *»Der Wissenschaftler in seinem Laboratorium ist nicht nur ein Techniker. Vor den Geheimnissen der Natur steht er mit der gleichen Andacht wie ein Kind vor einem schönen Märchen.«*

Nein, eine Abenteuerin war sie gewiss nicht, aber Marie Curie besaß eine überaus starke wissenschaftliche Neugierde, die sie sich aus ihrer Kindheit bewahrt hatte und ohne die ihre Erfolge undenkbar gewesen wären.

Als sie 1920 von der Journalistin Marie Meloney nach Amerika eingeladen wurde, versprach die ihr dort auch ein unvergessliches Abenteuer. Aber Marie reizte nicht das Land, *»das so wenig meinem Geschmack und Gewohnheiten entspricht«,* wie sie ihrer Freundin Henriette Perrin beteuerte. Obwohl gerade in diesem Jahr die Frauen dort das Wahlrecht erhalten hatten. Aber die polnischen Frauen hatten bereits 1919 und die deutschen Frauen sogar schon 1918 wählen dürfen. Vielmehr war es Maries Wunsch, von dem großen und reichen Amerika, das

50 Gramm Radium besaß, nur ein winziges Gramm für ihre Forschungen geschenkt zu bekommen. Sie selbst hätte niemals darum gebeten, aber sie gewährte Frau Meloney ein Interview, auch zu ihrem Privatleben, über das sie normalerweise einen Mantel des Schweigens gebreitet hatte. Die Journalistin hatte sich mit einem originellen Zitat ihres Vaters eingeführt. »*Es ist unmöglich, die Unwichtigkeit der Leute zu übertreiben. Sie jedoch sind für mich seit zwanzig Jahren wichtig und ich möchte Sie gern ein paar Minuten sehen.*« Es wurden mehr als ein paar Minuten. Sie trafen sich in den kommenden Wochen häufig, sogar in Maries Wohnung am Quai de Bethune. Ob sie Frau Meloney auch von ihrer großen Sorge zu erblinden erzählte? An Bronia schrieb Marie im November 1920: »*Meine Augen sind sehr geschwächt und man kann wahrscheinlich nichts dagegen tun. In den Ohren peinigt mich ein fast ununterbrochenes, oft sehr lautes Sausen. Ich bin sehr beunruhigt: meine Arbeit könnte davon gestört – ja unmöglich gemacht werden. Vielleicht hat das Radium etwas mit diesen Störungen zu tun, aber es lässt sich nichts Sicheres darüber sagen.*«

Sie war beunruhigt, dass die Arbeit beeinträchtigt werden könnte! Mehr nicht? Hatte sie keine Angst, nie mehr eine Blume zu sehen, einen Sonnenuntergang zu erleben, nie mehr das Zirpen einer Grille, das Rauschen des Meeres, das Lachen zukünftiger Enkelkinder zu vernehmen, in einer stillen und dunklen Welt zu leben?

Jedenfalls ließ sie von den Mitarbeitern ihres Labors ab 1921 regelmäßige Blutproben nehmen.

Im Mai dieses Jahres reiste sie in Begleitung ihrer Töchter auf dem Luxusdampfer Olympic nach Amerika und erfuhr von einem New Yorker Augenarzt, dass sie auf beiden Augen an Grauen Star erkrankt war. Zum Glück schon damals keine unheilbare Krankheit mehr und die Menschen in Amerika ließen ihr auch keine Zeit, sich darüber Gedanken zu machen. Sie wurde überwältigend empfangen, geehrt und gefeiert.

Frau Meloney hatte ihr Versprechen gehalten und mit einer beispiellosen Zeitungskampagne und einer Spendenaktion 100 000 Dollar für ein Gramm Radium zusammengetragen. *»Madame Curie hat vor, dem Krebs eine Ende zu bereiten«*, so die Schlagzeile in der Times.

Hier wurde Mythos geschürt, hier ließ Marie sich vermarkten, feiern, ehren bis an ihre physischen Grenzen. Vor siebzehn Jahren noch nach der Nobelpreisverleihung hatte sie ihrem Bruder Józef geschrieben: *»Die Ehrungen und der Ruhm haben unser Leben vollständig ruiniert.«*

Der Anspruch an ihr Leben hatte sich geändert.

»Eine mütterlich aussehende Wissenschaftlerin und mit ihren dreiundfünfzig Jahren immer noch die personifizierte Energie«, behauptete die Times.

Aber das war nicht einmal die halbe Wahrheit, sondern eine Mischung aus kurzsichtigem Reporterblick und Marie Curies Willen, sich nichts anmerken zu lassen. Tatsächlich fühlte sie sich oft genug schwach und krank. So trug sie nach einem zu heftigen Händedruck den Arm in einer Schlinge und konnte Präsident Harding im Weißen Haus in Washington nur die linke Hand reichen. Wegen mehrerer Schwächeanfälle mussten abwechselnd Ève und Irène die Ehrungen für sie übernehmen.

Oft sei sie, nicht nur in Amerika, gefragt worden, wie sie Kindererziehung mit ihrer Arbeit vereinen könne, schrieb sie in ihrer Biografie. Mit der Antwort hielt sie sich auch in dieser Hinsicht sehr bedeckt und hob nur ihre Standhaftigkeit und Selbstlosigkeit hervor.

Sind das nicht zwei Eigenschaften, die eher für ihre wissenschaftliche Arbeitsweise zutrafen? Bei der Kinderbetreuung halfen ein Kindermädchen, der Großvater und oft auch ihre Schwester Hela. Ausgedehnte Urlaube verbrachte sie jedoch äußerst intensiv mit Irène und Ève. Sie bemühte sich für sie um eine gute Ausbildung und war da, wenn sie gebraucht wurde. Die Vorbildwirkung war besonders für Irène sehr stark.

Ein Jahr nach der Amerikareise engagierte Marie Curie sich als Mitglied und spätere Vizepräsidentin der Internationalen Kommission für geistige Zusammenarbeit. Der großen intellektuellen Bewegung Clarté »Eine Internationale des Geistes« war sie trotz Drängen nicht beigetreten. *»Ich weiß«*, begründete sie ihre Entscheidung, *»daß Menschen, die es gewohnt sind, sich öffentlich zu äußern, gern in großen Gruppen zusammenschließen. Gerade das aber wünsche ich nicht.«*

Sie wollte lieber in einer *»kleinen, homogenen Gruppe von Menschen arbeiten, die einander kennen und die wissen, daß es ihnen bei anfallenden Fragen gelingen wird, sich eine klare und eigene Meinung zu bilden. In einer solchen Gruppe fühle ich den nötigen Rückhalt und meine Reflexionsfähigkeit wird dadurch gestärkt«*.

Handeln, nicht reden, war ihre Devise. Kleine, bescheidene Aufgaben hartnäckig verfolgen. So arbeitete sie Richtlinien für länderübergreifende Forschungsstipendien aus, gründete eine Bibliografie wissenschaftlicher Publikationen und versuchte, Wissenschaftlern den Urheberschutz ihrer Erfindungen zu sichern.

Gerade bei Letzteren schien sich ihre Einstellung zu früheren Jahren, wohl auch durch ihre Amerikareise, geändert zu haben. Am Ende ihrer Biografie schrieb sie: *»Die Menschheit braucht sicherlich praktisch denkende Menschen, die zwar für die Bedürfnisse der Allgemeinheit arbeiten, dabei aber vor allem an ihre eigenen Ziele denken. Sie braucht jedoch auch Schwärmer, deren Drang, gesteckte Ziele zu erreichen, derartig groß ist, daß sie ihre persönlichen Interessen völlig außer Acht lassen ...«* Wer ihre Lebensumstände kannte, wusste, dass sie damit auch sich selbst meinte. Obwohl Schwärmer für sie nicht der richtige Ausdruck ist, sie war wohl eher fast besessen von ihrer wissenschaftlichen Berufung.

Im März 1923, in dem Jahr als sich die Entdeckung des Radiums zum 25sten Mal jährte und die französische Regierung der Professorin Curie eine stattliche Pension von jährlich 40 000 Francs gewährte, wurde bei ihr die erste von vier Augenoperationen vorgenommen. Sie verheimlichte die OP, gab sich in der Klinik als Madame Carre aus und bat auch Ève, eine Notlüge zu gebrauchen und nichts von dem Krankenbesuch bei ihr zu erzählen. Sie empfahl ihr, den Freunden in L' Arcouest zu sagen, dass sie ihre Mutter wegen einer dringenden Redaktionsarbeit aufsuchen würde. Marie wollte kein Mitleid, keine Anteilnahme, aber vor allem auch keine Gerüchte aufkommen lassen.

Albert Einstein schrieb ihr zum Jubiläum: »*Gütig und trotzig zugleich als Mensch, so liebe ich Sie, und freue mich, daß es mir vergönnt war, in Tagen ruhigen Zusammenseins in Ihr Inneres zu schauen, wo alles zuerst im stillen gekocht wird.*«

Sie hatte Einstein auf dem 1. Solvay-Kongress 1911 kennengelernt und war im Sommer 1913 mit ihm, seinem Sohn und ihren Töchtern gemeinsam durch den Engadin gewandert, zu einer Zeit also, wo sie noch nicht genesen war von ihrer unglücklichen Liebe zu Paul und der Verachtung durch ihre Mitmenschen. Vielleicht kam die Rede darauf, auch auf die Enttäuschung bei ihrer Niederlage in der Akademie, vielleicht hat sie ihm von ihrer Sehnsucht nach Polen erzählt und von der eventuellen gefährlichen Nutzung des Radiums. Aber völlig wird sie sich nicht geöffnet haben. Sie war eine Frau, die lange und reiflich überlegte, bis sie ihre Gedanken und Entschlüsse mitteilte. Ihr Innerstes hielt sie verschlossen wie ihr Tagebuch. Auch wenn Einstein der Meinung war, hineingeschaut zu haben.

1925 berichtete ihr Miss Meloney von neun Todesfällen bei Beschäftigten einer Zifferblattwerkstatt in New Jersey. Die Frauen hatten mit den Lippen ihre Pinsel angefeuchtet, an denen sich die Leuchtfarbe mit Radium befand, jedoch in einer so minimalen Konzentration, die man bisher für ungefährlich gehalten hatte: ein Teil Radium auf mehr als 30 000 Teile Zinksulfid.

Im selben Jahr starben in Paris auch zwei Ingenieure, die der Strahlung bei der Herstellung von Thorium ausgesetzt waren, an Leukämie bzw. Anämie, auch eine Französin, die die technischen Geräte bei Radiumtherapien wartete. Marie verdrängte die Gefahr weiterhin. Oder hatte sie doch bereits schlaflose Nächte, kroch die Angst in ihr hoch, nicht um die eigene Gesundheit, aber um die ihrer Mitarbeiter und all derer, die mit Radium in Berührung kamen? Sollte ihr geliebtes Radium nicht nur Segen sondern auch Unheil bringen?

1927 stellte man bei ihrer Tochter Irène erhebliche Veränderungen im Blutbild fest. Ob jetzt die Alarmglocke schlug? Nein, nur keine Angst zeigen … Marie verordnete Irène einen Aufenthalt in den Bergen und Wintersport, der gegen die Anämie helfen sollte.

Dabei war Irène gerade schwanger. Im Jahr zuvor hatte sie den drei Jahre jüngeren Physiker Frédéric Joliot geheiratet, einen Schüler von Paul Langevin und Mitarbeiter im Curie-Laboratorium. Marie erlebte nicht mehr, dass beide für die Entdeckung der künstlichen Radioaktivität den Nobelpreis erhielten, aber sie erlebte die Geburt der kleinen Hélène, mit der sie auch das Lachen wiederfand, und im März 1932 die Geburt ihres zweiten Enkelkindes Pierre. »Glaub mir«, schrieb sie einen Monat später an ihre Schwester Bronia, »die Gemeinschaft der Familie ist ja doch das einzige gute.« Eine späte Erkenntnis …

Enkelin Hélène studierte Kernphysik und heiratete Michael Langevin, den Enkel des Geliebten ihrer Großmutter. So schloss sich der Kreis.

Tochter Irène starb mit achtundfünfzig Jahren an einer latenten Anämie, vermutlich durch ihre Arbeit ausgelöst. Sie erhielt ein Staatbegräbnis und wurde in Sceaux beerdigt.

In den letzten Jahren ihres Lebens reiste Marie Curie viel. Sie hielt Vorlesungen im Ausland, besuchte Universitäten und Forschungsinstitutionen.

Ihre Schwester Bronia hatte in Warschau ein »Marie Skłodowska-Curie Institut« mit Hilfe von Spendengeldern errichten lassen. Aber für eine erfolgreiche Forschung fehlte noch das Radium.

Marie Curie 1931

Doch es gab ja das reiche Amerika und Miss Meloney. Sie hatte mit einer Gruppe von Frauen die nötigen Gelder eingetrieben und im Oktober 1929 schiffte sich Professorin Curie noch einmal notgedrungen nach Amerika ein.

Die Gefährlichkeit der radioaktiven Substanzen ließ sich zu dieser Zeit nicht mehr verharmlosen.

Im Jahr zuvor hatte eine junge Arbeiterin Klage gegen die U. S. Radium Corporation geführt, denn bei der Zifferblattfirma in New Jersey war die Zahl der Todesfälle auf fünfzehn angestiegen. Die Gutachter bestätigten nach gründlicher Prüfung, dass die Arbeiterinnen durch das Radium gestorben waren. Bisher hatte man angenommen, dass oral eingenommenes Radium kein Risiko birgt, sondern schnell wieder ausgeschieden wird. Nun hatte man den Beweis, dass es sich in den Knochen ablagert und dort blutbildendes Gewebe zerstört.

Eine Kommission zur Untersuchung weiterer Fälle wurde gebildet, die empfahl, alle »*industriellen Einrichtungen, die radioaktive Körper manipulieren oder transportieren, als gesundheitsgefährdend einzustufen«.*

»Panikmache«, schrie die Industrie und 1929 waren in einem Arzneimittelverzeichnis noch achtzig Mittel mit radioaktiven Bestandteilen aufgeführt, von Schmerztabletten, Zahnpasten bis hin zu Hustenbonbons.

Bei der Eröffnung des Radium-Instituts in Warschau im Mai 1932; von links: D. Stanislaw Lukszczyk, der erste Institutsdirektor und Marie Curies Student, Professor Ignacy Mościcki, Präsident der Republik Polen, auch ein Chemiker, Maria Skłodowska-Curie und Helena Skłodowska-Szalay

Warum spielte Marie immer noch den Zusammenhang dieser Krankheiten mit den radioaktiven Strahlen herunter, obwohl auch bei ihren Mitarbeitern zahlreiche Fälle von Radiodermitis und Veränderungen des Blutbildes auftraten? Weil es »ihr« Radium, »ihre« Entdeckung war, für die sie unendliche Entbehrungen auf sich genommen hatte und das sie intuitiv in Schutz nahm. Sie war keine Medizinerin und hatte sich immer selbst als Maßstab gewählt. Obwohl sie besonders in den ersten Jahren im Hangar keine Vorsichtsmaßnahmen getroffen hatte, war ihr Blutbild noch in Ordnung, ihre Haare und Zähne fielen nicht aus und der Graue Star konnte auch andere Ursachen haben. Nichts war bewiesen. Und bis heute bleibt ein Rätsel, warum die Strahlenkrankheit bei ihr erst so spät ausgebrochen ist. Hatte sie überdurchschnittlich gute Gene? Vielleicht wäre sie ohne ständige Bestrahlung über hundert Jahre alt geworden wie ihre Tochter Ève?

Bei der Einweihung des Radium-Instituts 1932 war Marie Curie das letzte Mal in Warschau und pflanzte einen Baum, der heute höher als das Institut ist. An Ève schrieb sie: »*Es gibt ein Krakauer Lied, in dem es von der Weichsel heißt: Dieses Wasser Polens hat einen solchen Zauber, daß jeder, der ihm einmal unterlegen ist, es bis an sein Ende lieben muß. –*
Dieser Fluß«, schreibt sie weiter, *»hält mich mit einer tiefen Anziehungskraft, deren Ursprung mir dunkel ist …«*

Vor vierunddreißig Jahren waren es die Röntgen- und Becquerel-Strahlen, Zauberstrahlen, die sie nicht mehr losließen und deren Ursprung sie erkunden wollte. In ruhigen, ungestörten Momenten wird sie sich erinnert haben, an die Verzweiflung und Enttäuschung über Ergebnisse, die so greifbar schienen und dann doch wieder in weite Ferne rückten, und an die Freude über ungewöhnliche, fast unglaubliche und unerwartete Erfolge.

Thorium, Polonium, Radium, der Name Radioaktivität war geboren. Atome besitzen eine Struktur, sie können zerfallen, unter unwahrscheinlich hoher Energie …

Dass diese Energie einmal zur Stromerzeugung dienen würde und dass mittels der Kernspaltung die erste Atombombe gebaut werden würde, das konnte Marie Curie noch nicht wissen, aber auch in ihrem Namen warnte Pierre bereits bei seiner Nobelpreisrede vor der Gefahr, dass das Radium in verbrecherische Hände gelangen könnte.

Die wichtigste und nützlichste Anwendung ihrer Entdeckung findet sich heute in der Krebstherapie. Nicht mehr Radium, aber radioaktives Material wird in einer genau festgelegten

Strahlendosis präzise auf Krebszellen angesetzt, um sie gezielt abzutöten. Man weiß von der Gefährlichkeit des Stoffes und man weiß sich zu schützen.

Zwei Nobelpreise in unterschiedlichen Kategorien hat nach Marie Curie nur noch Lines Pauling erhalten, den für Chemie und den für Frieden.

Als Marie im Sommer 1932 mit Irène eine Urlaubsreise auf einem Schiff nach Rio de Janeiro unternahm, schrieb sie an Ève: *»Ich habe fliegende Fische gesehen! Ich habe festgestellt, daß wir fast keinen Schatten hinterlassen, weil die Sonne beinahe senkrecht über unseren Köpfen steht. Dann habe ich gesehen, wie die mir bekannten Sternbilder im Meer versunken sind …«*

Sie konnte sich wieder freuen und nicht nur über leuchtende Chemikalien.

Marie Curie starb am 4. Juli 1934, nicht ruhig, sondern sechzehn Stunden mit dem Tod ringend, in den Armen ihrer Tochter Ève an einer »perniziösen Anämie«, einer Blutarmut. Die Strahlenkrankheit hatte sie doch noch eingeholt.

Die Trauerfeier fand ihrem Wunsch gemäß schlicht und im engsten Kreis auf dem Friedhof von Sceaux statt. Zahllose Kränze, aber keine offiziellen Reden. Ihre Geschwister Bronia und Józef warfen jeder eine Handvoll polnische Erde ins Grab, ihr Schwager Jacques Curie war erkrankt, Schwester Helena im Urlaub, konnte nicht rechtzeitig anreisen. Die letzte Ehre erwiesen ihr ihre besten Freunde, die Borels, Perrins, und Paul Langevin.

Ob er je bereut hat, vielleicht in der Stunde des endgültigen Abschieds, sich damals nicht zu ihr bekannt zu haben? Und ob sie ihm das wirklich verziehen hatte? War sie glücklich und zufrieden am Ende ihres Lebens? Ihr Ziel hatte sie erreicht, geäußert hat sie dazu nichts …

Eines der letzten Fotos von Marie Curie auf dem Balkon des Radium-Institutes in Paris (1934)

Vieles bleibt offen im Leben dieser ungewöhnlichen Frau, die so wenig von sich preisgegeben hat, nicht einmal in ihrer Autobiografie. Eins jedoch ist sicher: Marie Curie hat das radiologische Feuer entfacht, immer wieder geschürt und nun loderte es auch ohne sie kräftig weiter. Es war ihr Leben, das auf dem Spiel stand, »das bisschen Leben …« – und es hat sie das Leben gekostet.

Anhang

Zeittafel
zum Leben von Marie Curie

1867	Maria Skłodowska wird am 7. November in Warschau in der Fretastraße 16 geboren.
1876	Ihre Schwester Zofia stirbt an Typhus.
1878	Marias Mutter stirbt an Tuberkulose.
1883	Maria schließt die Schule mit einer Goldmedaille ab.
1886	Sie beginnt auf dem Gut Szczuki als Hauslehrerin zu arbeiten.
1889	Sie kehrt nach Warschau zurück und arbeitet als Gouvernante bei der Familie Fuchs.
1891	Maria reist nach Paris und schreibt sich an der Sorbonne mit dem Namen Marie Skłodowska ein.
1893	Juli – Sie beendet das Physikstudium als Beste.
1893	Marie erhält das Alexandrowitsch-Stipendium.
1894	April – Sie trifft das erste Mal mit Pierre Curie zusammen.
1894	Juni – Sie lehnt Pierres Heiratsantrag ab.
1894	Juli – Sie beendet das Mathematikstudium als Zweitbeste.
1895	26. Juli – Hochzeit von Marie und Pierre.
1896	Marie legt die Prüfung zum Unterrichten an einer Mädchenschule als Beste ab.
1897	12. September – Tochter Irène wird geboren. Marie findet ihr Dissertationsthema.
1898	Beginn der gemeinsamen Forschungsarbeiten von Pierre und Marie im Maschinensaal der École de physique et chimie.
1898	Die Curies entdecken, dass Thorium wie Uran unsichtbare Strahlen aussenden.
1898	Sie weisen zwei radioaktive Elemente nach: Polonium und Radium.
1899	Sie entdecken die induzierte Radioaktivität.
1899	Marie wird als Lehrerin an die Mädchenschule in Sèvres berufen.
1902	Sie gewinnt reines Radiumsalz und bestimmt das Atomgewicht von Radium.
1902	Maries Vater stirbt in Warschau.

1903	Juni – Marie verteidigt ihre Doktorarbeit mit Auszeichnung.
1903	Dezember – Marie und Pierre erhalten gemeinsam mit Henri Becquerel den Nobelpreis für Physik.
1904	November – Pierre erhält einen Lehrstuhl für Physik an der Sorbonne.
1904	6. Dezember – Tochter Ève wird geboren.
1904	Dezember – Marie nimmt die französische Staatsbürgerschaft an.
1906	19. April – Pierre wird von einer Pferdekutsche überfahren und stirbt an den Folgen.
1906	Marie übernimmt die Professur ihres Mannes und setzt seine Vorlesungen über die Radioaktivität fort. Sie leitet auch das Laboratorium und die Ausbildung der Studenten.
1908	Marie Curie erhält eine ordentliche Professur an der Sorbonne.
1910	Sie veröffentlicht ihr erstes Buch über die Radioaktivität.
1910	Sie erarbeitet eine Tabelle der radioaktiven Substanzen, stellt ein internationales Normalmaß des Radiums her und gewinnt das Element Radium als reines Metall.
1911	Januar – Marie Curie bewirbt sich um einen Sitz in der Académie des sciences und unterliegt dem Physiker Edouard Branly.
1911	Oktober – Sie nimmt am 1. Solvay-Kongress teil.
1911	Ihr Verhältnis zu Paul Langevin wird bekannt und sie wird in der Boulevardpresse angegriffen.
1911	11. Dezember – Sie nimmt in Stockholm den Nobelpreis für Chemie entgegen.
1913	Unter ihrer Anleitung wird in Paris ein Radium-Institut errichtet.
1914–1918	Marie Curie betreut Röntgenstationen und zahlreiche Lazarette im Ersten Weltkrieg.
1921	Erste Amerikareise mit ihren Töchtern. Sie leidet unter Seh- und Hörstörungen.
1922	Marie Curie wird am 15. Mai vom Völkerbundsrat zum Mitglied der Internationalen Kommission für geistige Zusammenarbeit ernannt.
1923	Erste Augenoperation.

1924	Zweite und dritte Augenoperation.
1925	Marie Curie kommt zur Grundsteinlegung eines neuen Radium-Instituts für Forschung und Krebsbehandlung nach Warschau.
1926	Irène Curie heiratet Frédéric Joliot.
1929	Zweite Amerikareise Marie Curies.
1930	Vierte Augenoperation.
1932	März – Marie Curie wird mit der Matrikelnummer 3872 in die Leopoldina in Halle an der Saale aufgenommen.
1932	Mai – Sie weiht in Warschau das Radium-Institut ein.
1934	Irène und Frédéric Joliot-Curie entdecken die künstliche Radioaktivität.
1934	Marie Curie stirbt am 4. Juli während eines Kuraufenthaltes in der Schweiz. Sie wird im Familiengrab in Sceaux beigesetzt.
1995	Die sterblichen Überreste von Marie und Pierre Curie werden unter Beisein der Staatspräsidenten von Frankreich und Polen, Francois Mitterand und Lech Wałęsa, in das Pariser Panthéon überführt.

Berühmte Wissenschaftler
zu Lebzeiten von Marie Curie

Svante Arrhenius (1859–1927), schwedischer Physiker und Chemiker, der 1903 den Nobelpreis für Chemie für seine Theorie über die elektrolytische Dissoziation erhielt. 1905 wurde er Direktor des Nobelinstituts für physikalische Chemie.
Er riet Marie Curie im November 1911, die Nobelpreisannahme wegen ihrer Affäre mit Langevin abzulehnen.

Paul Appell (1855–1930), französischer Mathematiker, der 1885 Professor für Mechanik an der Sorbonne wurde. Marie Curie hörte bei ihm »mecanique rationelle«. 1903 bis 1920 war er Dekan der Fakultät der Wissenschaften an der Universität Paris und 1920 bis 1925 Rektor. In die Akademie der Naturwissenschaften wurde er 1892 gewählt. Er engagierte sich sehr für Dreyfus, der wie er aus dem Elsaß stammte.
Marquerite, eine seiner drei Töchter, heiratete später Émilé Borel. Sie war Marie Curies Freundin und Vertraute während der Langevin-Affäre.

Antoine Henri Becquerel (1852–1908), französischer Physiker und seit 1892 Professor für Physik an der Pariser École Polytechnique. 1896 wies er eine unbekannte Art von Strahlung bei Uranverbindungen nach, die Marie Curie in ihrer Doktorarbeit weiter untersuchte und »radioaktiv« nannte.
1903 erhielt er gemeinsam mit Marie und Pierre Curie den Nobelpreis für Physik.
Kurz vor seinem Tod wurde er zum Präsidenten der Akademie der Wissenschaften gewählt. Nach ihm wird die Einheit der Aktivität radioaktiver Substanzen benannt.

Gustave Bémont (1857–1937), französischer Chemiker und an der École de physique et de chimie tätig. Marie und Pierre Curie bezogen ihn in ihre Forschungsarbeiten ein. Er verfasste mit ihnen gemeinsam die Mitteilung an die Akademie der Wissenschaften über eine neue stark radioaktive Substanz in der Pechblende.

Charles-Joseph Bouchard (1837–1915), französischer Pathologe, der Marie Curie bereits 1901 und 1902 für den Nobelpreis vorgeschlagen hatte. Als 1903 nur Pierre Curie und Antoine Becquerel vorgesehen waren und Pierre sich für seine Frau verwendete, kam die Schwedische Akademie auf diese Nominierung zurück.

Edouard Branly (1844–1940), französischer Physiker und Schüler von Pasteur. 1875 wurde er Professor am Institut catholique de Paris. Er erfand einen Radiowellendetektor und zählte zu den Pionieren der Funktechnik. Gemeinsam mit Marie Curie erhielt er 1904 den Prix Osiris und gewann 1910 den Abstimmungskampf gegen sie um Aufnahme in die Akademie der Wissenschaften.

Andrew Carnegie (1835–1919) wurde als Sohn eines Webers in Schottland geboren. 1848 wanderte seine Familie nach Amerika aus. Mit 14 Jahren lernte er das Telegrafieren und organisierte später das militärische Telegrafensystem. Mit viel Energie und Klugheit arbeitete er sich zu einem der reichsten Menschen der Welt empor und steckte sein Vermögen in viele Stiftungen der Wissenschaft und Kultur. Insgesamt spendete er mehr als 350 Millionen US-Dollar. 1907 rief er eine Curies-Stiftung ins Leben.

Sir William Crookes (1832–1919), englischer Physiker und Chemiker, der 1861 das chemische Element Thallium entdeckte. 1863 wurde er Mitglied der »Royal society« und 1897 erhielt er ein Adelsprädikat. Er entdeckte die Kathodenstrahlen und im Jahre 1900 das Thoriumisotop. Damit lieferte er einen Hinweis darauf, dass Radioaktivität die Umwandlung von einem Element in ein anderes beinhaltet. Crookes war außerdem Parapsychologe und am Spiritismus interessiert. Mit den Curies war er in ständigem wissenschaftlichen Austausch.

Jacques Curie (1855–1941), französischer Physiker und Professor der Mineralogie an der Universität Montpellier. Gemeinsam mit seinem Bruder Pierre erfand er ein Elektrometer, das später auch Marie Curie bei der Erforschung von Polonium und Radium benutzte. Außerdem entdeckten die Brüder 1880 die Piezoelektrizität, wofür sie 1895 mit dem Prix Gaston Planté der Akademie der

Wissenschaften ausgezeichnet wurden. 1896 heiratete er Virginie Masson, mit der er bereits zwei Kinder hatte. Sein Sohn Maurice wurde Physikprofessor und Mitarbeiter in Marie Curies Labor. Seine Tochter Madeleine wurde 102 Jahre alt.

Pierre Curie (1859–1906) wurde als zweiter Sohn des Arztes Eugène Curie und der Fabrikantentochter Sophie-Claire Depouilly in Paris geboren. Er besuchte keine Schule, sondern wurde von seinen Eltern unterrichtet und legte mit 16 Jahren das Abitur ab. Mit 19 Jahren erwarb er einen Universitätsabschluss in Physik und zwei Jahre später konstruierte er mit seinem Bruder Jacques eine hochempfindliche Waage und entdeckte die Piezoelektrizität. 1882 übernahm er die Leitung der Schule für Physik und Chemie in Paris. 1895 promovierte er und erhielt eine Professur an der École de physique et chimie. Im selben Jahr heiratete er Marie Skłodowska, mit der er zwei Töchter, Irène und Ève, hatte. Gemeinsam mit Marie entdeckte er 1898 in der Pechblende die Elemente Polonium und Radium. 1902 scheiterte er mit einem Aufnahmeantrag in die Akademie der Wissenschaften in Paris, erst im dritten Anlauf gelang ihm 1905 die Aufnahme. 1903 erhielt er mit seiner Frau eine Hälfte des Nobelpreises für Physik. Die zweite Hälfte des Preises ging an Antoine Henri Becquerel. Pierre Curie starb am 19. April 1906 bei einem Verkehrsunfall in Paris.

André-Louis Debierne (1874–1949) war ein französischer Chemiker, der eng mit Pierre und Marie Curie zusammenarbeitete. Von 1935 bis 1946 war er Professor in Paris und Direktor des Laboratoriums für Physik und Radioaktivität. Debierne befasste sich mit der technischen Gewinnung und Anreicherung radioaktiver Substanzen aus Uranerzen. 1899 entdeckte er in Pechblendenrückständen das Element Aktinium. 1907 fand er die Aktiniumemanation und wies Helium als dessen Zerfallsprodukt nach. Er bestimmte die relative Atommasse von Radon.

Eugène-Anatole Demarçay (1852–1904), ein französischer Chemiker, entdeckte das Element Europium. Er wies es zunächst spektroskopisch nach und isolierte es 1901. Er half Marie Curie mit spektroskopischen Untersuchungen bei der Isolierung des Radiums aus Pechblendenabfällen.

Émile Duclaux (1840–1904), ein französischer Biologe und Chemiker, wurde nach dem Tod Pasteurs im Jahr 1894 Direktor des Pasteur-Instituts. Auch er war einer der Unterstützer von Alfred Dreyfus. Marie Curie hörte bei ihm an der Sorbonne »Biologische Chemie«.

Albert Einstein (1879–1955) wurde 1999 von hundert führenden Physikern zum größten Physiker aller Zeiten gewählt. Im Laufe seines Lebens hielt er teilweise überlappende Staatsbürgerschaften folgender Nationen: Deutschland (1879–1896 und 1914–1933), Schweiz (1901–1955), Österreich (1911–1912), USA (1940–1955). Sein Hauptwerk ist die Relativitätstheorie, aber auch zur Quantenphysik leistete er wesentliche Beiträge. Den Nobelpreis für Physik 1921 erhielt er erst im November 1922. Er verstand sich selbst auch als Pazifist, Sozialist und Zionist. Marie Curie hatte Einstein auf dem 1. Solvay-Kongress 1911 kennengelernt und im Sommer 1913 wanderten sie und ihre Töchter mit Einstein und seinem Sohn durch die Schweiz.

Charles Friedel (1832–1899), französischer Chemiker. 1876 wurde er zum Professor der Mineralogie an der Sorbonne berufen. 1884 übernahm er dort die Professur für Organische Chemie. Ab 1889 war er zusätzlich Präsident einer Kommission zur Reform der Nomenklatur organischer Verbindungen. In seinem Labor unternahm Pierre Curie seine ersten Versuche.

Louis Georges Gouy (1854–1926), französischer Physiker, Professor in Lyon und enger Freund von Pierre Curie. Er hatte Marie Curie geraten, bei der Akademie der Wissenschaften zu kandidieren.

Irène Joliot-Curie (1897–1956), Tochter von Marie und Pierre Curie, Schwester der Schriftstellerin Ève Curie und Mutter der Kernphysikerin Hélène Langevin. 1937 erhielt sie eine Professorenstelle an der Sorbonne. 1933 gelangen ihr und ihrem Ehemann Frédéric Joliot-Curie die Entdeckung der künstlichen Radioaktivität, für die sie 1935 mit dem Nobelpreis für Chemie ausgezeichnet wurden.

1936 wurde sie als Staatssekretärin für Wissenschaft und Forschung in die Regierung berufen. Sie hatte eingewilligt, um ein
Zeichen für die Frauenbewegung zu setzen, blieb aber nur drei
Monate im Kabinett. Das Wahlrecht erhielten Frauen in Frankreich erst 1944.

Sie bewarb sich viermal um einen Sitz in der Akademie der Wissenschaften, um die frauenfeindliche Tradition dieser Institution
anzuprangern und wurde jedes Mal abgelehnt. Sie leitete das
Laboratorium Curie bis zum Ausbruch des Zweiten Weltkrieges.
1956 starb sie an Leukämie. Die Regierung ordnete ein Staatsbegräbnis an.

Jean Frédéric Joliot-Curie (1900–1958) wurde 1925 Assistent von Marie Curie am Radium-Institut in Paris. 1926 heiratete er ihre Tochter Irène. Gemeinsam mit ihr erhielt er 1935 den Nobelpreis für
Chemie für die Synthese eines Radionuklids, durch Beschuss von
Aluminium mit Alphateilchen. Damit war die künstliche Radioaktivität entdeckt. 1937 wurde er Professor am Collége de France,
1941 Präsident der Nationalen Front des Widerstands. 1943 wurde Joliot-Curie in die Akademie der Wissenschaften gewählt. Er
leitete 1948 den Bau des ersten französischen Atommeilers. 1950
wurde er aus politischen Gründen entlassen und zum Präsidenten des Weltfriedensrates gewählt. Nach dem Tod seiner Frau
1956 übernahm er deren Professur an der Sorbonne und beschäftigte sich in den letzten beiden Lebensjahren hauptsächlich mit
dem Aufbau des Instituts für Kernphysik in Orsay. Seine Kinder
Pierre Joliot und Hélène Langevin-Joliot waren ebenfalls als Physiker tätig. Es ist nicht bekannt, ob Frédérics Tod eine Folge seiner
langjährigen Forschung mit radioaktiven Stoffen war. Er bekam
wie seine Frau ein Staatsbegräbnis und wurde wie sie in Sceaux
beigesetzt.

Heike Kammerlingh Onnes (1853–1926), niederländischer Physiker, der 1882 Professor an der Universität in Leiden wurde. Sein
Hauptarbeitsgebiet war die Verflüssigung von Gasen. Ihm gelang
1908 als Erstem die Herstellung von flüssigem Helium. Er entdeckte die Supraleitung und erhielt 1913 den Nobelpreis für die
Untersuchung der Eigenschaften von Stoffen bei tiefen Tempera-

turen. Im März 1911 besuchte Marie Curie ihn in Leiden, um gemeinsam mit ihm das Verhalten von radioaktiven Substanzen bei tiefen Temperaturen zu untersuchen.

Robert Koch (1843–1910) wurde als drittes von 13 Kindern eines Bergrates in Clausthal geboren. Er studierte Medizin und begann als Hausarzt zu arbeiten. 1876 gelang es ihm, im Forschungslabor seiner Praxis Milzbrandbakterien zu züchten. Damit konnte das erste Mal die Rolle eines Krankheitserregers lückenlos beschrieben werden. Als »Kaiserlicher Geheimer Regierungsrat« am Berliner Institut für Physiologie glückte ihm 1882 die Entdeckung des Tuberkuloseerregers. Eine Sensation, denn die »weiße Pest«, war in Europa für bis zu 20 % aller Todesfälle verantwortlich. Auch Maries Mutter und ihre Schwester Zosia starben daran. Maries Schwester Bronia gründete gemeinsam mit ihrem Mann 1898 ein Sanatorium für Tuberkulosekranke in Zakopane. 1905 erhielt Koch für seine Entdeckung den Nobelpreis.

Paul Langevin (1872–1946), französischer Physiker, der u. a. bei J. J. Thomson studierte. 1909 erhielt er eine Professur für Physik am Collége des France in Paris. Er arbeitete über die Moderierung von Neutronen und schuf so eine Grundlage für den Bau von Kernreaktoren. Sein Schüler Frédéric Joliot, späterer Mann von Irène Curie, hat ihn als Lehrer sehr geschätzt. Er leitete den 6. und 7. Solvay-Kongress 1930 und 1933. Marie Curie wurde wegen ihrer Liebesbeziehung zu dem verheirateten Kollegen in der französischen Presse angegriffen und verleumdet.

Gabriel Lippmann (1845–1921) wurde in Luxemburg geboren und hat in Frankreich gelebt. 1883 erhielt er eine Professur für mathematische Physik und 1886 für experimentelle Physik an der Sorbonne. Er entwickelte unter anderem das nach ihm benannte Lippmannverfahren der Farbfotografie, für das er 1908 den Nobelpreis erhielt. Lippmann war Marie Curies Lehrer an der Sorbonne und einer der Gutachter für ihre Doktorarbeit.

Hendrik Antoon Lorentz (1853–1928), niederländischer Physiker, der 1902 gemeinsam mit Pieter Zeemann den Nobelpreis für Physik für die Entdeckung und theoretische Erklärung des Zeemann-Effektes erhielt. Er war befreundet mit den Curies, besuchte sie bei seinen Aufenthalten in Paris regelmäßig und leitete die ersten fünf Solvay-Kongresse, an denen Marie Curie als einzige Frau teilnahm.

Ferdinand Frédéric Henri Moissan (1852–1907), französischer Chemiker, dem es 1886 als Erstem glückte, reines Fluor herzustellen. 1893 entdeckte er in einem Meteoritenkrater in Arizona ein bis dahin unbekanntes Mineral, mit Diamant ähnlichen Eigenschaften, das als das zweithärteste natürlich vorkommende Material gilt. Es wurde nach seinem Entdecker Moissanit genannt. 1906 erhielt er den Nobelpreis für Chemie. Moissan hatte das Uran besorgt, an dem Marie Curie ihre ersten Messungen vornahm und war einer ihrer Gutachter für die Doktorarbeit.

Henri Mouton (1869–1935), französischer Biologe und Chemiker, arbeitete am Pasteur-Institut in Paris und wurde 1927 Professor für physikalische Chemie an der Faculté des sciences. Er war am Bildungsexperiment beteiligt, das Marie Curie 1907 angeregt hatte und unterrichtete die Kinder allgemein in Naturwissenschaften.

Alfred Bernhard Nobel (1833–1896), schwedischer Chemiker und Erfinder von 355 Patenten, u. a. des Dynamits. Da Nobel kinderlos blieb, veranlasste er, dass mit seinem Vermögen von etwa 31,2 Millionen Kronen eine Stiftung gegründet werden sollte. Im Testament schrieb er, dass die Zinsen seiner Wertpapiere in fünf gleiche Teile geteilt werden sollen: »... ein Teil dem, der auf dem Gebiet der Physik die wichtigste Entdeckung oder Verbesserung gemacht hat; ein Teil dem, der die wichtigste chemische Entdeckung oder Verbesserung gemacht hat; ein Teil dem, der die wichtigste Entdeckung auf dem Gebiet der Physiologie oder der Medizin gemacht hat; ein Teil dem, der in der Literatur das Vorzüglichste in idealer Richtung geschaffen hat; und ein Teil dem, der am meisten oder besten für die Verbrüderung der Völker und für die Abschaffung oder Verminderung der stehenden Heere sowie die Bildung und Verbreitung von Friedenskongressen gewirkt hat.« Rücksicht auf die Zugehörigkeit zu einer Nation sollte nicht

genommen werden. Damit stiftete er die jährlich verliehenen Nobelpreise.

Jean-Baptiste Perrin (1870–1942), französischer Physiker, der von
1910 bis 1940 an der Sorbonne lehrte. In den 1920er Jahren
grenzte sein Labor an das von Marie Curie. 1926 erhielt er den
Nobelpreis für Physik. Er flüchtete vor den Deutschen in die USA,
starb dort, wurde aber 1948 im Panthéon in Paris beigesetzt. Er
bewies u. a., dass es sich bei Kathodenstrahlen um negativ gelade-
ne Teilchen handelte. Er entwickelte die Perrin-Röhre, mit der sich
die spezifische Ladung von Elektronen berechnen ließ. Seine Frau
Henriette und Marie Curie waren Freundinnen.

Henri Poincaré (1854–1912), französischer Mathematiker, theo-
retischer Physiker und Philosoph, der von 1881 bis zu seinem
Tod Ordinarius für mathematische Physik an der Sorbonne in
Paris war. 1887 wurde er Mitglied der Akademie der Naturwis-
senschaften. Er beschäftigte sich u. a. mit der Astronomie und
Quantenphysik und war Autor zahlreicher Bücher und Veröffent-
lichungen. Er war Marie Curies herausragendster Lehrer an der
Sorbonne.

Sir William Ramsay (1852–1916), schottischer Chemiker. 1904 erhielt
er den Nobelpreis für Chemie. Zusammen mit Lord Rayleigh entdeckte er die Edelgase Argon und Helium, später zusammen mit
Morris William Travers die Edelgase Krypton, Neon und Xenon, die
er in das PSE einordnete. Mit Frederick Soddy stellte er 1903 fest,
dass die Radiumemanation ein Gas produziert, dessen Spektren
denen des Heliums entsprechen. Durch die Experimente mit Radium und dessen Zerfallsprozessen, erkrankte er an Nasenkrebs, der
auch zu seinem Tod führte.

Wilhelm Conrad Röntgen (1845–1923), seit 1893 Rektor der Universität Würzburg. Er entdeckte dort 1895 die nach ihm benannten
Röntgenstrahlen. 1901 erhielt er als Erster einen Nobelpreis für
Physik. Er stiftete das Preisgeld der Universität Würzburg und ver-
zichtete auch darauf, seine Erfindungen zu patentieren, so dass
sein Röntgenapparat schnellere Verbreitung fand. Seine Arbeiten

inspirierten und halfen Marie Curie bei der Entdeckung und Erforschung der Radioaktivität.

Émile Roux (1853–1933), französischer Mikrobiologe, Schüler und späterer Mitarbeiter von Louis Pasteur. Zusammen mit ihm untersuchte er Auslöser von Infektionskrankheiten. Er hielt 1888 die weltweit erste Vorlesung in Mikrobiologie. Ab 1893 entwickelte er die Serumtherapie insbesondere gegen Diphtherie und untersuchte die medizinische Anwendung von radioaktiven Strahlen. 1909 bot er Marie Curie eine Stelle im Pasteur-Institut an.

Ernest Rutherford (1871–1937), in Neuseeland geboren, erkannte bereits mit 26 Jahren, dass die ionisierende Strahlung des Urans aus mehreren Teilchenarten besteht. 1898 wurde er Professor an der McGill Universität in Montréal (Kanada). 1902 stellte er die Hypothese auf, dass chemische Elemente durch radioaktiven Zerfall in Elemente mit niedrigerer Ordnungszahl übergehen. 1903 teilte er die Radioaktivität in Alphastrahlung, Betastrahlung sowie Gammastrahlung nach der positiven, negativen oder neutralen Ablenkung der Strahlenteilchen in einem Magnetfeld ein und führte den Begriff der Halbwertszeit ein. 1908 erhielt er den Nobelpreis für Chemie. Rutherford widerlegte das Atommodell von Thomson, das von einer gleichmäßigen Masseverteilung ausging. Das Rutherfordsche Atommodell, nach dem die positive Ladung und ein Großteil der Masse in einem Atomkern vereinigt sind, leitete er 1911 aus Streuversuchen von Alphateilchen an Goldfolie ab. Er war ein Student von Pierre Curie am Cavendish Laboratory. Marie Curie begegnete Rutherford das erste Mal auf ihrer Promotionsfeier 1903.

Paul Schützenberger (1829–1897), französischer Chemiker und Mitglied der französischen Akademie der Wissenschaften, der von 1882 bis 1896 Direktor der ESPI (École superieure de physique et de chimie) war. Er genehmigte Marie Skłodowska, in seiner Schule das Labor von Pierre Curie mit zu nutzen.

Frederick Soddy (1877–1956), englischer Chemiker und Student von Rutherford. An der McGill University in Montreal forschte er mit ihm auf dem Gebiet der Radioaktivität. 1903 wies er gemeinsam mit Sir William Ramsay nach, dass beim Alpha-Zerfall von Radium Helium entsteht. Er prägte den Begriff Isotop und erhielt 1921 den Nobelpreis für Chemie.

Ernest Solvay (1838–1922), belgischer Chemiker, der bereits mit dreiundzwanzig Jahren sein erstes Patent für die Herstellung von Soda anmeldete. Noch heute wird nach dem Ammoniak-Soda-Verfahren auf der ganzen Welt Soda hergestellt. Er unterstützte zeitlebens viele karitative Einrichtungen.
In Brüssel rief er 1911 den 1. Solvay-Kongress für Physiker ins Leben. Nur maximal fünfundzwanzig eingeladene höchstrangige Physiker und Chemiker sollten danach regelmäßig zu einer Art »Gipfelkonferenz« zusammenkommen, um wichtige Themen zu diskutieren. Noch im Alter von 80 Jahren wurde er in Belgien zum Staatsminister gewählt. Marie Curie nahm von 1911 bis 1933 an insgesamt sieben Solvay-Kongressen teil.

Joseph John Thomson (1856–1940), britischer Physiker und Lehrer von Rutherford. Als er 1897 das Elektron entdeckte, war das der Beginn der modernen Atomphysik. 1906 erhielt er für seine Forschungen über die elektrische Leitfähigkeit von Gasen den Nobelpreis für Physik. Von 1916 bis 1920 war er Präsident der Royal Society. Er wurde in der Westminster Abbey, in der Nähe von Sir Isaac Newton, bestattet.

William Thomson, 1. Baron Kelvin (1824–1907), ein in Irland geborener britischer Physiker, der hauptsächlich auf den Gebieten der Elektrizitätslehre und Thermodynamik forschte. Er führte die nach ihm benannte absolute Kelvin-Skala ein. Den Zeitpunkt der Entstehung der Erde grenzte er aufgrund der noch vorhandenen Erdwärme bis auf 24,1 Millionen Jahre ein und sah das als seine größte Leistung an. Als man später erkannte, dass die Erdwärme zum Teil aus radioaktiven Prozessen im Erdinneren gespeist wird und Messungen des radioaktiven Zerfalls zu höheren Erdwärmewerten führten, revidierte er seine Meinung nicht. Marie Curie traf ihn im Jahr 1900 auf dem Physik-Kongress in Paris und blieb bis zu seinem Tod mit ihm in ständigem wissenschaftlichen Austausch.

Glossar

Aktinium – Actinium (griechisch aktína »Strahl«, Symbol Ac) ist ein radioaktives chemisches Element mit der Ordnungszahl 89. Das Element ist ein Metall und gehört zur 7. Periode, d-Block. Es wird der Gruppe der Actinoide mit weiteren 14 Elementen zugeordnet. Actinium wurde im Jahr 1899 von dem französischen Chemiker André-Louis Debierne entdeckt, der es aus Pechblende isolierte.

Alphastrahlen – Strom von Teilchen, die aus zwei Protonen und zwei Neutronen bestehen und einem Helium-Atomkern entsprechen. Die Strahlen treten bei einem radioaktiven Zerfall auf.

Atom – aus dem Griechischen Atomos »unteilbar«. Atome sind jedoch nicht unteilbar, sondern bestehen aus Neutronen, Protonen und Elektronen. 1911 entwickelte Rutherford das Atommodell, nach dem die negativ geladenen Elektronen in einer Hülle den positiv geladenen Kern umkreisen. 1913 verbesserte Bohr das Modell, indem er zeigte, dass die Elektronen auf mehreren Bahnen, auch Schalen genannt, den Kern umkreisen.

Atomkern – besitzt fast die ganze Masse des Atoms und ist aus elektrisch neutralen Neutronen und positiv geladenen Protonen zusammengesetzt.

Becquerelstrahlen – benannt nach dem französischen Physiker Antoine Henri Becquerel. 1896 experimentierte er mit der Phosphoreszenz von Uransalzen und wies eine Strahlung nach, die nicht zum Spektrum des sichtbaren Lichts gehört.

Betastrahlen – Elektronen, die mit nahezu Lichtgeschwindigkeit aus zerfallenden Atomkernen austreten.

Curie – veraltete Einheit (bis 1985) für die Aktivität eines radioaktiven Stoffes, dann durch die SI-Einheit Becquerel ersetzt. Heute benutzt man sie nur noch in der Werkstoffprüfung.

Elektron – negativ geladenes Elementarteilchen. Elektronen bilden die Hülle eines Atoms. Der experimentelle Nachweis von Elektronen gelang erstmals im Jahre 1897 durch den Briten Joseph John Thomson.

Elektroskop – ein Gerät zum Nachweis elektrischer Ladung oder Spannung, dessen Funktion auf der Anziehung und Abstoßung elektrischer Ladungen beruht.

Element – Sammelbezeichnung für alle Atomarten mit derselben Anzahl an Protonen im Atomkern. Somit haben alle Atome eines chemischen Elements dieselbe Kernladungszahl (auch Ordnungszahl). Im Periodensystem werden die Elemente nach steigender Kernladungszahl angeordnet.

Elementarteilchen – Bezeichnung für alle Teilchen, die als nicht teilbar angesehen werden.

Emanation – Rutherford prägte 1899 den Begriff für ein Gas, das von dem Element Thorium abgegeben wurde und eine höhere Radioaktivität besaß als Thorium selbst. 1900 fand der englische Chemiker William Crookes dieselbe Erscheinung bei Uran. Im März 1901 war auch Pierre Curie dieser Ansicht und schrieb in einer Veröffentlichung, dass die große Radioaktivität im Labor durch die regelmäßige Entstehung von radioaktivem Gas zu erklären ist. Die Emanation von Radium wird als Radon bezeichnet.

Fluoreszenz – spontane Emission von Licht beim Übergang eines elektronisch angeregten Systems in einen Zustand niedrigerer Energie. Das emittierte Licht ist in der Regel energieärmer als das vorher absorbierte.

Gammastrahlen – elektromagnetische Wellen, sogenannte Energiequanten, die den Röntgenstrahlen ähneln.

Halbwertszeit – vorwiegend in der Atomphysik verwendeter Begriff. Die Zeit, in der die Hälfte einer bestimmten Zahl radioaktiver Atomkerne zerfallen ist und die Strahlung entsprechend abnimmt.

Isotope – Atomkerne mit gleicher Protonenzahl, aber unterschiedlicher Neutronenzahl.

Kathodenstrahlen – historischer Begriff für Elektronenstrahlen. Sie werden in einer Kathodenstrahlröhre erzeugt, in der Hochvakuum herrscht.

Neutron – elektrisch neutral, wird von anderen Ladungen weder angezogen noch abgelenkt. Neutronen befinden sich neben den Protonen im Atomkern und sorgen dafür, dass der Atomkern stabil bleibt. Ein freies Neutron zerfällt in ein Proton, ein Elektron und ein Antineutrino. Dieser Beta-Zerfall wird durch die schwache Wechselwirkung bewirkt.

Nuklide – Atomkerne, die durch Massenzahl und Kernladungszahl charakterisiert werden.

Ordnungszahl – gibt die Anzahl der Protonen in einem Atomkern an und ist identisch mit der Ladungszahl des Atomkerns.

Pechblende – Uraninit (auch Uranpecherz) ist ein häufig vorkommendes Mineral aus der Mineralklasse der Oxide (UO_2).

Piezoelektrizität – aus dem Griechischen piezein »drücken, pressen«. Beschreibt die Änderung der elektrischen Polarisation und das Auftreten einer elektrischen Spannung an Festkörpern, wenn sie elastisch verformt werden (direkter Piezoeffekt). Umgekehrt verformen sich Materialien beim Anlegen einer elektrischen Spannung (inverser Piezoeffekt).

Polonium – radioaktives chemisches Element mit der Ordnungszahl 84 und dem Symbol Po. Es wird der Elementgruppe der Chalkogene zugeordnet und wurde von Marie Curie aus Pechblende im Jahr 1898 isoliert und nach ihrem Heimatland Polen benannt.

Proton – positiv geladenes Elementarteilchen, 1 836-mal schwerer als das Elektron, Bestandteil des Atomkerns.

Quantensprung – ein Elektron, das sich um einen Atomkern bewegt, muss springen, um von einem Energiezustand zu einem anderen zu gelangen. Auch kann sich die Energie eines elektromagnetischen Feldes nicht um beliebige Werte ändern: Energie kann nur in kleinen Portionen (Photonen) aufgenommen oder abgegeben werden.

Quantentheorie – Anfang des 20. Jahrhunderts entwickelt. Sie beschreibt das seltsame Verhalten von Quanten. Max Planck fand 1900 heraus, dass die Energie von Licht nur in Portionen aufgenommen und abgegeben werden kann. 1905 ging Albert Einstein noch einen Schritt weiter, als er bei der Erklärung des Fotoeffektes behauptete, dass Licht sogar aus Lichtpaketen, den Photonen, besteht. Im ersten Drittel des 20. Jahrhunderts legten dann Forscher wie Niels Bohr, Paul Dirac, Werner Heisenberg und Erwin Schrödinger die mathematischen Fundamente der Quantentheorie.

Radioaktiver Zerfall – Übergang eines instabilen Atomkerns in einen anderen, wobei radioaktive Strahlung in Form von Alpha-, Beta-, Gamma-, Protonen-, Neutronen- oder Röntgenstrahlung freigesetzt wird.

Radioaktivität – Eigenschaft bestimmter Atomkerne, sich ohne äußere Einwirkung in andere Atomkerne umzuwandeln und dabei eine charakteristische Strahlung (Alpha-, Beta- oder Gammastrahlen) auszusenden.

Radium – chemisches Element im Periodensystem der Elemente mit dem Symbol Ra und der Ordnungszahl 88 (lat. radius »Strahl«, wegen seiner Radioaktivität, wie auch Radon). 1898 gaben Marie und Pierre Curie seine Entdeckung bekannt.

Röntgenstrahlen – elektromagnetische, unsichtbare, ionisierende Strahlen, die in der Medizin und in der Technik verwendet werden. In einer größeren Dosis sind sie gesundheitsschädlich. Sie durchdringen die meisten Stoffe. Ursprünglich X-Strahlen genannt.

Thorium – chemisches Element mit dem Symbol Th und der Ordnungszahl 90, das zur Gruppe der Actinoide (7. Periode, f-Block) gehört und nach dem Donnergott Thor benannt wurde. Marie entdeckte im Jahr 1898, dass es wie Uran unsichtbare radioaktive Strahlen aussendet.

Uran – chemisches Element mit dem Symbol U und der Ordnungszahl 92, das zur Gruppe der Actinoide (7. Periode, f-Block) gehört. Uran wurde 1789 von Martin Heinrich Klaproth aus dem Mineral Pechblende isoliert. Es ist nach dem Planeten Uranus benannt. Uran ist ein radioaktives Metall.

Zerfallsgesetz – besagt, dass die Anzahl der radioaktiven Atomkerne eines Stoffes exponentiell mit der Zeit abnimmt.

Verwendete Literatur

Olgierd Wolczek: Marie Skłodowska-Curie. BSB B.G. Teubner Verlagsgesellschaft, Leipzig 1977

Susann Quinn: Marie Curie. Eine Biographie. Insel Verlag, Leipzig 1999

Peter Ksoll, Fritz Vögtle: Marie Curie. rororo Monografie. Rowohlt Verlag, Reinbek 1988

Marie Skłodowska-Curie: Selbstbiographie. B.G. Teubner Verlagsgesellschaft, Leipzig 1962 (verfasst 1922)

Wilhelm Strube: Das strahlende Metall. Leben und Werk von Pierre und Marie Curie. Der Kinderbuchverlag Berlin-Leipzig 1973

Luca Novelli: Marie Curie und das Rätsel der Atome. Arena Verlag GmbH, Würzburg 2008

Per Olov Enquist: Das Buch von Blanche und Marie. Carl Hanser Verlag, München 2005

Pierre Radvanyi: Die Curies. Eine Dynastie von Nobelpreisträgern. Spektrum der Wissenschaft, Biografie, Heidelberg 2003

Ève Curie: Madame Curie. S. Fischer Taschenbuch Verlag, Frankfurt am Main 1974 (erste Ausgabe 1937)

Abbildungsverzeichnis

Maria-Skłodowska-Curie Museum: S. 17, 21, 36, 49, 52, 61, 83, 99, 113, 136, 145, 147, 227, 228, 231, Umschlagfoto

Christina Seidel: S. 19

Wikimedia Commons:

Fastfission: S. 208 (Quelle: http://commons.wikimedia.org/wiki/File:Marie_Curie_%28Nobel-Chem%29.png), Lizenz: Public Domain (http://en.wikipedia.org/wiki/Public_domain)

Succu: S. 133 (Quelle: http://commons.wikimedia.org/wiki/File:Marie_Pierre_Irene_Curie.jpg?uselang=de), Lizenz: Public Domain (http://de.wikipedia.org/wiki/Gemeinfreiheit)

Szczebrzeszynski: S. 34 (Quelle: http://commons.wikimedia.org/wiki/File:Marie_Sklodowska_16_years_old.jpg), Lizenz: Public Domain (http://en.wikipedia.org/wiki/Public_domain)

JdH: S. 212 (Quelle: http://commons.wikimedia.org/wiki/File:Solvay_conference_1913.jpg), Lizenz: Public Domain (http://en.wikipedia.org/wiki/Public_domain)

Zur Autorin

Christina Seidel, geboren 1952 in Halle (Saale), wo sie auch heute noch lebt. Die promovierte Chemikerin und Schriftstellerin war bis 1981 Lehrassistentin an der Martin-Luther-Universität Halle und arbeitete danach in der Forschung des Chemischen Kombinats Bitterfeld. Seit 1994 leitet sie die Begegnungsstätte »Schöpf-Kelle« der Saalestadt. Sie schreibt seit 1983 und veröffentlichte vor allem Bücher für Kinder und Jugendliche, aber auch zahlreiche unterhaltsame Sachbücher. Im Jahr 2000 war sie Stadtschreiberin von Halle. 2007 erschien im Mitteldeutschen Verlag »Der sagenhafte Saalekreis« (zusammen mit Kurt Wünsch).

Dank

Für die vielen wertvollen Anregungen, kritischen Hinweise und klugen Vorschläge danke ich meinem Mann Wolfgang, meiner Lektorin Erdmute Hufenreuter, meinen Schriftstellerkollegen Malgorzata Ploszewska, Jürgen Jankofsky, Harald Korall, Dr. Kurt Wünsch, meinen Chemikerkollegen Dr. Kersten Fischer und Dr. habil. Günter Kraus, der Pharmazeutin Dr. Heidelore Mertinat, der Romanistin Dr. Christine Engelmann sowie dem Geschäftsführer des Landesheimatbundes Sachsen- Anhalt e. V. Dr. Jörg Weinert.

Der Verlag dankt dem Suhrkamp Verlag und dem S. Fischer Verlag für die freundliche Genehmigung zum Abdruck der Zitate, sowie der Direktorin des Maria-Skłodowska-Curie Museums in Warschau Malgorzata Sobieszczak-Marciniak für die Abdruckgenehmigung der Fotos aus dem Museum.

Diese Publikation wird durch das Land
Sachsen-Anhalt gefördert.

2011

© mdv Mitteldeutscher Verlag GmbH, Halle (Saale)
www.mitteldeutscherverlag.de

Gesamtherstellung: Mitteldeutscher Verlag, Halle (Saale)

ISBN 978-3-89812-758-5

Printed in the EU